कृति मूल्यांकन : मानस का हंस

कृति मूल्यांकन : मानस का हंस

संपादक

माधव हाड़ा

राजपाल

ISBN : 9789386534804

प्रथम संस्करण : 2019 © राजपाल एण्ड सन्ज़
KRITI MULYANKAN : MANAS KA HANS (Literary Reference)
Edited by Madhav Hada

राजपाल एण्ड सन्ज़
1590, मदरसा रोड, कश्मीरी गेट, दिल्ली–110006
फोन : 011–23869812, 23865483, 23867791
e-mail : sales@rajpalpublishing.com
www.rajpalpublishing.com
www.facebook.com/rajpalandsons

क्रम

संपादकीय

अमृतलाल नागर कहानीकार, नाटककार, संस्मरणकार और आलोचक भी थे, लेकिन उपन्यास उनकी रचनात्मक प्रतिभा और कौशल का 'उचित क्षेत्र' था। वे मूलत: क़िस्सागो थे और यह बात वे ख़ुद कहते भी थे। क़िस्सागोई का कथन विस्तार उनकी आदत में था। वे विस्तार, बारीकी और विवरणों के साथ बनाकर किस्से कहते थे, इसलिए उनको सुविधा उपन्यास में ही होती थी। यह बात उन्होंने ख़ुद भी जान ली थी, इसलिए अपनी साहित्यिक यात्रा के अंतिम चरण में उन्होंने अपने को उपन्यासों पर एकाग्र कर लिया था। *मानस का हंस* उनकी साहित्यिक यात्रा के अंतिम चरण की रचना है और यह उनकी रचनात्मक प्रतिभा और कौशल का उत्कर्ष भी है। क़िस्सागोई का संस्कार और आदत उनमें पुरानी थी, लेकिन यहाँ तक आते-आते कई तरह के जोड़-बाकी के बाद, लगता है उन्होंने इसको उपन्यास के अनुशासन में अच्छी तरह साध लिया था। यह औपन्यासिक रचना अलग क़िस्म की है—इसमें रचने और गढ़ने की चुनौतियाँ पहले से ज़्यादा हैं। क़िस्से में से क़िस्सा और बात में से बात निकालकर कथा वितान बुन-गढ़ देने में महारत रखने वाले अमृतलाल नागर के रचनाकार के सामने यहाँ पहले से ज्ञात और विख्यात इतिहास, आख्यान और जनश्रुतियाँ हैं। ये उनकी रचनात्मक कल्पना के पंखों को बाँधने वाले खूँटों की तरह हैं, लेकिन अब इन सबके बीच उनके रचनाकार को उठने-बैठने का अभ्यास हो गया है। अब उनकी कल्पना पहले से मौजूद इतिहास, आख्यान आदि को कभी प्रस्थान, कभी सहारा और संकेत बनाकर निर्विघ्न कुलाँचें भरती है। अक्सर रचना में इतिहास, आख्यान आदि का आधार या सहारा रचना के आलोक को धुँधला या मंद कर देता है, लेकिन इस रचना में इनकी मौजूदगी के बावजूद रचना का आलोक हमेशा मुख्य और निरंतर रहता है।

अमृतलाल नागर की यह रचना केवल उपन्यास है। उपन्यास में इतिहास की मौजूदगी से रचनाकार को होने वाली मुश्किलों से अमृतलाल नागर भी जूझते हैं और अंत में इस दोटूक निष्कर्ष पर पहुँचते हैं कि 'उपन्यास ऐतिहासिक, सांस्कृतिक, सामाजिक, नैतिक-अनैतिक भले ही किसी भी विशेषण से युक्त हो, वस्तुतः वह उपन्यास होता है, केवल उपन्यास।' यह उपन्यास इस अर्थ में केवल उपन्यास है कि इसमें इतिहास, आख्यान आदि के साथ उपन्यासकार का व्यवहार रचनाकार का है। यहाँ इतिहास, आख्यान, जनश्रुति, दर्शन आदि सब हैं, लेकिन उपन्यासकार इनमें से बँधा हुआ किसी से भी नहीं है। यहाँ किसी पर उनकी निर्भरता नहीं है—रचनाकार अपनी सुविधा और विवेक से इनमें से जब जिसकी ज़रूरत है, उसका चयन करता है। वह इतिहास के आग्रह पर आख्यान और आख्यान के लिए जनश्रुति को छोड़ता नहीं है। वह रचना की ज़रूरत के अनुसार इसमें कहीं इतिहास, कहीं आख्यान, तो कहीं जनश्रुति का इस्तेमाल करता हुआ आगे बढ़ता है। इतिहास का अनुशासन और उसका प्रामाणिकता आग्रह भी यहाँ उपन्यासकार को कहीं भी बाँधते-रोकते नहीं हैं। उसको तुलसीदास की जन्मभूमि राजापुर रखने में सुविधा होती है, तभी तो वह सभी उपलब्ध तथ्यों को दरकिनार कर यह कर लेता है। इस संबंध में प्रामाणिक राय भी उपलब्ध है, लेकिन इस पर उनका रचनात्मक आग्रह भारी पड़ता है। अमृतलाल नागर अध्यवसायी थे—इतिहास, समाजशास्त्र, दर्शन, धर्म, अध्यात्म आदि में उनका दख़ल था। उनकी इस रचना में इनका पर्याप्त उपयोग भी हुआ, लेकिन उन्होंने इस कारण अपने रचनाकार-क़िस्सागो को निष्क्रिय नहीं होने दिया। निर्णायक की हैसियत में उनके इस उपन्यास में हर हालत में उनका रचनाकार है।

आख्यान और जनश्रुतियों की पुनर्रचना, इस रचना में बहुत प्रभावी है। अज्ञात की रचना आसान है, उसमें कल्पना को इधर-उधर की निर्बाध और पूरी छूट रहती है। ज्ञात और लोकप्रिय की पुनर्रचना बहुत मुश्किल काम है। यहाँ कल्पना को तय रास्तों पर चलना होता है। अमृतलाल नागर को ज्ञात और लोकप्रिय की पुनर्रचना में महारत हासिल है। वे उन रचनाकारों से अलग हैं जो ज्ञात और लोकप्रिय के विरुद्ध या उससे अलग के साहस को ही रचना मान

लेते हैं। उनकी रचनात्मकता की ख़ास बात यह है कि वे ज्ञात और लोकप्रिय के विरुद्ध या उससे अलग बहुत कम जाते हैं। *मानस का हंस* में ज्ञात और लोकप्रिय के विरुद्ध या उससे अलग बहुत कम है। वे इस रचना में प्रायः ज्ञात और लोकप्रिय को ही फिर से रचते हैं। ख़ास बात यह है कि यह रचना इस तरह से होती है कि इसमें नए रचे हुए का स्वाद बरकरार रहता है। *मानस का हंस* में अपनी पत्नी रत्नावली के एक मर्मभेदी कथन से तुलसी के जीवन विरत हो जाने का प्रसंग एक ज्ञात और लोकप्रिय प्रसंग है। यह लोकस्मृति में और साहित्य में भी कई तरह से आया है। *मानस का हंस* में उपन्यासकार ने कल्पना और मनोयोग से इस प्रसंग को इस तरह से गढ़ा है कि ज्ञात होकर भी इसकी नाटकीयता और मार्मिकता बनी रहती है। रत्नावली का पुरुष के संबंध में यह कथन कि 'वह निरे चाम का लोभी है, जीव में रमे राम का नहीं' इस तरह की घटनाओं और परिस्थितियों के बीच आता है कि मारक और बेधक बन जाता है। यह प्रकरण इस रचना के नायक के जीवन के लिए परिवर्तनकारी है और उपन्यास में आता इस तरह से है कि परिवर्तनकारी लगता भी है।

ज्ञात इतिहास, आख्यान और जनश्रुति को इस रचना में उपन्यासकार अपना आधार नहीं बनाता। वह इनके संकेतों का अपनी कल्पना से विस्तार करता है। उपन्यासकार को इसमें सुविधा होती है। इस रचना की काया का अधिकांश किस्सा संकेतों के विस्तार से बना है। उपन्यासकार आख्यान, इतिहास और जनश्रुति का कोई एक संकेत उठाता है और उसको अपनी कल्पना से क़िस्से में तब्दील कर देता है। अमृतलाल नागर को इसमें महारत हासिल है। *मानस का हंस* में युवा तुलसी का मोहिनी प्रेम का प्रकरण इसी तरह गढ़ा गया है। इसके संकेत केवल तुलसी के दो दोहों और उनमें से भी केवल एक अर्धाली 'तन तरफत तुव मिलन बिन' है। अमृतलाल नागर इस प्रकरण को तफ़सील के साथ इस तरह से गढ़ते हैं कि यह उपन्यास में बहुत दूर तक बाँधे रखने वाले क़िस्से की तरह चलता है। मुग़ल फ़ौज में मेघा भगत के साथ तुलसीदास का बेगार के लिए पकड़ा जाना और फिर उससे मुक्त होने का प्रकरण भी इसी तरह से केवल संकेत से गढ़ा गया है। उनके इसी तरह के उपन्यास *खंजन नयन* में भी इस तरह के संकेत से बुने-गढ़े कई प्रकरण और क़िस्से हैं। सूरदास पर अनुरक्त

कंतो मल्लाहिन नामक एक स्त्री चरित्र का प्रकरण इसी तरह से बनाया गया है। यहाँ उपन्यासकार किसी वार्ता या जनश्रुति के इस संकेत पर कि सूरदास किसी मल्लाहिन के इश्किया चक्कर में फँसकर एक बार बुरी तरह से मारे-पीटे गए थे, के सहारे एक पूरे प्रसंग की रचना कर डालता है। उपन्यास में यह प्रकरण भी तुलसीदास के मोहिनी प्रेम प्रकरण की तरह बहुत दूर तक चलता है।

इस रचना की औपन्यासिक पूर्णता इतिहास, आख्यान और जनश्रुतियों की पुनर्रचना और विस्तार के साथ इसके कथारस और इनमें प्रयुक्त असाधारण क़िस्सागोई के कारण भी है। अमृतलाल नागर उपन्यास में कथारस ज़रूरी मानते थे। वे 'कला को बला मानकर उससे दूर रहने और उसके नाम से ही मरकहे बैल की तरह भड़कने' के खिलाफ़ थे। उपन्यासकार के रूप में प्रेमचंद की सफलता का रहस्य उनके अनुसार उनकी कला थी। उन्होंने अपनी इस धारणा के समर्थन में 1922 में *माधुरी* में प्रकाशित प्रेमचंद का 'उपन्यास रचना' नामक एक लेख ढूँढ़ निकाला, जिसमें उन्होंने साफ़ लिखा था कि उपन्यासकार यह कभी नहीं भूल सकता कि उसका प्रधान कर्तव्य पाठकों का ग़म ग़लत करना, उनका मनोरंजन करना है। और सभी बातें इसके अधीन हैं। उपन्यास में वे विचार के विरोधी नहीं थे, लेकिन उनकी साफ़ राय थी, ''कथा-उपन्यास लेखक का विचारक पक्ष कभी गाफ़िल नहीं रहना चाहिए, बल्कि वह इतना पच जाए कि कला का शरबत बनकर छलक पड़े।'' यह रचना कथारस से भरपूर है और इसमें उसकी निखरी हुई क़िस्सागोई भी जमकर है। हल्के अर्थ में नहीं लिया जाए, तो यह कहा जाना चाहिए कि यह रचना मनोरंजन भी भरपूर करती है।

अमृतलाल नागर जासूसी उपन्यासों के शौकीन थे। वे 'नया लिखने से पूर्व अपनी दिमाग की स्लेट साफ़ करने के लिए जासूसी उपन्यास पढ़ते थे।' वे देवकीनंदन खत्री के भी प्रशंसक थे—उनकी कथाकला के गुण और विशेषताएँ उनके लिए 'साभार ग्रहण करने योग्य थीं।' उनके कथाकार पर इसका प्रभाव साफ़ दिखाई पड़ता है। रहस्य, रोमांच, चमत्कार, कौतूहल का तड़का उनकी इस रचना में जगह-जगह है। तुलसीदास के ज्योतिष ज्ञान के चमत्कार के कई प्रकरण इस रचना में आए हैं।

अमृतलाल नागर को फ़िल्मों की पटकथा लेखन का तजुर्बा भी था।

उनकी क़िस्सागोई में इसका प्रभाव साफ़ दिखाई पड़ता है। इस कारण उनकी भाषा में दृश्य का आग्रह बहुत बढ़ गया है। उन्होंने अपने बोलकर लिखवाने के संबंध में एक जगह कहा भी है कि ''अपनी आँखों के आगे एक स्क्रीन पर मैं जो कुछ देखता हूँ उसी को वर्णित करता जाता हूँ।'' इस रचना की भाषा 'दृश्य भाषा' ज़्यादा है। यहाँ वर्णन दृश्य एकाग्र हैं। यहाँ चरित्र निर्माण और कथाक्रम दृश्यों से बनता और बढ़ता है। *मानस का हंस* में दृश्यों को वे इतनी बारीकी और तफ़सील के सम्मूर्त करते हैं कि लगता है आप पढ़ नहीं, सामने देख रहे हैं। अमृतलाल नागर की ख़ूबी यह है कि वे आपको दृश्य में शामिल कर लेते हैं। *मानस का हंस* में तुलसीदास और रत्नावली की पहली भेंट का प्रसंग कुछ हद तक जनक वाटिका प्रसंग से भी अधिक प्रभावी और दृश्यात्मक है। *मानस का हंस* में ही युवा तुलसीदास का प्रेत भय को झूठ ठहराने के लिए श्मशान जाने और लौटने का वर्णन ऐसा है, गोया यह सब आपके सामने हो रहा हो।

इस रचना की क़िस्सागोई पारंपरिक क़िस्सागोई से इस अर्थ में अलग है कि इसमें मानवीय अनुभव का यथार्थ भी है। यह क़िस्सागोई हवाई क़िस्सागोई से अलग है। यहाँ ऐसा क़िस्सागो है 'जो अपने देश और दुनिया की ओर से पूरी तरह सजग है।' अमृतलाल नागर ने एक जगह कहा भी है, ''अनुभव के बिना लेखन की सिद्धि नहीं मिलती।'' उनका अनुभव इस रचना में बोलता है। तुलसीदास में मनुष्य और संत की एक-दूसरे में आवाजाही की उठापटक से बनता-बिगड़ता चरित्र है। इस संत कवि के मनुष्य अनुभव और संघर्ष में अमृतलाल नागर का मनुष्य अनुभव और संघर्ष भी है। उन्होंने कहीं यह कहा भी था कि रत्नावली से अलग रहने की तुलसी की पीड़ा को समझने-पहचानने के लिए उन्होंने पत्नी से झगड़ा किया और उससे कुछ समय तक अलग भी रहे।

अमृतलाल नागर हिन्दी के उन कुछ कथाकारों में से एक हैं, जिनके पास क़िस्सागोई का पारंपरिक हुनर और उपन्यास की आधुनिक समझ, एक साथ हैं। निरंतर अभ्यास से उन्होंने क़िस्सागोई को उपन्यास के अनुशासन में ढालकर पुनर्नवा कर लिया था। हिन्दी में उपन्यास के रचना से इधर-उधर होने की *निरंतर दुर्घटनाएँ जब आम थीं*, तब उन्होंने ज़िद के साथ अपने उपन्यासों को रचना की पटरी पर रखा। *मानस का हंस,* में जहाँ रचना के पटरी से हटने की गुंजाइश भी

ख़ूब थी, वे विचलित नहीं हुए। प्रेमचंद की एक बात, लगता है उन्होंने गाँठ बाँध ली थी कि जब पाठक का जी ही कहानी में न लगा, तो क्या वह लेखक के भावों को समझेगा ? क्या उसके अनुभवों से लाभ उठाएगा ? वह घृणा के साथ क़िताब पटक देगा और सदा के लिए उपन्यास का निंदक हो जाएगा।

यह ऐसा उपन्यास है जिसको अब कुछ हद तक क्लासिक का दर्जा प्राप्त हो चुका है। इस पर इधर-उधर तो पर्याप्त लिखा गया है, लेकिन इसका कोई व्यवस्थित आकलन-मूल्यांकन एक जगह उपलब्ध नहीं है। यहाँ प्रयत्न किया गया है कि इस उपन्यास पर इससे पूर्व जो महत्त्वपूर्ण लिखा गया है उसको एकत्र किया जाए और साथ ही पूर्व में उपलब्ध सामग्री के आलोक में कुछ विद्वानों से नया लिखने के लिए आग्रह किया जाए। प्रसन्नता है कि हमारे अनुरोध पर हेतु भारद्वाज, नामदेव, अमिय बिन्दु, रामविनय शर्मा, रेणु व्यास, हरीदास व्यास, अनुराधा गुप्ता, वेंकटेश कुमार, मलय पानेरी और शिवशरण कौशिक ने इस पर नए सिरे से लिखा है। यहाँ संकलित विश्वनाथ त्रिपाठी और मधुरेश के आलेख पूर्व प्रकाशित हैं। पाठकों की सुविधा के लिए यहाँ अंत में इस रचना का कथा सार भी दिया गया है। आशा है कि हिन्दी की इस मूल्यवान कृति का एक जगह उपलब्ध यह आकलन-मूल्यांकन पाठकों को पसंद आएगा।

—माधव हाड़ा
madhavhada@gmail.com

बाबा का ग्रन्थावतार

विश्वनाथ त्रिपाठी[*]

तुलसीदास ने *रामचरितमानस* तथा अन्य कृतियों के 'राम' को अपने कठिन जीवन-संघर्ष के द्वारा ढूँढ़ा था। उनके राम वाल्मीकि, भवभूति और निराला के राम से भिन्न हैं, क्योंकि तुलसीदास का व्यक्तित्व और उनका युग वाल्मीकि, भवभूति और निराला के व्यक्तित्वों और युगों से भिन्न था। यह आदिकाव्य का करुण रस का काव्य माना गया है। क्रौञ्च-युगल में से एक के मारे जाने पर वाल्मीकि को जो 'शोक' हुआ था वह आदिकाव्य और आदिकाव्य के नायक राम में व्याप्त है। भारतीय साहित्य में शायद ही कोई नायक राम जितना आजीवन दुखी और संघर्षरत रहा हो! भारत का जनमानस इसे बहुत अच्छी तरह समझता और महसूस करता है। भारत कितना राममय है! लोगों के नाम, रामप्रसाद, रामलाल, रामचन्द्र, रामदीन, रामदत्त आदि, एक-दूसरे के लिए त्याग करने वाले भाई : राम और भरत, प्रेम-मिलन : भरत-मिलाप, सुन्दर भाइयों की जोड़ी : राम-लक्ष्मण, साध्वी स्त्री : सीता, अत्याचारी व्यक्ति : रावण, दुखी जीवन : राम का वनवास, दुष्ट विमाता : कैकेयी। भारत ने रामकथा को अपनी चेतना का सन्दर्भ व आधारभूत सन्दर्भ-कोश बना लिया है।

लेकिन राम को ढूँढ़ने और पहचानने का काम बहुत मुश्किल है। वाल्मीकि ने अपने और अपने युग के राम को ढूँढ़ा था। वह राम तुलसी को सार्थकता नहीं प्रदान कर सकते थे, वे तुलसी के राम हो भी नहीं सकते थे। अपने को अलग रखकर या झुठलाकर राम को नहीं पहचाना जा सकता। अपने को अलग रखने और झुठलाने का मतलब अपने व्यक्तित्व और युग की विषमताओं को अपनी भावना से अलग रखना, जो कुछ भी देखा, जाना और अनुभव किया जा रहा है,

---

उस सबसे राम की भाव-मूर्ति का निर्माण न कर पाना है। राम को पहचान पाना राम में लीन हो जाना है—जानत तुम्हहिं तुम्हहिं होई जाई।

यह केवल संयोग नहीं है कि राम कथा के श्रेष्ठ गायकों का अपना जीवन भी बहुत संघर्षपूर्ण रहा है। आदिकवि डाकू से कवि हुए थे। डाकू से आदिकवि बनने की प्रक्रिया अत्यन्त घटना-संकुल और व्यक्तित्वान्तरकारी झटकों से भरी रही होगी। नर-वधिक का पक्षी के वध से शोकपूरित हो उठना 'मरा' का 'राम' हो जाने के ही समान है। भवभूति के व्यक्तिगत जीवन के विषय में हमारी जानकारी कुछ नहीं के बराबर है। लेकिन 'शून्यमधुना जीर्णारण्यं जगत्। असार: संसार:। कष्टप्रायं शरीरम्। अशरणोऽस्मि। किं करोमि ? का गति: ' कहने वाले उत्तर रामचरित के राम और 'उत्पत्स्यते तु मम कोऽपि समानधर्मा: कालो ह्ययं निरवधिर्विपुला च पृथ्वी' कहने वाले भवभूति की पीड़ा में कहीं-न-कहीं कोई सम्बन्ध अवश्य है, निराला के राम जब 'धिक्जीवन! जो पाता ही आया विरोध' कह रहे थे तब इस कथन में निराला के जीवन को मिलते रहने वाला विरोध भी अवश्य मौजूद है।

राम को पहचानने का मतलब राम के संघर्ष को पहचानना है। और यह पहचानना शब्द-जगत् में ही विचरण करने से नहीं हो पाता। काव्य का शब्द-जगत् जिस वास्तविक जगत् से भिन्न-अभिन्न होता हुआ भी निरन्तर संयुक्त है, उस जगत् में राम को ढूँढ़ने के लिए जो संघर्ष नहीं कर सकता, वह राम पर वाल्मीकि, भवभूति, तुलसी, निराला जैसा काव्य नहीं लिख सकता, राम का 'ग्रन्थावतार' नहीं करा सकता।

तुलसी का जीवन, राम का 'ग्रन्थावतार' कराने का महान् उद्योग है। जितनी महान् रचना उतना ही महान् रचना-उद्योग। *मानस का हंस* के लेखक ने तुलसी के इस महान् आजीवन संघर्ष को पहचानकर उपन्यास की रचना की है। सबसे मुख्य बात तुलसी के काव्य और जीवन की इस अन्योन्याश्रयता को पहचानने की है। हमारा भक्ति-साहित्य विशेषत: तुलसी और कबीर का जीवन और साहित्य अमेरिका और योरोप से आयातित उस तथाकथित 'नई समीक्षा' को ध्वस्त करने में समर्थ है जो कवि के जीवन को उसका साहित्य समझने के लिए उपेक्षणीय या बाधक मानती है। *मानस का हंस* लिखकर अमृतलाल

नागर ने साहित्यसर्जना और समीक्षा में प्रवृत्त होने वाले साहित्यकारों को भी स्वस्थ और जीवनवादी दृष्टि दी है। तुलसीदास महान् व्यक्ति थे, महान् कवि थे। इस उपन्यास में उनके महान् व्यक्तित्व और उनकी महान् कविता को अत्यन्त आन्तरिकता के स्तर पर एक-दूसरे में घोल दिया गया है। कविता और भक्ति की पंखुड़ियाँ-दर-पंखुड़ियाँ खिलती जाती हैं और इनको समेटे हुए तुलसीदास का व्यक्तित्व जीवन की सम-विषम परिस्थितियों को झेलता हुआ रस खींचता रहता है।

तुलसी की कविता अत्यन्त विषम, विकट, विविध और घटना-संकुल भौतिक जीवन के अनुभवों का शब्दान्तर है। उन शब्दों, शब्दक्रमों, छन्दों, अलंकारों, अनुप्रासों में एक महान् विवेकी लोक साधक के लोकानुभवों की संजीवनी शक्ति है। इस संजीवनी का आधार तुलसी की लोकवादिता और विवेक है। मैं किसी अन्य कवि को नहीं जानता जिसकी किसी एक रचना में विवेक का इतना आग्रह किया गया हो जितना *रामचरितमानस* में। रामचरित में विवेक शब्द के प्रयोग से युक्त जितनी पंक्तियाँ हैं, उन्हें इकट्ठा करके छाप दिया जाये तो एक छोटी-मोटी पुस्तक हो जायेगी। रामकथा विवेकाग्नि को प्रकट करने वाली लकड़ी है—

रामकथा कलि पन्नग भरनी।
पुनि विवेक पावक कहुँ अरनी॥

तुलसीदास की भक्ति किसी 'कष्मलिया' की भक्ति नहीं है। उनकी भक्ति लोक-वेद, ज्ञान-विज्ञान, दर्शन, दैहिक, भौतिक ताप, जड़-चेतनमय विश्व को आत्मसात् करके किसी निर्णय पर पहुँचे हुए व्यक्ति का निश्चय है। उनकी भक्ति विवेक पर आधारित है। और उनका 'कवित्त विवेक' तो प्रसिद्ध ही है। तुलसीदास का व्यक्तित्व और कृतित्व निषेधवाद का ज़बर्दस्त खण्डन करता है। वे जीवनवादी कवि हैं। उनके राम लोकमंगल के विधायक हैं, गरीबनवाज़ हैं, बन्दर-भालुओं की सहायता से अपने समय के सबसे बड़े अत्याचारी और शक्तिशाली शासक को परास्त करने वाले हैं, शीलवान संकोची हैं, रामराज्य की स्थापना करने वाले हैं। वे वाल्मीकि के राम की तरह न तो शूद्र तपस्वी का वध करते हैं, न प्रवाद के भय से कठोर-गर्भा सीता का परित्याग करते हैं।

अवश्य ही तुलसीदास के राम ब्रह्म भी हैं। लेकिन ब्रह्म तुलसीदास के यहाँ संकेतित और सूचित मात्र हैं, जबकि दशरथनन्दन राम चित्रित और वर्णित। यही तुलसीदास के काव्योत्कर्ष का आधार है। तुलसी के राम ब्रह्म होने के कारण वाल्मीकि और भवभूति के राम से कहीं अधिक शक्तिशाली भी हैं और गरीबनवाज़, शीलसंकोची होने के कारण लोक के अधिक आत्मीय भी हैं। तुलसीदास से कोई कहता कि राम 'मनुज' हैं तो वे कहने वाले को यों फटकारते—

राम मनुज रे कस सठ बंगा! धन्वी काम नदी पुनि गंगा!

पसु सुरधेनु कल्पतरू रूखा! अन्न दान अरु रस पीयूषा!

और अगर कोई कहता— राम तो केवल निर्गुण हैं, वे दशरथसुत नहीं हैं, जिन दशरथसुत का तीनों लोक बखान कर रहे हैं, वे राम ब्रह्म नहीं मनुज हैं, तो बाबा बहुत बिगड़ जाते, काफ़ी खरी-खोटी सुना जाते—

तुम्ह जो कहा राम कोउ आना। जेहि श्रुति गाव धरहि मुनि ध्याना॥

कहहिं सुनहिं अस अधम नर ग्रसे जे मोह पिसाच,

पाखंडी हरिपद विमुख जानहिं झूठ न साच।

अन्य अकोविद अंध अभागी। काई विषय मुकुर मन लागी॥

लंपट कपटी कुटिल विसेषी। सपनेहुँ संत सभा नहि देखी॥

कहहिं ते बेद असम्मत बानी। जिन्ह के सूझ लाभु नहिं हानी॥

मुकुर मलिन अरु नयन बिहीना। राम रूप देखहिं किमि दीना॥

बातुल भूत बिबस मतवारे। ते नहिं बोलहिं वचन सँभारे॥

जिन्ह कृत महामोह मद पाना। तिन्ह कर कहा करिअ नहिं काना॥

यानी तुलसीदास के राम मनुज 'दशरथसुत' भी हैं और ब्रह्म भी हैं। इस गुत्थी को आचार्य हजारीप्रसाद द्विवेदी ने इधर अपने कई भाषणों में सुलझाया है। तुलसी के राम मनुजवत् आचरण करते हैं, लेकिन वे मनुष्य के परम आदर्श या प्रत्यय भी हैं। अगर कोई उन्हें साधारण मनुष्य कहे तो वह 'सठ बंगा' है। गंगा नदी होते हुए भी नदी नहीं है, वह पवित्रता और नदीत्व का प्रत्यय है। कल्पवृक्ष वृक्ष ही कहा जाता है लेकिन वह फलदत्व का प्रत्यय है। मनुष्य जितना ऊँचा उठने की कल्पना कर सकता है, राम उसके प्रतीक है। वे 'मनुजत्व' से घनिष्ठ

सम्बद्ध होते हुए मनुजत्व को निरन्तर ऊर्ध्वोन्मुख होने की शक्ति और प्रेरणा देने वाले, मानवता के अखिल विकास के इतिहास के इस छोर से उस छोर तक व्याप्त महामनुज हैं। *रामचरितमानस* में राम के दोनों रूप दशरथसुत में मौजूद हैं। कविता मनुज राम को ही आधार बनाकर सम्भव है। इसीलिए जहाँ लोकनायक और मनुज राम विह्वल-व्याकुल होकर हमारे अपने लगने लगते हैं, तुलसीदास प्राय: टोक दिया करते हैं, इन्हें अपने जैसा न समझना, यह तो ब्रह्म की लीला हो रही है। *रामचरितमानस* के कवि तुलसी राम के महामनुजत्व को हमारी तरह शायद न स्वीकार करते। यह उनके देश और काल की सीमा थी। *मानस का हंस* के तुलसी का महामनुजत्व साफ़ झलक उठता है। वह अमृतलाल नागर के समाजैतिहासिक विवेक और रचना-कौशल की महान् सिद्धि है।

अमृतलाल नागर ने तुलसी के भौतिक और मानसिक संघर्ष को तुलसी के रामरूप से पहली बार जोड़कर देखा और चित्रित किया है। यह उनकी सामाजिक यथार्थवादी दृष्टि की परिपक्वता भली-भाँति प्रकट करती है। तुलसी का सम्पूर्ण जीवन कितनी विषम परिस्थितियों में गुज़रा था, इसका संकेत तुलसी के विषय में प्रचलित किंवदन्तियाँ, उनकी सैकड़ों पंक्तियाँ, उनकी उपमाएँ बहुत अच्छी तरह स्पष्ट कर देती हैं। तुलसीदास पर काम करने वाले अनेक विद्वानों ने तुलसी की दीनता एवं असहायता का उल्लेख किया है। किन्तु इस दीनता और असहायता का कितना गहरा सम्बन्ध तुलसी की भक्ति और कविता से है—इसे प्रकट नहीं, पहली बार चित्रित करने का श्रेय अमृतलाल नागर को मिलेगा।

तुलसी को ज़िन्दगी में बहुत गहरे झटके लगे होंगे। लोक-प्रचलित किंवदन्तियों का कोई-न-कोई आधार होता है। अगर किंवदन्तियाँ बिलकुल मनगढ़न्त हैं तो भी लोगों ने तुलसी के बारे में कुछ खास तरह की ही बातें क्यों गढ़ीं? फिर तुलसी के विषय में जो कहानियाँ और किंवदन्तियाँ प्रचलित हैं वे उनके कवि और भक्त व्यक्तित्व के अनुरूप ही क्यों हैं?

अन्तस्साक्ष्य-बहिस्साक्ष्य, किंवदन्तियों आदि के आधार पर तुलसी का जो प्रामाणिक-अप्रामाणिक जीवन-वृत्त उभरता है उसमें सर्वाधिक विश्वसनीय है तुलसी का अनाथ बचपन और अन्तिम काल की भयंकर पीड़ादायिनी बीमारी। ग़रीबी और साधनहीनता क्या होती है, इसे तुलसीदास ने पूरी तौर

पर ज़िन्दगी के पहले दौर में ही समझ लिया होगा। ग़रीबी और साधनहीनता की हृदय-विदारकता बच्चों और वृद्धों के लिए अत्यन्त तीव्र होती है। हमारे देश में असहाय बच्चों के साथ जो अमानवीय व्यवहार किया जाता है, वह हमारे सामाजिक आचरण पर सबसे बड़ा कलंक है। आज बड़े-बड़े शहरों के रेस्तराओं, होटलों, ढाबों में अल्मोड़ा, गढ़वाल, पूर्वी उत्तर प्रदेश के 9-10 साल के बच्चे प्लेटें साफ़ करते हैं, गाली-मार खाते हैं, अकेले में दूर स्थित माँ-बाप की याद करके सुबुक-सुबुककर रोते हैं। तुलसी के समय में अनाथ बच्चों के साथ यह दुर्व्यवहार आज से ज्यादा अमानवीय और दारुण रहा होगा।

जाये कुल मंगन, बधावनो बजायो सुनि
भवो परितापु पापु जननी-जनक को।
बारे तें ललात-विललात द्वार-द्वार दीन,
जानत हो चारि फल चारि ही चनक को

मातु पिता जग जाय तज्यो विधि हू न लिखी कछु भाल भलाई।
नीच निरादर भाजन कादर कूकर टूकन लागि ललाई।।

द्वार द्वार दीनता कही काढ़ि रद, परि पाहूँ।
हैं दयालु दुनि दस दिसा दुख दोष दलन छम, कियो न संभाषन काहूँ।
तनु जन्यो कुटिल कीट ज्यों तज्यो मातु पिता हूँ।

तुलसी ने अनेक स्थलों पर अपने अनाथ बचपन का उल्लेख और चित्रण किया है।

तुलसी की अनाथ बाल्यावस्था से, 'परितापु पापु जननी जनक को' वाला प्रवाद भी विविध रूपों से जुड़ा रहा होगा। इसी अनाथ बचपन में दर-दर ठोकरें खाते हुए तुलसी ने उस विषमता का तीव्र अनुभव किया होगा जिसके आधार पर वे मानवीय करुणा के अन्यतम कवि बने, राम को गरीबनबाज़, लोक-मंगल के विधायक और रामराज्य के संस्थापक बना सके।

लेकिन तुलसी के विषय में अनुसंधान करना, तरह-तरह के अनुमान लगाना एक बात है और उनका यह अनाथ बचपन चित्रित करना, उसे सम्पूर्ण

करुणा, पीड़ा और विश्वसनीयता के साथ पाठकों को दिखा पाना और बात है। यह काम अमृतलाल नागर के ही हिस्से का था। *मानस का हंस* में अमृतलाल नागर को सबसे अधिक सफलता मिली है रामबोला के चित्रण में। रामबोला हर तरह से पिटा हुआ है, अनाथ और ग़रीब, भिखारी। अपने आप मगन रहने वाला, सुन्दर, सुकंठ, दरिद्र बाल भिक्षुक। लेकिन जब-जब रामबोला क्रोधी, द्वेषी, पाखण्डी लोगों से टकराता है, उसका स्वाभिमान आहत होता है। रामबोला (तुलसी भी) सब कुछ कर सकते हैं, समझौता नहीं कर सकते। राम को खोज निकालने के मार्ग पर समझौता नहीं होता। इसे चाहे स्वाभिमान कहिए चाहे अक्खड़पन, चाहे ईमानदारी या भक्ति, यह तुलसी के व्यक्तित्व में भरपूर मात्रा में था, उनकी कविता उनकी इस विशेषता को समर्थित करती है। जहाँ से तुलसी का जीवन अपने आस-पास के जीवन की विषमता से टकराने लगता है, वहीं से राम की खोज और राम की प्राप्ति का प्रारम्भ हो जाता है। इस तथ्य को अमृतलाल नागर ने बहुत अच्छी तरह समझा है, इसी समझ से उनके तुलसी-विषयक दृष्टिकोण का निर्माण हुआ है, इसी दृष्टिकोण से उन्होंने तुलसी-विषयक किंवदन्तियों, प्रामाणिक-अर्धप्रामाणिक-अप्रामाणिक अंतस्साक्ष्यों, बहिःसाक्ष्यों की सामग्री को छील-छालकर *मानस का हंस* के नायक को प्रतिष्ठित किया है। *मानस का हंस* की सफलता का मूल कारण यही समझ और दृष्टिकोण है।

बालक रामबोला की असहाय स्थिति और उस स्थिति से जूझने में उसकी शक्ति का जैसा सहज चित्रण नागर ने किया है, वह प्रेमचन्द का स्मरण करा देता है। बच्चों का मनोवैज्ञानिक चित्रण सहज ढंग से करने में प्रेमचन्द को कमाल हासिल था। उनके बाल-पात्र बहुत निरीह और कर्मठ होते हैं, खासतौर पर गरीब बाल-पात्र।

'आकाश में बिजली के कौंधे बीच-बीच में लपक उठते थे। बादलों की गड़गड़ाहट सुनकर रामबोला को लगा कि मानो चैनसिंह ठाकुर अपने हलवाहा को डाँट रहे हैं। रामबोला अनायास ही ताव में आ गया। उठा और नये श्रम की साधना में लग गया। दूसरे छप्पर के ढीले पड़ गये अंजर-पंजर को कसने के लिए पास ही खलार में लगी लम्बी घास-पतवार उखाड़ लाया। रामबोला

ने भिखारी बस्ती के और लोगों को जैसे घास बँटकर रस्सी बनाते देखा था वैसे ही बँटने लगा। जैसे-तैसे रस्सियाँ बँटीं, जस-तस टट्टर बाँधा। अब जो उसकी आधी से अधिक उघड़ी हुई छावन पर ध्यान गया तो नन्हे मन के उत्साह को फिर काठ मार गया। घास-फूस, ज्यौनारों में जूठन के साथ-साथ बाहर फेंकी गई पत्तलों और चिथड़े-गुदड़ों से बनाई गई वह छोटी-सी छपरिया फिर से छाने के लिए वह सामान कहाँ से जुटाये ? कूड़ा समझ कर फेंका हुआ माल वह इस बरसात में कहाँ-कहाँ ढूँढ़ेगा ? दैव आज प्रलय की बरखा करके ही दम लेंगे। हवा के मारे औरों के छप्पर भी पंगे ले रहे हैं। अभी तक अपनी-अपनी छावनों को बचाने के लिये सभी तो तूफ़ान से जूझ रहे हैं...तब हम अब का करी ? हमारे पेट भुखान है। हम नन्हें-से तो हैं हनुमान स्वामी ! अब हम थक गये भाई ! अब हम अपनी पार्वती अम्माँ के लगे जाये के पौढ़ैंगे। दैउ बरसैं तो बरसा करैं। हम क्या करें बजरंग बली, तुम्हीं बताओ। तुमसे बने भाई तो रामजी के दरबार में हमारी गुहार लगाय आओ, औ न बने तो तुमहूँ अपनी अम्माँ के लगे जायके पौढ़ो। '

यह रामबोला 'ईदगाह' के हामिद का सगा भाई है। हामिद की बूढ़ी दादी पार्वती अम्माँ हैं। रामबोला हामिद से ज्यादा असहाय हैं तो ज्यादा कर्मठ भी हैं। तुलसीदास इसी देश के अनाथ थे। उनके साथ मध्यकालीन व्यवस्था की निर्ममता ने वही अमानवीय सलूक किया होगा जो आज भी अनाथ ग़रीब बच्चों के साथ किया जाता है। 'बादलों की गड़गड़ाहट' रामबोला को ऐसे सुनाई देती है मानो चैनसिंह ठाकुर अपने हलवाहे को डाँट रहे हों। इतनी सहज और सटीक उपमा देने की क्षमता कम लोगों को होगी। ऐसी उपमा सिर्फ़ बुद्धि और जानकारी की उठा-बैठकी से नहीं आती, प्रतिभा और जन-प्रेम से ही आती है। वैसे भी है यह ठेठ तुलसीदासी उपमा।

जात-पाँत को लेकर तुलसी की रचनाओं में भयंकर अन्तर्विरोध मिलता है। वे एक ओर ब्राह्मणों और वर्णाश्रम व्यवस्था का भयंकर समर्थन करते हैं, 'पूजिय बिप्र सकल गुण हीना। सूद्र न पूजिय परम प्रवीना' जैसी पंक्तियाँ लिखते हैं दूसरी ओर 'जाति-पांति कुल धर्म बड़ाई' का त्याग करके राम की शरण में जाना परम पुरुषार्थ मानते हैं। यह अन्तर्विरोध तुलसी के व्यक्तित्व में भी रहा

होगा। शूद्र-अछूत होने का मतलब क्या होता है? इसे पूरी तरह महसूस करने के लिए तुलसी को कबीरदास की भाँति जुलाहे के घर में जन्म लेना पड़ता। तुलसीदास शूद्र नहीं थे, इसलिए वे शूद्रों पर ढाए जाने वाले जुल्मों की पीड़ा को पूरी तरह नहीं समझ पाते थे। फिर सामाजिक व्यवस्था के नाम पर वर्णाश्रम व्यवस्था का समर्थन करते थे, वर्णाश्रम-व्यवस्था की शिथिलता को कलियुग का लक्षण मानते थे। किन्तु व्यक्तिगत रूप से स्वयं तुलसीदास को यह व्यवस्था पीड़ित करती थी। तुलसीदास के मित्रों, सहचरों और स्नेहियों की जो सूची *गौतम चन्द्रिका* में मिलती है उससे पता चलता है कि नीची से नीची समझी जाने वाली जातियों के लोग भी उनके सहचर या स्नेह-भाजन थे। इन्हें गौतम चन्द्रिकाकार ने उल्लेखनीय समझा है, इसी से पता चलता था कि ये तुलसी के काफ़ी नज़दीक रहे होंगे—

> *पंडित कासीनाथ महामति। समरसिंह रजपूत ग्रामपति।*
> *गंगाराम परम सतसंगी। कबि कैलास कबित्त उमंगी,*
> *उज्जेनी संगीत प्रवीना। भजन गोप हरिबंस कुलीना।*
> *नगर सेठ जैराम उजागर। तांबूली सियराम गुनागर।*
> *नाथू नापित केवट रामू। अरु रैदास खेलावत नामू।*
> *बोधी गोड़ हरी हरवाहू। धाढ़ी मीर जसन जो लहाहू।*
> *कहाँ-कहाँ लगि नाम गनाई। कासी विस्वनाथ प्रभुताई।*
> *तुलसी सतसंगी बहुतेरे। सुकृती सकल राम के चेरे।*

नाभादास, जिन्हें डोम कहा जाता है, और अब्दुर्रहीम खानखाना से तुलसी की मित्रता ही है। इन लोगों से तुलसी की अभिन्नता और मित्रता ने काशी के कट्टर ब्राह्मणों को उनके विषय में नाना प्रवाद फैलाने और मिथ्या प्रचार करने के लिए अवश्य प्रेरित किया होगा। तुलसी की रचनाओं में सैकड़ों पंक्तियाँ हैं जहाँ उन्होंने जात-पाँत पूछने वालों पर अपनी खीझ प्रकट की है। कहीं-कहीं जात-पाँत के विषय में उनका स्वर काफ़ी तेज़ होकर कबीर से मिलने लगता है—

> *धूत कहौ अवधूत कहौ रजपूत कहौ जोलहा कहौ कोऊ*
> *काहू की बेटी सों बेटा न ब्याहब काहू की जाति बिगार न सोऊ*
> 'काहू की बेटी सों' अर्थात् पूछने वाले की बेटी से। यह साक्षात् गाली है

तुलसी की जात-पाँत पूछने वाले को।

तुलसी के विषय में उनकी जाति को लेकर जो प्रवाद उठे होंगे, उनसे उनके अनाथ बचपन का गहरा सम्बन्ध रहा होगा। 'गरीब की जोरू गाँव भर की भाभी' वाली बात समझिए। नागर जी की दृष्टि से यह बात छिपी नहीं रही है। बालक रामबोला 'विद्वान से अधिक पहलवान लगने वाले' पुत्तन महाराज के लड़कों के साथ गुल्ली-डंडा खेल रहा था कि वे पधारे—

'रामबोला को देखते ही वे अपने लड़कों पर बमके—फिर ईके साथ खेलै लगे, ऐं। ससुर नीच जात भिखारी, जिसकी देह से बास आती है, उसके साथ ब्राह्मण-छत्री के बेटे खेलते हैं, जो हो सो हज़ार बार मना किया ससुरों को।'

पुत्तन महाराज के आते ही रामबोला खेल छोड़कर चबूतरे से अपनी झोली और संटी उठाने लगा था, लड़के घर के भीतर भाग गये थे। पुत्तन महाराज की बात रामबोला को अच्छी न लगी, कंधे पर झोली टाँगते हुए उसने कहा—हम रोज़ नहाते हैं महाराज, हम भी ब्राह्मण के बेटा...

'हाँ-हाँ साले, तू तो बाजपेई है बाजपेई! हमसे ज़बान लड़ाता है, जो है सो। ऐं।'

पुत्तन महाराज रामबोला के पास आकर खड़े हुए उसे अपनी लाल आँखें दिखला रहे थे। बच्चा उस क्रोध-मुद्रा को देखकर सहम तो अवश्य ही गया, पर मन का सत्य दबा न सका, उसने फिर कहा—'हम झूठ नाही बोलते महाराज।'

'साले, सत्तवादी हरिश्चन्द्र का नाती बनता है (बच्चे के सिर और गालों पर दो-तीन करारे तमाचे पड़ गये। वह लड़खड़ा गया), भाग। और फिर जो तो को हियाँ खेलते देखा तो मारते-मारते हड्डी-पसली की चटनी बनाय देंगे। खबरदार, जो अब हमारे घर पे भीख माँगने आया।'

व्यंग्य में बाजपेई कहने वाले पुत्तन महाराजों से तुलसी को जीवन भर निपटना पड़ा था।

काम, क्रोध, मद, लोभ में सबसे मुश्किल जीतना काम का है। *मानस का हंस* में तुलसीदास का जो प्रेमी (और कहीं-कहीं कामी रूप भी) रूप दिखलाया गया है, उससे श्रद्धालु पाठकों को ठेस लग सकती है। लेकिन इससे यह समझना ज़्यादा उचित होगा कि तुलसी के मन ने 'राम-विजय' के लिए कितना बड़ा

संघर्ष किया था। 'राम' को पाने का काम आखिरी सीढ़ी है, उसे भी लाँघ गये तो राम को मिला समझिए। मध्यकालीन संत कवियों—विशेषत: सगुण भक्त कवियों में सूर, तुलसी, रसखान के विषय में प्रचलित है कि वे लौकिक प्रेम से पारलौकिक या भगवद्भक्ति की ओर उन्मुख हुए थे। इन भक्तों ने प्रिय के प्रत्यय को अपने इष्ट के प्रत्यय में समाविष्ट कर दिया होगा। फिर संसार में जितना भी सौन्दर्य है वह इष्ट का ही है और यह समस्त सौन्दर्य मिलकर भी इस परम सौन्दर्य से घटकर है—राम 'कोटि मनोज लजावनि हारे' हैं। लेकिन 'कोटि मनोज लजावनि हारे' राम के मिलने से पूर्व तुलसी काम से भी ज़रूर अभिभूत हुए होंगे, कौन जाने बीच-बीच में कामदेवता बाद में भी जब-तब कृपा कर देते हों। जो हो, तुलसी की कविताई में काम और उसकी अदम्य शक्ति का जैसा खुला चित्रण किया गया है, उससे उनकी मानसिक हलचलों का बहुत पता चलता है, इन भयंकर मानसिक विक्षोभों को तुलसी ने जीता भी होगा—यह कहने की आवश्यकता नहीं है।

बाबा की मूर्ति इतनी पवित्र और ऊँची उठ गई है कि उनके विषय में कुछ इधर-उधर कहते बड़ा डर लगता है। इस बात का डर नहीं कि इन पंक्तियों को पढ़ने वाले मुझे कितना क्या समझेंगे! उनके विषय में कुछ इधर-उधर कहते हुए खुद से—अपने तुलसी की संतई से अपने अभिभूत मन से डर लगता है। किन्तु उन्होंने ही लिखा है : 'मृगनयनी के नयन सर को अस लाग न जाहि।' इससे दो बातें स्पष्ट हैं। एक यह कि बाबा 'मृगनयनी के नयनसर' की तीव्रता को जानते थे, दूसरे इसे जान लेने के कारण उससे सुरक्षित रहने की साधना भी करते थे। इस साधना का रूप यह था कि राम की शरण में चले जायें—यह भाव भी राम को समर्पित कर दें—राम उतना अच्छे लगे जितना नारी अच्छी लगती है कामी को।

तुलसीदास नारी सौन्दर्य के परम पारखी कवि हैं। वे काम-भावना की दुर्निवार शक्ति को किसी भी रीति-कालीन कवि से कहीं ज्यादा पहचानते हैं। कामदेव के प्रभाव का चराचर पर जो प्रभाव पड़ता है, उसका चित्रण उन्होंने बालकाण्ड में किया है। नारी रूप पर आसक्त और विवेकहीन बने हुए नारद की हास्यास्पद स्थिति का जो वर्णन उन्होंने किया है, उससे प्रकट हो जाता है

कि वे काम देवता के पराक्रम को बखूबी जानते थे—

जप तप कछु न होइ तेहि काला। हे विधि मिलइ कवन बिधि बाला॥

नारद का गर्वांकुर उखाड़ने के लिए भगवान ने जिस राजकन्या को माया से रचा था, उसका नाम विश्वमोहिनी था—

बिश्वमोहिनी तासु कुमारी।

नागरजी ने *रामचरितमानस* की, नारद की 'विश्वमोहिनी' को *मानस का हंस* की तुलसीदास की 'मोहिनी' बना दिया है। *मानस का हंस* में तुलसीदास को अनेक नारियों के रूप से अभिभूत होते हुए दिखाया गया है। इसमें अनौचित्य नहीं। आखिरकार बाबा भी मनुष्य थे, सहृदय मनुष्य थे, इस संसार के अपार रूप सौन्दर्य में डूब सकने वाले मनुष्य थे। इससे तुलसीदास की महानता को आँच नहीं आती, उल्टे उनके विवेक और संघर्ष की महिमा उजागर होती है। बड़ी बात यह पैदा होती है कि इससे तुलसीदास हमारे बहुत आत्मीय बन जाते हैं। जब हम देखते हैं कि वे भी हमारी तरह चंचल होते थे, कामग्रस्त होते थे, कामग्रस्त होने पर सब कुछ थोड़ी देर के लिए भूल जाते थे, तब उनका व्यक्तित्व भी हमारे लिए सहारा देने वाला बन जाता है। हमारे-उनके मनोविकार समान थे तो हमारा-उनका विवेक और संघर्ष भी समान हो सकता है। इसी समानता पर चित्रण की स्वाभाविकता और साहित्य में जिसे 'साधारणीकरण' कहते हैं, वह भी आधारित है। इससे तुलसी का महान् विवेकी और संत रूप खण्डित नहीं होता, वह और पूर्ण, साकार और सजीव हो उठता है। तुलसी के पास अगर नारी-सौन्दर्य से इतना अभिभूत होने की क्षमता न होती तो वे पुष्प-वाटिका में राम और सीता के प्रथम दर्शन का ऐसा अमर और सजीव चित्रण नहीं कर सकते थे। इस चित्रण पर ध्यान दीजिए—

चकित बिलोकति सकल दिसि जनु सिसु मृगी सभीत।

अर्थात् किशोरी राम को देखने के लिए चकित होकर चारों ओर देख रही हैं। 'सभीत' वह कई कारणों से हैं। वे मध्ययुगीन किशोरी राजकुमारी हैं। वे किसी खूबसूरत नौजवान को देखने के लिए आतुर चेष्टाएँ कर रही हैं, यह अगर कोई देख ले तो! इसका डर! फिर बहुत सुन्दर व्यक्ति को देखने के पहले

और देखते समय धुकधुकी होती है, इसका अलग से डर! सीता सिर्फ़ यह नहीं जान पातीं कि चकित और 'सिसु मृगी' के समान सभीत होकर 'सकल दिसि' विलोकन करते समय वे खुद कितनी सुन्दर लग रही हैं। यह गत्वर सौन्दर्य-चित्र केवल कल्पना से नहीं पैदा किया जा सकता। बाबा ने यह सौन्दर्य खुद देखा होगा। हम सब देखते हैं किन्तु तुलसी कल्प कवि थे, महान् साधक थे इसलिए इस चित्र को अमर-अंकित कर गये और उसे सीता की पवित्रता दे गये! लेकिन इस सबके लिए उनका मन सैकड़ों बार गिरा-सँभला होगा। अमृतलाल नागर ने इस रहस्य को समझा है और तुलसी को इसी समझ के आधार पर चित्रित किया है।

मानस का हंस की सबसे तेजस्वी पात्र रत्नावली हैं। लेखक ने तुलसी की पत्नी विषयक किंवदन्ती का उपयोग सावधानी और कौशल के साथ किया है। रत्नावली का कोई सगा भाई नहीं है। वह विदुषी, सुन्दरी और परम स्वाभिमानी स्त्री हैं। वे ज्योतिषी पिता की परम लाड़ली पुत्री हैं। पति को बहुत प्यार करते हुए भी रत्नावली का व्यक्तित्व बना रहता है। 'अगर मैं लड़का होती' या 'अगर मेरा कोई भाई होता' रत्नावली की ग्रन्थि है। यह ग्रन्थि अस्वाभाविक नहीं है। रत्नावली की माँ का देहान्त पहले हो गया था। मातृ-विहीना पुत्रियाँ अपने पिता की देखभाल माँ की तरह करती हैं। रत्नावली अपने पिता की पुत्री थी, उनकी संरक्षिका भी थी। ऐसी स्थिति में उसे अपने मायके या पितृपक्ष का रह-रहकर ध्यान आना बहुत स्वाभाविक है। मायके के सवाल पर साधारणत: कोई पत्नी समझौता नहीं करती। रत्नावली भी नहीं करती। रत्नावली के लिए ऐसा करना असम्भव था। रत्नावली का व्यक्तित्व तुलसीदास से अधिक संतुलित है। रत्नावली का व्यक्तित्व विद्वत्ता और सौन्दर्य से दृष्ट है, तुलसीदास का व्यक्तित्व बहुत प्यासा है। रत्नावली को पिता का बहुत प्यार मिला है, तुलसीदास जानते ही नहीं कि पिता का प्यार क्या होता है। वे रत्नावली के सामान्य व्यवहार एवं वार्तालाप को भी असंतुलित ढंग से ग्रहण करते हैं। रत्नावली को प्रसन्न रखने की बहुत कोशिश करते हैं, समझने की कोशिश क़तई नहीं करते। उनके मन में कहीं-न-कहीं यह आशंका बराबर बनी रहती है कि रत्नावली मुझे उतना प्यार नहीं करती, जितना मैं उसे करता हूँ। तुलसी के मन में रत्नावली के प्रति यही

विकार उन्हें रत्नावली से अलग करता है। तात्कालिक कारण तो बहाना मात्र है। तुलसी रत्नावली को पूरी तरह नहीं प्राप्त कर सकते, इसीलिए 'राम' की ओर उन्मुख होते हैं। राम पूर्णता के प्रतीक हैं, उन्हें प्राप्त कर लेने पर सब कुछ सब समय के लिए मिल जाता है। तुलसी जब-जब ज़िन्दगी में कोई झटका खाते हैं, राम की ओर तीव्रता से उन्मुख होते हैं—झटका चाहे ग़रीबी से खाएँ, मोहिनी से, रत्नावली से, द्वेषी दुष्टों से या कुतर्की नवयुवकों से। सदा के लिए सब कुछ प्राप्त करा देने वाले राम, जीवन की सार्थकता और उद्देश्य हैं। जीवन की इसी सार्थकता और उद्देश्य की प्राप्ति का प्रयत्न महान् व्यक्तियों से प्रिय-से-प्रिय वस्तुओं और सम्बन्धियों का त्याग करवा देता है। तुलसी जब अपने राम को लोकवादी रूप प्रदान करते हैं तो अपने भाव-बोध में मानवतावादी राजनैतिक नेताओं—विशेषत: गाँधीजी के बहुत निकट आ जाते हैं।

रत्नावली *मानस का हंस* की सबसे सजीव पात्र है। रत्नावली का चित्रण भी स्वाभाविक एवं यथार्थवादी पद्धति पर हुआ है। बहस के दौरान तेज़ बातें करते समय, तुलसी रत्नावली से मोर्चा नहीं ले सकते। लेकिन रत्नावली के हृदय का विक्षोभ और मन का आक्रोश कहाँ और किस प्रकार व्यंजित होता है, द्रष्टव्य है—

'रत्नावली' के मन पर तुलसीदास के क्रोध की प्रतिक्रिया क्रोध में ही हुई। उसकी सुन्दर आँखें दहकते अंगारों-सी चमक उठीं। उसने कहा, 'आपने मेरे पीहर का अपमान किया है, मैं इसे नहीं सह सकती।' कहकर वह भीतर चली गई। 'कहकर वह भीतर चली गई' का मतलब यह है कि इस मुद्दे पर बहस की कोई गुंजाइश या ज़रूरत नहीं।

उन्हें (तुलसीदास को) अपनी पत्नी का बड़ा ही रीझ-भरा और सुहावना रूप पहली बार असुन्दर लगा। उन्हें लगा कि जैसे वह चेहरा कालिख से पुत गया हो और उसमें लुभावनी आँखों की सफ़ेदी भयावनी हो गई हो। तुलसीदास का सुन्दरता-प्रेमी कवि मानस स्वयं अपनी ही कल्पना से सिहर उठा।...उन्होंने अपना सिर उठाकर दुबारा अपनी पत्नी को देखा। चकले पर रोटी बेलते हुए रत्नावली की मेहंदी-रची उँगलियों में बेलन मानो जानदार होकर किलोलें कर रहा था। दाहिने गाल पर लटक आई बालों की एक लट हवा में हल्की-हल्की

हिल रही थी और इसी हिलने से तुलसीदास के भीतर वाली कालिख-पुती रत्नावली उजली, पूर्ववत् सुन्दर और सदा की तरह मनोहारिणी बन गई...।

उन्होंने कहा, 'तुम अशिक्षित स्त्री की तरह बिना समझे-बूझे अन्याय का पक्ष लोगी।'

मेहंदी-रची उँगलियों में फँसा नाचता बेलन एकदम से थम गया। झुका सिर उठा और झटककर बालों की लट सरकाई, फिर सीधे देखकर कहा, 'पीहर का पक्ष लेना नारी-मन का नैसर्गिक न्याय है। मैं यदि लड़का होती तो मेरे पितृ की पीढ़ियों से पुजती आ रही गद्दी आज यों सूनी न होगी।' बेलन दूनी तेज़ी से मेहंदी-रची उँगलियों में नाचने लगा।

रत्नावली के आक्रोश और विक्षोभ को उसकी मेहंदी-रची उँगलियों में फँसा बेलन जितने भरपूर ढंग से व्यंजित कर रहा है, उसके मुख से निकले हुए शब्द नहीं कर सकते थे। मन के विकार, आक्रोश या कोई भी भावना सच्चे तौर पर ज़िन्दगी के और काम करने के साथ-ही-साथ व्यक्त होती है। पति पर गुस्सा प्रकट करने के लिए 'कोपभवन' में निठल्ली और मक्कार औरतें बैठती हैं। सच्चा क्रोध और सच्चा प्रेम एक गिलास पानी या एक कप चाय देने में ज़ाहिर हो जाता है। उसके लिए आडम्बर की योजना कच्चे और छद्म साहित्यकार करते हैं। चौके में रोटी बनाती हुई औरत मन का भाव प्रकट करने के लिए काम नहीं छोड़ देगी। चौका तो गृहस्थिन का किला है। गुस्सा शान्त होने पर तेज़ किलोलें करता हुआ, नाचता हुआ बेलन द्रुत से विलम्बित पर आ गया।

रत्नावली की भाव-मूर्ति तुलसी के मन में जीवन-भर बनी रहती है। वे अन्त समय में, जहाँ से उपन्यास की शुरुआत होती है, रत्ना के पास आते भी हैं। महंत बन जाने पर रत्ना और तुलसी की जो पर्दे के पीछे भेंट कराई गई है, वह ज़रूर अस्वाभाविक लगती है, जानबूझकर और खींचकर रत्नावली के जीवन को और करुण, तुलसीदास को और अधिक संयमी बनाने की कोशिश की गई है। जब रत्नावली तुलसी के हृदय में उदित होकर वार्तालाप करती ही हैं, तब यह सब पर्दे के पीछे वार्तालाप कराने के बग़ैर भी चित्रित किया जा सकता था। रत्नावली को ज़रा और स्वाभिमानिना बना दिया जाता तो उनका चरित्र और भी उजागर होता। लेकिन इस भेंट के पीछे एक और रहस्य मालूम पड़ता है। उसका

सम्बन्ध उपन्यास के गहरे आन्तरिक गठन से है।

अमृतलाल नागर ने तुलसी के जीवन को राममय बनाया है। अद्भुत कौशल से उन्होंने तुलसी के जीवन को बहुत दूर तक राम के जीवन की उद्धरिणी बना दिया है। रत्नावली सीता के घटनाक्रम में घूमती हैं। सीता राम द्वारा परित्यक्ता हुईं, रत्नावली तुलसी द्वारा। सीता रावण की लंका में रहने के बाद राजा राम से बिछुड़ीं। रत्नावली बहुत दिनों तक अलग रहने के बाद राजा तो नहीं लेकिन महंत तुलसीदास से मिलीं। सीता लोकप्रवाद के कारण राजा राम द्वारा फिर अलग कर दी गई थीं। रत्नावली भी महंत तुलसीदास द्वारा लोकप्रवाद के कारण ही साथ नहीं रखी गई, वरना तुलसी का मन रत्ना को साथ रखने के लिए तैयार हो गया था।

मानस का हंस में तुलसी के जीवन में आने वाले प्रमुख पात्र *रामचरितमानस* के पात्रों के आधार प्रतीत होते हैं। मेधा भगत भरत के भाग्य के प्रतीक हैं, रामकली शबरी है। नागर जी ने जानबूझकर लिखा है, 'आदिम जाति की उस युवती ने उनका उपचार किया, पानी लाई, पिलाया, फिर उन्हें सहारा देकर बैठाया।' राजा भगत, रामू, मंगल, अहिर आभीर युवक, लठैत आदि विभिन्न बन्दर-भालू जैसे राम के अनन्य भक्त मालूम पड़ते हैं।'कोतवाली पर सारे शरीर में सेंदुर लगाये लाल लँगोटेधारी अहिर युवा वानर टूट पड़े थे।' और लंका में वानरों का उपद्रव जैसा दृश्य 'हरम में ऐसा हाय-तौबा मचा कि बेगम-बाँदियाँ बेहोश हो गईं। अफीम की पिनक में गाना सुनते और झूमते हुए कोतवाल साहब की दाढ़ी नुची।' मामा परशुराम हैं। केवटों के चौधरी रामा निषादराज हैं। जैसे निषादराज की पूरी बिरादरी राम के लिए मर-मिटने को तैयार थी, उसी प्रकार रामा चौधरी की बिरादरी रामलीला कराने के लिए सब-कुछ करने को तैयार है। *मानस का हंस* के तुलसी का कथन है : 'ये ऐसे होगी कि जब सियाराम जी, लछमन जी गंगा पार करके वन को जायेंगे तो तुम्हीं उन्हें पार उतारोगे और रामजी के चरण पखार के अपना जीवन सार्थक करोगे...तुम यहाँ के केवटों के चौधरी हो, निषादराज से क्या कम हो ?'

मानस का हंस में शूर्पणखा भी गेंदिया के रूप में मौजूद है और 'तज कृसानु रोस महिसेसा' के उदाहरण में रबिदत्त तांत्रिक भी। वे कुतर्की, वंचक,

धींग धरमध्वज धंधक धोरी, मलिन खल, मिलने मात्र से दुख देने वाले, उजड़ने पर हर्ष और बसने पर विषाद अनुभव करने वाले, वज्र के समान वचन बोलने वाले हैं। इसके लिए तुलसी की कविता का परिश्रमपूर्वक पारायण ही नहीं आवश्यक था, बल्कि तुलसी की कविताओं से उभरने वाले सजीव चित्रों और बिम्बों को, जीवन के उचित सन्दर्भों को भी कल्पित कर लेने की दुर्लभ क्षमता की आवश्यकता थी। अमृतलाल नागर की सर्जनात्मक प्रतिभा की यह कसौटी थी। इस उपन्यास को पढ़ने से प्रकट हो जाता है कि नागरजी तुलसी का अमृत प्राप्त कर सके हैं। इसी कारण वे तुलसी को अपने युग के लिये सन्दर्भवान बना सके हैं।

लेकिन *मानस का हंस* में तुलसीदास का व्यापक जीवनानुभवों वाला वह रूप पूर्णत: नहीं उभर पाता जो उनके काव्य का आधार रहा होगा। 'काम-बाय' से पीड़ित रूप के सामने उनके अन्य रूप ज़्यादा नहीं उभर पाये हैं। तुलसी मानवीय करुणा से अत्यन्त द्रवणशील व्यक्ति रहे होंगे। निश्चय ही वे अपने अन्तर्द्वन्द्वों से भी बहुत जूझे होंगे लेकिन दूसरों का दुख भी उन्हें बहुत पीड़ित करता रहा होगा। ऐसा नहीं है कि उपन्यास में उन्हें 'पर दुख कातर' व्यक्ति के रूप में चित्रित नहीं किया गया है। नागरजी की दृष्टि इस विषय में साफ़ है। अगर उनकी दृष्टि निर्मल न होती तो वे तुलसी की कविता का सम्बन्ध वृद्ध कथावाचक की रोज़ी-रोटी से न जोड़ पाते, जवान लड़कियों के क्रय-विक्रय और भुखमरी से न जोड़ पाते। तुलसी की कविता में कलिकाल की विषमताओं को चीर कर दैहिक-दैविक-भौतिक तापों से रहित रामराज्य की स्थापना की जो छटपटाहट है, उसका सम्बन्ध नागरजी उनके व्यक्तित्व से बहुत दूर तक जोड़ सके हैं और यह कोई साधारण उपलब्धि नहीं है।

लेकिन सवाल उपन्यास में उनके व्यक्तित्व के इस पक्ष के तुलनात्मक अंकन का है। तुलसीदास इस देश के वन-उपवन, खग-मृग, वन्य जीवन आदि से बहुत परिचित रहे होंगे। वे कोल-किरातों को भी बहुत अच्छी तरह जानते रहे होंगे। तुलसी के व्यक्तित्व का वन्य जीवन प्रेमी घुमक्कड़ रूप इस उपन्यास में नहीं उभरता। उपन्यास के अन्तिम अंश में जैसे जल्दी-जल्दी केवट, अहीर लठैत, ठठेरों आदि के निकट लाकर इस रूप को चित्रित करने का प्रयास किया गया है।

इस उपन्यास में तुलसी के अन्तर्विरोधों को नहीं उजागर किया गया। तुलसी-साहित्य जिन अन्तर्विरोधों से भरा है, वह उनके जीवन और आचरण में भी रहे होंगे। लेकिन *मानस का हंस* पढ़कर लगता है जैसे नागर जी ने उनके व्यक्तित्व और कृतित्व के ऐसे तत्वों पर पर्दा डालने या येन केन प्रकारेण उन्हें उचित ठहराने की कोशिश की है। तुलसी द्वारा कबीर की प्रशंसा करने से यह नहीं सिद्ध हो जायेगा कि वे कबीर के कुछ विचारों के परम कट्टर विरोधी नहीं थे। जिस प्रकार यह मानना गलत है कि तुलसी और कबीर में कोई समानता नहीं थी, उसी प्रकार यह मानना भी ग़लत है कि तुलसी और कबीर में मतभेद और परस्पर विरोध नहीं था। तुलसी समझौतावादी नहीं, कबीर के समान ही मताग्र भी थे। उनके इस रूप को उभारने से उपन्यास का कुछ नहीं बिगड़ता।

तुलसी ने अन्तिम अवस्था में 'घोर-बरतोर' के कारण मर्मान्तक पीड़ा भोगी थी। *हनुमान-बाहुक* में तुलसी ने अपने शारीरिक कष्ट का जो वर्णन किया है वह तो बस 'अपि आवारोदित्यपि दलति वज्रस्य हृदयम्।' हनुमान बुड्ढे हो गये, थक गये। शायद कुछ ऐसा है जिसे कर पाना राम के भी वश में नहीं है। सब कुछ कर्मों के अधीन है। 'मेटत कठिन कुअंक भाल के' वाली बात ग़लत थी। वरना राम से विनती हो और ऐसा निर्वेद व्यंजित हो—

<blockquote>

'तुम्हते कहा न होय हा! हा! सो बुझैए मोहिं,
हौं हूँ रहूँ मौन जो बयो सो जानि लुनिये।'

</blockquote>

तुलसी का यह महान् मोहभंग, महान् कलात्मक संयम और साहस के साथ ही चित्रित किया जा सकता था। नागरजी ने तुलसी को इस पीड़ा से विचलित होते नहीं दिखाया है। इस उपन्यास में, मेरी समझ से, यह बहुत बड़ी कमी रह गई है।

उपन्यास के कथाप्रवाह को बेनी माधवदास बीच-बीच में व्याघात पहुँचाते हैं। वे इस उपन्यास में लगभग दयनीय रूप में चित्रित किये गये हैं, इसलिए उन्हें और अधिक दोष देने को मन नहीं करता। पता नहीं कब का बदला नागर जी ने उनसे चुकाया। प्रश्नोत्तर शैली में रचित होने से इस उपन्यास का तार टूटता रहता है। उपन्यास शायद थोड़ा-बहुत 'फ़िल्मीकरण' को भी ध्यान में रखकर लिखा गया है। 'फ़्लैशबैक' इसके लिए उपयुक्त होगा। लेकिन किसी घटना-संकुल

महान् कथ्य को सीधी कथन-शैली में रचना ज्यादा मुनासिब होता है। प्रश्नोत्तर शैली, फ़्लैशबैक आदि अत्यन्त परिचित और घटनापूर्ण कथा के लिए उपयुक्त नहीं हो सकते। कथावस्तु के अभाव में ही इन 'कौशलों' से काम लेना उचित है। कल्पना कीजिए *गोदान* या *वार एण्ड पीस* प्रश्नोत्तर शैली में रचे जाते तो कैसा होता ? *रामचरितमानस* की शुरुआत तो कथानक रूढ़ि के प्रभाव के कारण प्रश्नोत्तर शैली में होती है, किन्तु कथा शुरू होने के बाद फिर शंकर-पार्वती संवाद का वर्णन बीच में व्याघात डालने नहीं आता।

तुलसी की कविता उत्तर भारत के गाँवों, कस्बों, खेतों, खलिहानों, चौपालों में हवा, पानी, धूप, दूब की तरह फैली हुई है। उनकी अपार लोकप्रियता पर विचार करने वाला उनसे अवश्य अभिभूत होता है। लेकिन वह व्यक्तित्व कैसा रहा होगा, उसके जीवनानुभव कैसे रहे होंगे, इस सब पर विचार करने का मतलब तो अपने-आपको एक भरे-पूरे सम-विषम संसार से सम्बद्ध कर लेना है। फिर जैसा कि डॉ. रामविलास शर्मा ने लिखा है, 'तटस्थ और निष्क्रिय दृष्टि तुलसी का मूल्यांकन नहीं कर सकती।' ऐसी दृष्टि तुलसी का चरित्र भी नहीं आँक सकती थी। नागरजी की दृष्टि बहुत दूर तक सक्रिय एवं लोकोन्मुख है, इसीलिए वे बाबा का 'ग्रन्थावतार' करा सके। मानस चतुश्शती के सिलसिले में बहुत आयोजन हुआ है, किन्तु उसे सार्थक केवल *मानस का हंस* के प्रकाशन ने किया है।

अंधश्रद्धा से मुक्ति का संघर्ष

मधुरेश*

अमृतलाल नागर कृत *मानस का हंस* हिन्दी में जीवन चरितात्मक उपन्यासों की उसी परम्परा का विकास है जिसे रांगेय राघव अपने उपन्यासों द्वारा अभूतपूर्व उत्कर्ष प्रदान कर चुके थे। अवध क्षेत्र से सम्बन्धित होने और अपने पारिवारिक संस्कारों के कारण तुलसीदास और उनके *रामचरितमानस* के प्रति नागर जी का आकर्षण समझा जा सकता है। तुलसी से सम्बद्ध उपन्यास लिखने का विचार भले ही वर्षों पूर्व फ़िल्म उद्योग में कार्य करते हुए महेश कौल के सम्पर्क में उनके बम्बई-प्रवास में बना हो, लेकिन उसके वस्तुत: लिखे जाने का तात्कालिक निमित्त मानस चतुश्शती संबंधी आयोजन ही था। अंत: और बाह्य साक्ष्यों को आधार बनाकर तुलसी की एक प्रामाणिक औपन्यासिक जीवनी लिखना ही एक उपन्यासकार के रूप में, नागर जी की मुख्य प्रतिश्रुति थी। वे तुलसीदास के व्यक्तित्व को अंधश्रद्धा के दलदल से उबारकर 'सही और स्वस्थ रीति से' जनमानस में प्रतिष्ठित करने का आग्रह लेकर अपनी रचना-यात्रा शुरू करते हैं। नागर जी मानते हैं कि तुलसी केवल कवि ही नहीं थे—मुख्यत: कवि होने पर भी वे एक सामाजिक संगठन-कर्त्ता थे और इसी कारण उन्हें कुछ व्यावहारिक समझौते भी करने पड़े होंगे—हमारे समय में गाँधी को वर्णाश्रमियों से कुछ समझौते करने पर भी उनका जनवादी दृष्टिकोण स्पष्ट है। तुलसीदास से जुड़ी जनश्रुतियों में उनके द्वारा आयोजित विभिन्न लीलाओं, अखाड़ों आदि का उल्लेख मिलता है। काशी के पूरे शहर को रंगमंचीय परिकल्पना में उतार देने वाला उनका प्रयास किसी मायने में अद्भुत भी कहा और माना जा सकता

---

*प्रसिद्ध कथा आलोचक। कहानी-उपन्यास आलोचना पर पचास पुस्तकें। 'समय माजरा सम्मान' से विभूषित।

है। रामविलास शर्मा की भाँति नागर जी तुलसी के वर्णाश्रम समर्थन को प्रक्षिप्त अंश न मानकर उसके स्वीकार का साहस दिखाते हैं। इस सम्बन्ध में नागर जी ने लिखा है, 'तुलसी ने वर्णाश्रम धर्म का पोषण भले ही किया हो पर संस्कारहीन, कुकर्मी ब्राह्मण, क्षत्रिय आदि को लताड़ने में वे किसी से पीछे नहीं रहे। तुलसी का जीवन-संघर्ष विद्रोह और समर्पण-भरा है। इस दृष्टि से वह अब भी प्रेरणादायक है...' *मानस का हंस*। तुलसी के चरित्र में उपलब्ध इस प्रतिरोधी और विद्रोही चेतना को अंकित करके नागर जी ने एक दोहरा जोखिम उठाया है। अंधश्रद्धा के दलदल से उन्हें उबारने के अपने प्रयास में एक ओर यदि उन्होंने हिन्दूवादी वर्ग द्वारा तुलसीदास के चरित्र के अपकर्ष का आरोप झेला, वहीं दूसरी ओर उनके अखाड़ों के माध्यम से उनकी संगठन क्षमता का अंकन करके हिन्दूवादी संगठनों की कार्यप्रणाली के प्रति अपने प्रच्छन्न मोह का आरोप भी सहा। युवाशक्ति और चेतना के पुनर्गठन और पुनर्जागरण के लिए नागर जी जिन सामाजिक शक्तियों को अंकित करते हैं ऊपरी तौर पर देखकर उनकी व्याख्या आसानी से हिन्दूवादी संगठनों के रूप में की जा सकती है। *अमृत और विष* में भी नागर जी ने यह प्रयोग किया था। लेकिन सतह पर हिन्दूवादी संगठन की आधारभूत विशेषताओं के बावजूद, नागर जी अपने रचनात्मक लक्ष्यों में दूर तक जाने वाले लेखक हैं। *अमृत और विष* का युवा वर्ग, ऊपरी तौर पर अपने हिन्दूवादी संगठन के रक्षार्थ युद्ध में, मन्दिरों और धर्मशालाओं के निर्माण में सक्रिय स्वार्थों के उद्घाटन से शुरू करके मन्दिरों के विध्वंस की सीमा तक जाता है। आज ही मन्दिरवादी कथित हिन्दू राजनीति के सन्दर्भ में ऐसे प्रसंगों की एक क्रांतिकारी भूमिका को आसानी से समझा जा सकता है। तुलसी के प्रसंग में इस हिन्दूवादी ढाँचे के अन्दर, उनकी रामलीलाओं के प्रसंग में, निम्न समझी जाने वाली जातियों और श्रेणियों की भूमिका इसी प्रकार का एक क्रान्तिकारी काम था। तीव्र सामाजिक विरोध के बीच तुलसी ने यह काम किया था।

बाह्य साक्ष्यों से अधिक अन्तःसाक्ष्यों के आधार पर नागर जी ने तुलसीदास का एक यथार्थ और विश्वसनीय चित्र प्रस्तुत करने का प्रयास किया है— लगभग अपने समक्ष एक वैसा ही निष्कर्ष रखते हुए जो हावर्ड फास्ट ने अपने उपन्यासों के लिए अपनाया था। उपन्यास के लिए चुने गए ऐतिहासिक पात्र अपने समकालीनों को कैसे लगते होंगे और उनके बीच उनका व्यवहार क्या

रहा होगा, वस्तुतः यही वह कसौटी है जिस पर ऐतिहासिक पात्रों को देखा जाना चाहिए। एक परित्यक्त और अपशकुन के प्रतीक बालक के रूप में तुलसी का संघर्ष, विपन्नता और सामाजिक अवरोध-अपमान की पीड़ा के बीच गहरी संवेदना के साथ अंकित है। नागर जी तुलसी का जन्मस्थल बाँदा में राजापुर को स्वीकारते हैं जिसके पक्ष में उन्होंने कुछ तर्क भी दिए हैं। यही विक्रमपुर गाँव हुमायूँ-शेरशाह के युद्ध में वीरान हो जाने के बाद राजा अहिर के नाम पर बसकर राजापुर कहलाया। नब्बे वर्ष की आयु में तुलसीदास, पूरे उनसठ वर्ष बाद, उस गाँव में लौटते हैं, क्योंकि उन्होंने रत्नावली को वचन दिया था। वही रत्नावली उनकी पत्नी आज मरणासन्न है, जैसे उनकी प्रतीक्षा में ही उसके प्राण अटके हुए हैं। उनके दो शिष्य बेनीमाधव और रामू द्विवेदी काशी से उनके साथ आए हैं, क्योंकि वार्धक्य और अस्वस्थता के कारण वे अकेले यात्रा करने की स्थिति में नहीं हैं। इस गाँव से उनकी अनेक खट्टी-मीठी स्मृतियाँ जुड़ी हैं। बकरीदी चाचा तुलसी के ही समवयस्क हैं। उनके पिता हुसैनी तुलसी के जन्म के समय ही अपने यहाँ हुए पुत्र का भाग्य बँचाने पंडित आत्माराम ज्योतिषी के यहाँ आए थे। अपने पिता से सुनी हुई कहानी बकरीदी चाचा सुनाते हैं। ऐतिहासिक पृष्ठभूमि में, मुगलों द्वारा गाँव में मचाई गई तबाही और अराजकता के बीच गढ़ का पतन हुआ था। पठान और राजपूत सरदार दोनों ही राजा से गद्दारी करके मुगलों से मिल गए थे। कुँवरानी की माँ ने कुएँ में कूदकर अपनी जान दे दी थी और बाद में स्वयं कुँवरानी ने यमुना में कूदकर अपनी मान-रक्षा की थी। इस घोर अराजकता के बीच भी राजा और कुँवरानी के प्रति जनता का समादर और उसकी प्रतिरोध चेतना का चित्रण नागर जी ने गहरी विश्वसनीयता के साथ किया है।

तुलसी की जीवन-कथा एक सीधी रेखा की तरह विकसित नहीं होती। उसके प्रस्तुतीकरण में अनेक मोड़ और पेंच हैं। तुलसी के जन्म और बचपन की कहानी बकरीदी चाचा सुनाते हैं, जिसे उन्होंने स्वयं अपने पिता से सुना था। बेनीमाधव तुलसीदास का जीवनवृत्त लिख रहा है, अतः बहुत-सी कथा उस लिखे जाने वाले जीवनवृत्त के रूप में प्रस्तुत है। अपने संघर्ष, रचना के साथ बिताए गए दाम्पत्य जीवन के अन्तरंग चित्र आदि तुलसी की स्मृतियों और स्वप्नों से बुने गए हैं। चूँकि बेनीमाधव द्वारा लिखित तुलसी का जीवन-चरित्र एक ऐतिहासिक साक्ष्य है, तुलसी के जीवन के अनेक प्रसंगों से संबद्ध प्रश्नों एवं जिज्ञासाओं का

उत्तर स्वयं तुलसी द्वारा ही प्रस्तुत है। तुलसी के काव्य में अकाल के प्रामाणिक और जीवंत वर्णन के अनेक साक्ष्य उपस्थित हैं। तुलसी उस अकाल को इतने संवेदनापूर्ण ढंग से इसीलिए प्रस्तुत कर सके थे, क्योंकि वह सब उनका अनुभूत यथार्थ था। तुलसी के प्रसंग उसी अकाल के संवेदनापूर्ण अंकन में, नागर जी को बंगाल के दुर्भिक्ष के अपने अनुभव की भी महत्त्वपूर्ण भूमिका रही हो सकती है। रोटी के एक टुकड़े के लिए छीना-झपटी, ब्राह्मण और चांडाल के अन्तर का मिट जाना और आठ रुपए में पन्द्रह लड़कियों के बिक्री के दृश्य आदि सहज ही नागर जी के अपने अनुभव के रूपान्तरण के उदाहरण माने जा सकते हैं।

तुलसी के काव्य में आए प्रकरणों और उक्तियों के समर्थन और विस्तार में लेखक ने सार्थक एवं विश्वसनीय प्रसंगों की रचना की है। 'माँग के खाइबो, मसीत में सोइबो' वाला प्रकरण हो या 'धूत कहो अवधूत कहो' वाला, जिसमें तुलसी किसी के द्वारा अपनी जाति पूछे जाने पर तपकर अपना बेटा न ब्याहने की बात कहते हैं, ऐसे सारे प्रसंगों को लेखक ने उनके जीवन से जोड़कर प्रस्तुत किया है और इस एक कवि के रूप में तुलसी की रचना-प्रक्रिया में निजी और प्रामाणिक अनुभवों की उपस्थिति पर बल दिया है। कबीर के निर्गुण ब्रह्म की साधना को वे समुचित महत्त्व देते हैं—तत्कालीन विध्वंस की पृष्ठभूमि में। लेकिन उनके नाम पर कबीरपंथियों द्वारा समाज में अनास्था के प्रसार का वे विरोध करते हैं। कबीर ने निर्गुण की उपासना द्वारा समाज में विकसित होते हुए तंत्रवाद का विरोध किया था और यह उनका महत्त्वपूर्ण कार्य था। मन्दिरों और देवमूर्तियों के उस व्यापक और हाहाकारी विध्वंस के दौर में कबीर द्वारा प्रचारित निर्गुण उपासना की राह ही एकमात्र राह थी। तुलसी इसे आराध्य को वस्त्र पहनाना जैसा कुछ मानते हैं और अपनी सगुण भक्ति को आज वे उसी आराध्य को आभूषणों और अलंकारों से सजाने के प्रयास के रूप में देखते हैं। उनके धार्मिक और वैचारिक समन्वय का ही उदाहरण उनके द्वारा कबीर की स्वीकृति में निहित है। अपने युग में आस्था से नंगी प्रजा को कपड़े पहनाने का काम कबीर ने किया था, उसी प्रजा की आस्था को अब अलंकारों की ज़रूरत है और भरसक यह काम वे अपने ढंग से कर रहे हैं। अपने सुदीर्घ और व्यापक अनुभव के आधार पर ही सन्त बेनीमाधव के माथे पर हाथ फिराकर कहते हैं, 'सत्य, आस्था और लगन जीवन सिद्धि के मूल हैं।'

अमृतलाल नागर की मूल प्रतिश्रुति, तुलसी के संदर्भ में, अंधश्रद्धा से मुक्ति द्वारा सहज विश्वसनीय रूप से जनमानस में प्रतिष्ठित करना है। उनकी रचनाओं में निहित साक्ष्य के आधार पर, उनकी 'मदन वाय' वाले प्रकरण के रूप में ही, *मानस का हंस* में मोहिनी-प्रसंग उसका एक खासा विवादास्पद पक्ष रहा है। जैसा कि उल्लेख किया जा चुका है कि कुछ हिन्दूवादी लोगों को यह तुलसीदास का चारित्रिक अपकर्ष लगा है और इसके लिए आलोचना के दायरे से बाहर जाकर लेखक की भरपूर निन्दा की गई है। यह उग्र विरोध उपन्यास को पाठ्यक्रम से निकलवाने से लेकर उसकी प्रतियाँ जलाने तक पहुँचा है। नागर जी के साहित्य में यौन-विकृतियों के विभिन्न रूप देखकर उन पर बाल्जक के प्रभाव को आसानी से समझा जा सकता है। लेकिन वे कहीं भी इन प्रसंगों को 'ड्राल स्टोरीज़' (हास्यकर कहानियाँ)की तरह उत्तेजना और आनन्द के लिए इस्तेमाल नहीं करते। उनके यहाँ ये यौन विकृतियाँ सामाजिक विकृतियों का ही अभिन्न हिस्सा हैं और सामाजिक व्यवस्था में आए परिवर्तन से उनमें भी परिवर्तन आना अनिवार्य है। इसके लिए एक बार फिर 'बूँद और समुद्र' में चित्रित विभिन्न प्रेम-प्रसंगों को याद किया जा सकता है। नागर जी पारिवारिक-दाम्पत्य सम्बन्धों की गरिमा का बखान करने वाले लेखक हैं। बेकारी और लम्बे संघर्ष वाली अपनी युवावस्था में तुलसी मोहिनी के सम्पर्क में आते हैं और उसके 'तीरे-नीमकश' के शिकार होते हैं। नागर जी को इस मोहिनी-प्रसंग द्वारा तुलसी-भक्तों के चिढ़ने की आशंका पहले से ही थी, भूमिका में इसका उल्लेख है, लेकिन फिर भी अपनी रचनात्मक ईमानदारी के कारण उन्होंने यह जोखिम उठाया। छिटपुट उल्लेख के आधार परिकल्पित इस प्रसंग को लेकर उनका अपना तर्क है, 'नासमझ जवानी में काशी निवासी विद्यार्थी तुलसी का किसी ऐसे दौर से गुज़रना अनहोनी बात भी नहीं है।' अनेक जनश्रुतियों के आधार पर नागर जी तुलसी के चरित्र में कामावेग की एक महत्त्वपूर्ण भूमिका स्वीकार करते हैं। लेकिन वे संयम और मर्यादा द्वारा उसके उदात्तीकरण के लिए कठोर संघर्ष करते हैं, यह दमन एवं संघर्ष उनमें अनेक शारीरिक व्याधियों का कारण भी बनता है। वृद्धावस्था में उनके शरीर में निकली गिल्टियाँ और उससे उपजी पीड़ा इसी कठोर दमन का परिणाम थी। लेकिन तुलसी के मानसिक विरेचन और विकास की कई मंज़िलें हैं। मोहिनी से वे पत्नी रत्नावली और फिर अपने इष्ट राम तक

उठते और पहुँचते हैं। मोहिनी के रूप का आकर्षण उन्हें इतना अभिभूत करता है कि वे अपना आपा ही खो बैठते हैं। उसकी माँ के द्वारा अपमानित किए जाने पर वे अपने स्वत्व की ओर वापस लौटते हैं—अपनी रचनात्मक सम्भावनाओं को टोहते हुए। बाद में विवाह हो जाने पर, रत्ना के रूप में जो स्त्री उन्हें मिली अपने रूप और वैदुष्य में वह भी असाधारण थी। अपनी स्मृतियों में उससे हुए प्रथम साक्षात्कार की याद इस वृद्धावस्था में, वर्षों बाद भी उन्हें सिहरा देती है, 'स्वर था मानो गला हुआ सोना बह रहा हो। उसमें मिठास तो थी ही किन्तु अधिकार का तेज भी था।' नागर जी ने विस्तारपूर्वक उन प्रसंगों को अंकित किया है कि तुलसी को इस आकर्षण के विरुद्ध कितना कठोर संघर्ष करना पड़ा था। अपने अन्दर के भय के कारण ही वे काशी में रत्ना का सामना करने का साहस नहीं जुटा पाते हैं और बीच में पर्दा डालकर अपने बचाव की राह ढूँढ़ते हैं। लेकिन तुलसी 'काम' से ही राम की ओर की अपनी यात्रा सम्पन्न करते हैं। अपनी इस दुर्बलता के प्रति उनके मन में कैसा भी संकोच नहीं है। वे स्पष्ट कहते हैं, 'मेरा कामावेग अति प्रखर रहा था। गार्हस्थ जीवन बिताने के बाद फिर से ब्रह्मचर्य व्रत धारण करना ही मेरे लिए अति कठिन चढ़ाई के समान सिद्ध हुआ। काम से सभी राग जागते हैं और उसी से समस्त विभूतियों का उदय होता है। मैंने अपने काम-लौह को राम-रसायन से सोना बना लिया है, पर शरीर को उसके आघात सहने ही पड़ेंगे...' नागर जी कामवेग और कामविकृतियों का चित्रण करके भी उनसे मुक्ति और उदात्तीकरण पर बल देते हैं। उदात्तीकरण की इस प्रक्रिया में कभी-कभी वे आरोपण और हठ की सीमा तक चले जाते भी दिखाई देते हैं।

आज जब हमारे अनेक इतिहास पुरुषों को हिन्दूवादी दृष्टि से प्रस्तुत किए जाने के प्रति कुछ लेखकों में एक विशेष उत्साह दिखाई देता है। नागर जी इस सवाल को गम्भीरतापूर्वक उठाते हैं कि हमें अपने इतने इतिहास-पुरुषों को ऐसे लोगों के लिए ही छोड़ देना चाहिए? नागर जी का *मानस का हंस* एक दोहरा जोखिम उठाकर, गहरी रचनात्मक निष्ठा के साथ एक उदाहरण प्रस्तुत करता है कि इन इतिहास पुरुषों के प्रति हमारा क्या सलूक होना चाहिए। तुलसी के युग की सामाजिक, सांस्कृतिक गतिविधियों के बीच, सारी दार्शनिक, ऐतिहासिक अन्तर्धाराओं के साथ, तुलसी का रचना-संघर्ष ही *मानस का हंस* को एक विशिष्ट रचना बनाता है। इस दृष्टि से उसे इरविंग स्टोन के वॉन गाग और माइकेल एंजेलों पर केन्द्रित उपन्यासों के साथ रखकर भी देखा जा सकता है।

लोकनायक की खोज

हेतु भारद्वाज[*]

उपन्यास की संरचना को समझना न पाठक के लिए सरल होता है न आलोचक के लिए। यूरोप में उपन्यास की संरचना को समझने के अनेक प्रयास हुए हैं किन्तु अधिकांशत: वहाँ के अंग्रेज़ी उपन्यासों को ही केन्द्र में रखकर उपन्यास की संरचना पर विचार किया गया है। हिन्दी में उपन्यास विधा पर आलोचकों ने जो विचार किया है उसमें संरचना की अपेक्षा उसके कथ्य का विवेचन अधिक हुआ है। किन्तु उपन्यासकार के मानस में उपन्यास किस प्रकार रूपाकार ग्रहण करता है और पाठक की चेतना उसे किस रूप से ग्रहण करती है, इस पर कम ही विचार हुआ है। उपन्यास की संरचना किसी उपन्यास को महान बनाने में किस प्रकार मदद करती है यह *शेखर : एक जीवनी, बाणभट्ट की आत्मकथा, मैला आँचल, राग दरबारी* जैसे उपन्यासों की संरचना के विश्लेषण से समझा जा सकता है।

अमृतलाल नागर हिन्दी के उन उपन्यासकारों में से हैं जिनके कई उपन्यासों की संरचना क्लासिक स्तर की है। *बूँद और समुद्र* एक महत्त्वपूर्ण उपन्यास है किन्तु आत्मकथात्मक शिल्प में प्रस्तुत उनका *अमृत और विष* उपन्यास अपने संरचनात्मक रूप में अद्भुत है। इसी तरह *नाच्यौ बहुत गोपाल* उपन्यास अपनी संरचना में निम्न वर्ग के जीवन का जीवंत दस्तावेज़ बन जाता है तो *सुहाग के नूपुर* ऐतिहासिक उपन्यास की दृष्टि से अपनी संरचना में विशिष्ट पहचान बनाता है। उनका *मानस का हंस* नामक उपन्यास मूलत: जीवनी-परक है, क्योंकि इस उपन्यास के केन्द्र में गोस्वामी तुलसीदास का रचनात्मक संघर्ष साकार हुआ है तो इसे ऐतिहासिक उपन्यास भी माना जाता है, क्योंकि इस उपन्यास में तुलसीकालीन राजनीतिक और सामाजिक जीवन जीवंत हो उठा है।

---

[*] प्रसिद्ध कथाकार। जयपुर में निवास और *अक्षर* के संपादक।

विष्णु प्रभाकर ने *आवारा मसीहा* तथा अमृतराय ने *कलम का सिपाही* नाम से क्रमशः शरत्चन्द्र और प्रेमचंद की जीवनियाँ लिखी है—ये कृतियाँ भी इतिहास की रक्षा करती हैं पर दोनों ही दो महान रचनाकारों के मानस की भीतरी तहों को पूरी गम्भीरता से उभारती हैं। ये कृतियाँ हिन्दी में श्रेष्ठतम जीवनियाँ मानी जाती हैं। फिर अमृतलाल नागर लिखित *मानस का हंस* को उपन्यास क्यों माना गया, जबकि इस कृति में भी तो गोस्वामी तुलसीदास की संघर्ष कथा है। वस्तुतः *मानस का हंस* की संरचना ही इसके रूप को उपन्यास के निकट ले आती है। इसे हम 'चरित्रप्रधान उपन्यास की संज्ञा से भी अभिहित कर सकते हैं, क्योंकि चरित्रप्रधान उपन्यास में उपन्यासकार का सरोकार समाज का चित्रण न होकर व्यक्तिपात्र का अंकन हो जाता है। यहाँ हमें यह भी नहीं भूलना चाहिए कि व्यक्ति सामान्यतः समाज का ही अंग होता है। वह हमेशा उसका निर्जीव पुर्जा मात्र नहीं होता।' (*उपन्यास की संरचना*—डॉ. गोपाल राय,) यह सम्भव नहीं हो सकता कि किसी चरित्रप्रधान उपन्यास से समाज पूरी तरह गायब हो। पर *शेखर : एक जीवनी, बाणभट्ट की आत्मकथा, मानस का हंस* जैसे उपन्यासों में चरित्र प्रधानता के बावजूद समाज और परिवेश की उपस्थिति तक महत्त्वपूर्ण रही है।

लार्ड ग्रियर्सन ने तुलसीदास को बुद्ध के बाद उत्तर भारत का सबसे बड़ा लोकनायक कहा था। बुद्ध और तुलसी के बीच काल का बहुत बड़ा अंतराल है। भक्तिकाल में भारत जिस राजनीतिक, सामाजिक और सांस्कृतिक संकट से गुज़र रहा था, उससे निपटने के लिए गोरखनाथ, सरहपा, कबीर, रैदास, नानक जैसे अनेक संत कवि सक्रिय थे। तुलसी भी इस काल में हुए फिर उन्हें ही लोकनायक की संज्ञा क्यों दी गयी? उक्त सभी संत कवि जनता से सीधे जुड़े थे फिर तुलसी में ऐसी क्या बात थी, जो उन्हें अलग से चिन्हित किया जाए। ऐसे ही प्रश्नों से जूझने के लिए अमृतलाल नागर ने उपन्यास की रचना की। इसके लिए उन्हें तुलसी की खोज करना ज़रूरी था। यह हमारा दुर्भाग्य है कि तुलसी ही नहीं उक्त संतों में से किसी की भी प्रामाणिक जीवनी उपलब्ध नहीं है। जबकि इनमें से हरेक के बारे में अनेक तरह की किंवदंतियों में अनेक चमत्कारपूर्ण तथा अलौकिक कथाएँ बुनी हुई हैं। 'आमुख' में स्वयं अमृतलाल नागर ने स्वीकार किया है, 'यह सच है कि गोसाईं जी की सही जीवन कथा नहीं मिलती' यों कहने

को तो रघुवरदास, बेनी माधवदास, कृष्णदत्त मिश्र, अविनाश राय और संत तुलसी साहब के लिखे गोसाई जी के पाँच जीवन चरित हैं किन्तु विद्वानों के मतानुसार वे प्रामाणिक नहीं माने जा सकते। डॉ. माताप्रसाद गुप्त और डॉ. रामदत्त भारद्वाज जैसे विद्वानों ने इन जीवन चरितों को संदिग्ध बताया है।

इसलिए अमृतलाल नागर के समक्ष तुलसी के प्रामाणिक जीवनचर्चा की समस्या थी। उन्होंने तुलसी विषयक जानकारी का सम्यक विवेचन किया। उन्होंने *कवितावली* तथा *विनय पत्रिका* को विशेष रूप से पढ़ा तथा *विनय* पत्रिका में तुलसी के अंतर्संघर्ष से ऐसे अनमोल क्षण संजोए हुए हैं कि 'उसके अनुसार ही तुलसी के मनोव्यक्तित्व का ढाँचा खड़ा करना मुझे श्रेयस्कर लगा। *रामचरितमानस* की पृष्ठभूमि में मानसकार की मनोछवि निहारने में भी मुझे पत्रिका के तुलसी ही से सहायता मिली। *कवितावली* और *हनुमान बाहुक* में खासतौर से और *दोहावली* तथा *गीतावली* में कहीं-कहीं तुलसी की जीवन झाँकी मिलती है। मैंने गोसाई जी से सम्बंधित अगणित किंवदंतियों में से केवल उन्हीं को अपने उपन्यास के लिए स्वीकारा जो कि इस मानसिक ढाँचे पर चढ़ सकती थी।' *मानस का हंस* उपन्यास अमृतलाल नागर द्वारा महाकवि तुलसी के बहुआयामी व्यक्तित्व की खोज है। तुलसी पर सबसे बड़ा आरोप यह लगाया जाता है कि वे वर्णाश्रम धर्म के पोषक थे। अमृतलाल नागर अपनी खोज यात्रा में पाते हैं कि तुलसीदास एक सफल संगठनकर्ता थे। 'रुढ़िपंथियों से तीव्र विरोध पाकर यदि ईसा आर्त जनसमुदाय को संगठित करके अपने हक की आवाज़ बुलन्द कर सकते थे तो तुलसी भी कर सकता था। समाज संगठनकर्ता की हैसियत से सभी को कुछ-न-कुछ व्यावहारिक समझौते करने पड़ते हैं, तुलसी और हमारे समय में गाँधीजी ने भी वर्णाश्रमियों से कुछ समझौते किए पर उनके बावजूद इनका जनवादी दृष्टिकोण स्पष्ट है। तुलसी ने वर्णाश्रम धर्म का पोषण भले किया हो पर संस्कारहीन, कुकर्मी ब्राह्मण, क्षत्रिय आदि को लताड़ने में वे किसी से पीछे नहीं रहे। तुलसी का जीवन संघर्ष, विद्रोह और समर्पण भरा है।'

उत्तर भारत में रामलीला को मंचित करने की परम्परा का सूत्रपात करने का श्रेय भी तुलसीदास को ही है। लेकिन शौकिया तौर से पूरे शहर को रंगमंच

बना देने का विचार अपने आप में अद्भुत था। तुलसी ने रामलीला के लिए किसी स्थान विशेष को रंगमंच के लिए नहीं चुना बल्कि कहीं राजगद्दी, कहीं नककटैया, कहीं केवट प्रसंग आदि के लिए अलग-अलग मोहल्लों को चुना। इतना ही नहीं उनकी रामलीला में केवट, अहीर, ठठेरे, ब्राह्मण, क्षत्रिय आदि सभी जातियों के लोग साथ-साथ अभिनय करते हैं। इसका सीधा सा अर्थ यही है कि तुलसी के राम लोकधर्मी थे जिसकी ओर आचार्य रामचन्द्र शुक्ल ने भी संकेत किया है। तुलसी द्वारा मंचित होने वाली रामलीला में पूरा बनारस शहर शरीक होता था। यह तुलसी के व्यक्तित्व का बहुत ही जनवादी पहलू है, जिसे नागर जी ने *मानस का हंस* में रूपायित किया है।

रामविलास शर्मा ने लिखा है कि तुलसी ने कालिदास को खूब घोटा था, (निश्चय ही वे संस्कृत के प्रकाण्ड पंडित थे और चाहते तो *रामचरित मानस* की रचना संस्कृत में कर सकते थे किन्तु तुलसी रामकथा के माध्यम से अपने वैदुष्य की धाक जमाना नहीं चाहते थे, बल्कि लोक जागरण करना चाहते थे अत: इसके लिए उन्होंने लोकभाषा अवधी को चुना) स्वभाव से वे रसिया रहे होंगे। *विनय पत्रिका* में वे बार-बार 'मदनबाय' से जूझने का ज़िक्र करते हैं। जनश्रुतियों के अनुसार गोसाई बाबा अपनी पत्नी रत्नावली से ऐसे चिपके हुए थे कि उन्हें पीहर तक नहीं जाने देते थे। एक बार रत्नावली का भाई तुलसी की अनुपस्थिति में उनकी पत्नी को पीहर ले गया। तुलसी लौटे तो उन्हें रत्नावली के बिना सब कुछ सूना लगा और वे तुरन्त ससुराल की ओर रवाना हो गये। आधी रात को वे रत्नावली के पास पहुँचे तो पत्नी ने उन्हें धिक्कारा जिससे कि वे वैरागी हो गये। इस जनश्रुति का निष्कर्ष यही निकलता है कि तुलसी रसिक व्यक्ति थे। अन्यथा वे 'तन तरफत तुव मिलन बिन', 'मृगनयनी के नयन सर, को अस लागि न जाहि' जैसी पंक्तियाँ न लिख पाते, राम और सीता के मिलन का वाटिका प्रसंग में इतना सूक्ष्म वर्णन न कर पाते और 'जिता काम अहमति मन माहीं' के अहंकार में डूबे नारद को दण्डित न करते। कलियुग वर्णन में जिन तत्वों से सताये जाने का ज़िक्र करते हैं उनमें 'मदनबाय' सबसे प्रमुख है।

शायद इसीलिए *मानस का हंस* का आरम्भ श्रावण कृष्ण पक्ष की रात में मूसलाधार वर्षा के दृश्य वर्णन से होता है—'बादल ऐसे गरज रहे हैं मानो

सर्वग्रासिनी काम क्षुधा किसी संत के अंतर आलोक को निगलकर दम्भभरी डकारें ले रही हो। बौछारें पछतावे के तारों-सी सनसना रही हैं। बीच-बीच में बिजली भी वैसे ही चमक उठती है, जैसे कामी के मन में क्षण-भर के लिए भक्ति चमक जाती है।' उपन्यास का अन्त नागरजी ने कुछ इस तरह किया है, 'गले की घरघराहट में भी मानो राम शब्द ही गूँज रहा था। आँखें एकाएक खुल गईं, सबके चेहरों को देखा, दीवार पर अंकित हनुमान और सियाराम के चित्रों की ओर देखा। देखते ही रहे—देखते ही रह गए। वाह! ऐसी बिजली चमकी कि उसकी कौंध भीतर तक आ पहुँची। पानी ज़ोर से बरस रहा था। सबकी आँखें भी वैसा ही बरसा रही थीं।' आरम्भ में कामी के मन में क्षणभर के लिए भक्ति चमक जाती है, अन्त में आकर बिजली की चमक भीतर तक आ पहुँचती है। वहाँ केवल भक्ति का जल ही सर्वत्र बरसता दिखता है। यही कबीर की कविता में भी है।

कुल मिलाकर इस उपन्यास में ऐसे तुलसी की खोज नागर जी करते हैं, जो सांसारिक विकारों से ग्रसित होने के बावजूद अन्तत: विकारयुक्त होकर राममय हो जाते हैं। वे लोकधर्मी राम में लीन हो जाते हैं, इसीलिए वे लोकनायक बन जाते हैं। वे केवल कवि ही नहीं रहते, केवल मनुष्य नहीं रहते बल्कि लोकनायक बनकर लोक में पैठ जाते हैं।

तुलसी की यह खोज यात्रा असाधारण रही है, जिसे नागर जी ने पूरी तन्मयता के साथ तय किया है। उन्हें लगता है कि रामबोला से लोकनायक बनना कोई आसान काम नहीं था। लोकनायक बनने की प्रक्रिया का ताना-बाना पूरी तरह ऐतिहासिक है अत: नागर जी को इतिहास की भी रक्षा करनी थी। *मानस का हंस* को ऐतिहासिक उपन्यास भी कहा जा सकता है। आचार्य हजारीप्रसाद द्विवेदी कहते हैं, ''साधारणत: ऐसे उपन्यास जिनमें अतीतकालीन पात्र, वातावरण और घटनाओं के ज्ञान तथ्यों की कल्पना से मांसल जीवंत बनाकर रखने का प्रयास होता है, ऐतिहासिक उपन्यास कहे जाते हैं।'' वस्तुत: ऐतिहासिक उपन्यास में उपन्यासकार को अतीतकालीन परिवेश, पात्रों व घटनाओं का कल्पना के योग से पुनर्सृजन करना पड़ता है। इस दृष्टि से नागर जी ने तुलसीकालीन युग को पाठकों के समक्ष जीवंत कर दिया है। एक ओर

इस उपन्यास में तुलसी के जीवन के उतार-चढ़ाव के साथ बेनी माधव, नंददास जैसे समकालीन मित्रों के जीवन-प्रसंगों को लक्षित किया गया है तो दूसरी ओर तत्कालीन समाज की धार्मिक जड़ताओं का आकलन किया है। उन्होंने ब्राह्मण तथा महन्त वर्ग के अत्याचारों के साथ तत्कालीन मुगल शासकों की ज्यादतियों की विश्वसनीय झाँकी प्रस्तुत की है। तुलसी व्यक्ति के साथ यह उपन्यास तुलसीकालीन समाज के अन्तर्विरोधों की गाथा भी है। इस तरह इस उपन्यास का फलक बहुत व्यापक है।

तुलसी के व्यक्तित्व का विकास जिन स्थितियों में होता है, वे सामान्य स्थितियाँ नहीं है। एक ओर भारतीय समाज का मानसिक पिछड़ापन तथा धार्मिक कठमुल्लापन है तो दूसरी ओर राजनीतिक आतंक के कारण जीवन पूरी तरह असुरक्षित है। व्यक्तिगत स्तर पर तुलसी को अपने ही वर्ग के लोगों का विरोध सहन करना पड़ता है। उनका मानसिक संताप इन शब्दों से समझा जा सकता है। जब उसमान खाँ तुलसी से उनकी तालीम के लिए वजीफ़ा मुकर्रर करने की बात कहता है तो तुलसी के स्वाभिमान को ठेस लगी। मन में ताव आया, 'अबे खटमल तू मुझे क्या दे सकता है। मैं किस बात में कम हूँ? जिसके पीछे तू आला हाकिम होकर भी कुत्ते की तरह दुम हिलाता डोलता है। तेरे पास तलवार है, मेरे पास ज्ञान है। तेरा भरोसा दिल्ली के बादशाह पर है और मैं निर्द्वन्द्व राम के भरोसे रहता हूँ।' मन अपने तेरे में खटाखट पढ़ते हुए दम्भ की ऊँची अटारी पर पहुँच गया। उसमान खाँ के गँडेरी चूसने की मुद्रा में आते ही तुलसीदास ने सिर तानकर कहा—''कोतवाल साहब, जैसे आप बादशाह के चाकर हैं, वैसे ही मैं राम का चाकर हूँ। मेरा मालिक मुझे अपने गुजारे के लिए सब कुछ देता है। फिर भी आपकी इस उदारता के लिए मैं आपका बहुत-बहुत शुक्रिया अदा करता हूँ।'' ये बात तुलसी तब कहते हैं जब कोतवाल तुलसी की प्रिया मोहिनी का गायन सुनने जाते हैं। यह निडरता तुलसी में इसलिए है कि 'प्रेम शुद्ध हो तो लोक और परलोक दोनों सुधर जाते हैं।...मैंने अपने मन के सत्य को पहचान लिया है।'

मन के इसी सत्य को पहचानने के लिए नागर जी ने तुलसी के साधारण व्यक्तित्व से असाधारण लोकनायकत्व की यात्रा की है, जिसमें उन्हें पूर्ण सफलता मिली है।

देह, काम, प्रेम, सेवा, वैराग्य और भक्ति

नामदेव[*]

उपन्यास जीवन और समाज की रचनात्मक अभिव्यक्ति है, जो मानवीय क्रिया-व्यापारों की भिन्न परतों को उघाड़ते चलता है। अर्नेस्ट ए. बेकर ने उपन्यास को गद्यबद्ध कथानक का सर्वोत्तम साधन बताया है। प्रेमचंद भी उपन्यास को मानव-चरित्र का चित्र स्वीकारते हुए मानव-चरित्र पर प्रकाश डालना उपन्यास का मूल उद्देश्य मानते हैं—''मैं उपन्यास को मानव-जीवन का चित्र समझता हूँ। मानव-चरित्र पर प्रकाश डालना और उसके रहस्यों को खोलना ही उपन्यास का मुख्य स्वर है।'' वस्तुत: इन दोनों विचारों के आलोक में सम्पूर्ण औपन्यासिक संसार को देखा जा सकता है, जिसमें गंभीर उपन्यास से लेकर पॉपुलर किस्म के उपन्यास भी समा जाते हैं। लेकिन यह भी सच है कि गंभीर साहित्यिक और शिष्ट उपन्यास ही सामाजिक-सांस्कृतिक दृष्टि से हमेशा चर्चा में रहते हैं। ऐसे में सांस्कृतिक और ऐतिहासिक उपन्यास अपनी विशाल कैनवास के कारण विशिष्ट और उल्लेखनीय बन जाते हैं, क्योंकि ऐसे उपन्यास, पाठक को उसके वर्तमान से अतीत की कई गहरी अंतहीन गुफ़ाओं में यात्रा कराते हुए किसी विरासत की रंग बिरंगी, सतरंगी दुनिया के उजले और काले पक्षों से रू-ब-रू भी कराते हैं।'लेस्ली स्टीफ़न ने ऐतिहासिक उपन्यास की पहचान एक वर्णसंकर रचना के रूप में की थी। उनका मानना था कि यह इतिहास और साहित्य दो परस्पर विरोधी माने जाने वाले तत्वों के मेल से बनता है और इसलिए किसी को संतुष्ट नहीं कर पाता। इतिहासकार इतिहास की दृष्टि से जब उसका मूल्यांकन करता है तो छोटी-सी ऐतिहासिक असंगति को भी सहन कर पाना उसके लिए कठिन होता है। इसी प्रकार जब उसी रचना के आलोचक और रचनाकार या

---

[*]युवा आलोचक नामदेव दिल्ली के किरोड़ीमल कॉलेज में पढ़ाते हैं। आपकी दो पुस्तकें प्रकाशित हुई हैं।

फिर सामान्य पाठक भी, साहित्यिक दृष्टि से देखता और पढ़ता है तो इतिहास के कारण उस पर गंभीर और बोझिल होने का आरोप लगाता है और इसी कारण या तो ऐसी रचना को पूरी पढ़ नहीं पाता या फिर झींक-झाँक कर जैसे-तैसे उसे समाप्त करता है। साहित्य में रस सिद्धता और आस्वाद का जो तत्व होता है, पृष्ठभूमि प्राय: ही उसमें बाधा उत्पन्न करती है। लेकिन फिर भी ऐतिहासिक और सांस्कृतिक पृष्ठभूमि पर उपन्यास लिखे जाते रहे हैं और कभी-कभी तो इस साहित्य रूप को किसी भाषा के साहित्य की समृद्धि का निकष भी माना जाता रहा है।' (*हिन्दी उपन्यास का विकास*—मधुरेश)

उपरोक्त सभी अवधारणाओं में सहमति-असहमति के बीज मौजूद हैं और हिन्दी के ऐतिहासिक और सांस्कृतिक उपन्यास इनसे समानता रखते हैं। खुलेपन की इसी सांस्कृतिक दृष्टि के कारण हिन्दी के सांस्कृतिक उपन्यास एक बड़े फलक पर मौजूद हैं। *मानस का हंस* (1972) अमृतलाल नागर कृत उपन्यास भी अपनी औपन्यासिकता में मध्यकालीन राम भक्त कवि 'तुलसीदास' की समकालीनता को व्यापक सांस्कृतिक परिदृश्य में समेटे हुए है। वास्तव में *मानस का हंस* गोस्वामी तुलसीदास की कल्पित, किन्तु यथार्थ, जीवनी ही नहीं, अपने समय का सांस्कृतिक इतिहास भी है। मानस के हंस में यद्यपि राजनीतिक घटनाएँ भी चित्रित हुई हैं, पर उपन्यासकार का उद्देश्य उनके माध्यम से सांस्कृतिक परिवेश को सजीव बनाना ही है। हम जानते हैं कि मध्यकालीन भारतीय समाज घोर सामंती युग का था, जिसमें राजतंत्र तथा जात-पात का बोलबाला था, और महाकवि तुलसीदास उसी सामंती व्यवस्था में जन्मे थे। उनकी मानसिक दशा का विकास भी इन्हीं सामंती मूल्यों के बीच हुआ था तभी तो तुलसीदास ने भेदभाव पर आधारित वर्ण व्यवस्था का खंडन न करके मंडन किया। *रामचरितमानस* में निषादराज केवट का प्रसंग इसका प्रमाण है। *मानस का हंस* तुलसीदास की कई मानवीय दुर्बलताओं और विशेषताओं को सामने ले आता है। इन सब पर मंथन करने पर दो दृश्य सामने आते हैं, एक दृश्य में वह तुलसी दिखते हैं जो गेरुआ वस्त्र पहने, माथे पर तिलक लगाए किसी मंदिर में बैठे हैं और दूसरे दृश्य में इन सब विशेषणों के साथ तुलसीदास एक आम आदमी की तरह जीवन जीने के लिए संघर्ष कर रहे

हैं। हालाँकि यहाँ भी वह दो तरफ़ संघर्ष यानी आत्म-संघर्ष और सामाजिक संघर्ष कर रहे हैं। विवेच्य उपन्यास इन दोनों स्थितियों में घिरे भक्त तुलसीदास के मानसिक द्वन्द्वों का बहुत गहराई में अंकन करता है, जिससे यह एहसास होता है कि उपन्यास में वर्णित समस्त घटनाएँ और कहानियाँ वास्तविक हैं और इसी स्तर पर आकर तुलसीदास पाठकमन के हमसफ़र बन जाते हैं, उनकी विवशताओं और चिंताओं से पाठक भी विचलित होता है, जबकि वास्तविकता यह है कि तुलसीदास से संबंधित प्रामाणिक घटनाओं की जानकारियाँ अल्प मात्रा में हैं। *मानस का हंस* की भूमिका में अमृतलाल नागर लिखते हैं 'यह सच है कि गोसाईं जी की सही जीवन कथा नहीं मिलती। यों कहने को तो रघुबरदास, बेनीमाधव दास, कृष्णदत्त मिश्र, अविनाशराय और संत तुलसीदास साहब के लिखे गोसाईं जी के पाँच जीवन चरित हैं। किंतु विद्वानों के मतानुसार वे प्रामाणिक नहीं माने जा सकते।...इसी प्रकार गोस्वामी जी के अन्य जीवन चरित भी सच से अधिक झूठ से जड़े हुए हैं। परन्तु यह मानते हुए भी *कवितावली, हनुमान बाहक* और *विनयपत्रिका* आदि रचनाओं में तुलसी के संघर्षों भरे जीवन की ऐसी झलक मिलती है कि जिसे नज़रअंदाज़ नहीं किया जा सकता।' वस्तुत: स्पष्ट है कि उपन्यासकार तुलसी के विभिन्न काव्यों में मौजूद छटपटाहटों के माध्यम से तुलसी के व्यक्तित्व की संरचना करता है, जिससे चमत्कारी तुलसी की अपेक्षा यथार्थवादी तुलसी का मज़बूत चरित्र सामने आता है और लेखक सम्पूर्ण उपन्यास में यथार्थवादी तुलसी की ही वकालत करता नज़र आता है। कहना न होगा कि उपन्यासकार अपेक्षाकृत व्यापक फलक पर तुलसीदास के युग की आर्थिक, सामाजिक और सांस्कृतिक परिस्थितियों को अंकित करता है और जिससे इस पूरे रचनात्मक कर्म में तुलसीदास का मानवीय रूप और उनकी जीवन-यात्रा का मार्मिक संदर्भ सामने आता है।

तुलसी जीवनचरित में मोहिनी प्रसंग, विवादास्पद होते हुए भी, तुलसी के चरित्र को बहुत ऊँचाई पर पहुँचा देता है। अक्सर मनुष्य को देवदूत बनाकर उसकी मनुष्यता की कमज़ोरियों को छुपा दिया जाता है, लेकिन इस महिमामंडन की प्रवृत्ति से इतर *मानस का हंस* का लेखक तुलसीदास को मानवीय धरातल पर ही देखता है, तभी तो तुलसी जैसा कठोर मन भी वेश्या मोहिनीबाई जैसी

सुंदर गायिका के प्रेमजाल में अपने को खिंचा हुआ पाता है। मोहिनी के प्रति प्यार की झंकार, तुलसी में मौजूद है, यह वर्णन देखें, ''केवल मोहिनी का स्वर कल से रह-रहकर उन्हें आनंदोल्लास से भर-भर देता है। उसी उल्लास में जब वे पढ़ाने बैठे तो कालिदास के *मेघदूत* वर्णन में ऐसे तन्मय हुए कि विद्यार्थी तन्मय हो गए...तुलसीदास की इस तन्मयता को भंग करने वाली केवल एक ही वस्तु थी...छत की धूप। समय के संकेतों पर उनका ध्यान बीच-बीच में अपने-आप ही जा पड़ता था। चलते हुए विचारों के रंगीन पर्दों के भीतर मोहिनीबाई की आकर्षक छवि बार-बार झाँककर उनका मोद बढ़ा जाती थी।'

बात यहीं तक नहीं थमती एक सामान्य मनुष्य की तरह, मोहिनी द्वारा अपनी तारीफ़ सुनकर तुलसी लजा जाते हैं। मोहिनी से मुलाकातें युवा तुलसी को दिन-प्रतिदिन आकर्षण के नशे में डुबोती जाती हैं। बकौल उपन्यास 'उस दिन तुलसी बीते दिन से भी अधिक गहरे नशे में घर लौटे। रात में अपनी कोठरी के एकांत में जब उन्होंने अपने मन को देखा तो लगा कि श्रद्धा दीप के चारों ओर अपनी मोहिनी के साथ नाच आरंभ करते ही मानो किसी जादुई स्पर्श से अपना बाल रूप खोकर युवा बन गए थे। उसके मनोलोक में आज दोनों का आनंद ताण्डव अधिक कलापूर्ण और रागरंजित था।' लेकिन चूँकि तुलसी के अंतरमन में तो राम अनुराग था, अतः उन्होंने आत्मविश्लेषण और गहरे मंथन के बाद अपने इष्ट राम प्रेम को ही स्वीकारा। हालाँकि यह मनोदशा इतनी सहज नहीं होती, काफ़ी पीड़ादायक होती है, यह दृश्य देखें, 'कभी जंगले के आर-पार अपने और मोहिनी के बिम्ब। राम और तुलसी...मन ने पूछा, ''इनमें कौन रहे?'' मन ने ही अपने कठिन मोह जाल को भेदकर सत्य को स्वीकारा और फिर कुछ पल पश्चाताप में गूँगा हो गया। आँखें बरसने लगीं। मैंने राम को बिसारा! हे राम मुझे क्षमा कर।' रोचक बात यह है कि इतना कठिन फ़ैसला लेने के बाद भी तुलसीदास, मोहिनी को अपने अंतरमन से बाहर न निकाल पाए थे। बार-बार यही सोचते कि—'क्या किसी स्त्री से प्रेम किए बिना राम को पाया जा सकता है?' फिर स्वयं से प्रश्न करते, ''क्या स्त्री ही राम तक पहुँचने का साधन है?'' इसी तरह सभा स्थलों पर मीरा का भजन गाने लगते, ''हे री! मैं तो प्रेम दीवानी मेरा दरद न जानै कोय।'' वास्तव में तुलसी पर मोहिनी का रंग इतना तेज़ चढ़ गया था कि वह और किसी

से विवाह के प्रस्ताव को यह कह कर नकार देते कि उनकी जन्मकुण्डली में साधु होने का योग लिखा है, उन्हें वैवाहिक सुख नहीं मिलेगा। मित्रों के आग्रह न मानते हुए भी तुलसी, दीनबंधु पाठक की रूपवती 'विदुषी पुत्री रत्नावली से विवाह कर ही लेते हैं, तन की भूख के आगे वह स्वयं को समर्पित कर देते हैं। राम और रमणी दोनों तुलसी के मन पर छाए हुए थे। रत्नावली से पहली मुलाकात का दृश्य देखें, 'भीतर के उढ़के हुए द्वार खुले। शुभ्र वर्ण की एक तन्वंगी सामने थी। तेजयुक्त ललाट, पतले होंठ, नाक और ठोड़ी नुकली तथा आँखों में दर्प-भरी चमक थी। उसने एक बार तुलसी की ओर देखा। चार आँखें अनायास ही मिलीं। तुलसी के हृदय में मचती हुई हलचल दृष्टि मिलते ही थम गई। एकाएक उनके भीतर-बाहर मानो सन्नाटा छा गया। उन्हें लगा कि वे अब अपनी सम्पत्ति नहीं रहे। आँखें नीची हो गईं।' जो तुलसी पहले स्त्री छवि से दूर भागने का नाटक करते रहे, वही अब रत्नावली से विवाह के बाद लोगों के मनोविनोद का जवाब देते हुए कहते हैं— ''दलालों की माया तो राम जी ही समझ सकते हैं, बाकी हमें क्या, भिक्षुक ब्राह्मण ठहरे, जो दक्षिणा में मिला वही स्वीकार कर लिया।'' कहना न होगा कि क्षणिक तौर पर ही सही तुलसी 'देह' के आकर्षण को स्वीकार कर ही लेते हैं। और यहीं पर वह उस भारतीय मत का खंडन करते हैं कि आध्यात्मिक साधना में स्त्री देह बाधक है। लेकिन इस पारम्परिक भारतीय मानसिकता के विरोध में तुलसी ज्यादा दिन टिक नहीं पाते हैं और पुन: वे उसी धुरी पर पहुँच जाते हैं कि 'स्त्री देह' राम मिलन में बाधक है। हालाँकि तुलसीदास में यह संज्ञान रत्नावली से विवाह करके, दैहिक सुख भोगकर, संतान पैदा करने के बाद आता है। लेकिन रेखांकित करने वाला तथ्य यह है कि रत्नावली से अत्यधिक प्रेम और बराबर मिलन की आस को देखकर स्वयं रत्नावली ही तुलसीदास की कामुकता को धिक्कारती है—''स्त्री और पुरुष में यही तो अन्तर होता है। नारी भले ही कामवश माता क्यों न बने किंतु माता बनकर वह एक जगह निष्काम भी हो जाती है और पुरुष पिता बनकर भी दायित्व-बोध भली प्रकार से अनुभव नहीं करता। सच पूछो तो वह किसी के प्रति अपना दायित्व अनुभव नहीं करता। वह निरे चाम का लोभी है, जीव में रमे राम का नहीं।'' यहाँ तुलसीदास की स्वीकारोक्ति भी समूचे पुरुषत्व की कामुकता की स्वीकारोक्ति बन जाती है—''तुमने सच ही कहा, मैं कामी

हूँ। काम के वश में होकर ही कदाचित मैंने दीवाने की तरह तुम्हें चाहा है। मैंने रत्नावली को नहीं चाहा, या चाहा है तो अपनी चाहत को ठीक से मैं पहचान नहीं पाया।'' वास्तव में मध्यकालीन रत्नावली यौन संबंध को लेकर न सिर्फ़ स्पष्ट है बल्कि वैचारिक रूप से बोल्ड भी है। तत्कालीन सामंती समाज में जिन स्त्रियों को अपनी इच्छाओं और भावनाओं को व्यक्त करने की आज़ादी नहीं थी, वहीं रत्नावली जैसी स्त्री, पारम्परिक मूल्यों से लबरेज़ अपने पति तुलसीदास से कहती है—''काम तो स्त्री-पुरुषों के बीच में प्रेम बढ़ाने का बहाना मात्र होता है। क्या मैं इच्छा नहीं करती ?'' वास्तव में तुलसीदास और रत्नावली का 'काम विमर्श' विविध आयामों को लिये हुए है, जिसको भारतीय संस्कृति में अक्सर छिपा कर रखा जाता है। हालाँकि रत्नावली ने उपरोक्त बात सिर्फ़ हँसी में कही थी, जिससे तुलसीदास की आँखें खुल गईं और पुन: वे राम मार्ग पर अग्रसर हो गये। उनका यह ज्ञानबोध भी रेखांकित करने योग्य है—''राम को चाहते-चाहते मोहिनी का मतवाला बन बैठा, मोहिनी से मुक्त हुआ तो रत्नावली का दास बन गया। मुझे कामवश ही नारी प्यारी लगी। मैंने न उसे चाहा और न राम को ही। दोनों ही से दगादारी की।'' इस प्रकार तुलसीदास ने वैरागी जीवन को आत्मसात् कर लिया और बड़ी कठोरता और संयम से बिना स्त्री संसर्ग के आगे का जीवन निर्वाह किया। वास्तव में मोहिनी और रत्नावली प्रसंग *मानस का हंस* का एक अत्यंत मार्मिक प्रसंग है, जिसमें तुलसी का अपनी ही कमज़ोरियों से संघर्ष, उनके चरित्र को उदात्त और मार्मिक बनाता है। इस उपन्यास के मार्फ़त रचनाकार ने तुलसी के भक्त रूप को प्रतिष्ठित करने के लिए उनकी भक्ति-भावना और भक्ति विरोधी सभी तत्वों-काम, अर्थ, यश, मोह और अहंता के बीच संघर्ष और उन पर भक्ति के विजय का इतना सजीव चित्रण किया है कि कट्टर ब्राह्मणवादी व्यवस्था से तुलसी का संघर्ष, तत्कालीन सांस्कृतिक परिवेश स्वत: ही स्पष्ट हो जाता है।

भोगविलास तथा युद्ध में आकंठ डूबे तत्कालीन समाज में रूढ़ियों, विधवा समस्या, नारी-विक्रय, शोषण, मठों में यौन शोषण, विलासिता आदि का बोलबाला था। राजा द्वारा करों में वृद्धि, ज़मीन आदि आजीविका के साधन हड़प लेना, अकाल के कारणों से समाज परेशान था। जाति-व्यवस्था, छुआ-छूत, वर्ण-व्यवस्था, नारी के प्रति हीनभावना, तत्कालीन सामाजिक संरचना के

आवश्यक अंग थे। इनकी समाप्ति या विरोध का स्वर उठता नहीं सुनाई देता था। सामान्य जनता इसे अपनी नियति मानकर चल रही थी। लेकिन तुलसीदास ने अपनी रचनाओं के माध्यम से व्यक्तिगत तौर से इन सामाजिक विडम्बनाओं के विरुद्ध जनता को सजग और मजबूत बनाने के लिए प्रयास किये थे, जिनका यथार्थ चित्रण करना *मानस का हंस* की मौलिक उपलब्धि है। आमतौर पर कुछ लोग मानते हैं कि धार्मिक व्यक्ति साम्प्रदायिक होता है। लेकिन ऐसा नहीं है, जो सही में धार्मिक होगा वह मानवीय और प्रेमी होगा। *मानस का हंस* के तुलसी ऐसे ही मानवीय प्रेमी हैं जो धार्मिक हैं लेकिन दूसरे धर्मों का भी सम्मान करते हैं। राम-जन्मभूमि वाली बाबरी मस्जिद में राम जी का चबूतरा बन गया था, जिस पर बैठ कर तुलसी *रामचरितमानस* रचते और रामकथा सुनाते, रात में सूफी फ़कीरों के साथ सोते, उनसे बतियाते, कई मुस्लिम फ़कीर तो उनके दोस्त बन गए थे। रोचक बात यह है कि तुलसीदास ने कहीं भी इस्लाम के प्रति नफ़रत व्यक्त नहीं की है, विशेष तौर से बाबरी प्रसंग को लेकर। आज के साम्प्रदायिकतावादियों को तुलसी से सीखना चाहिए। लेकिन यहाँ भी तुलसी को राम भक्त की अपेक्षा हिन्दू रक्षक के रूप में पेश किया जाता है। विवेच्य उपन्यास का यह प्रसंग भी उल्लेखनीय है कि तत्कालीन मुगल बादशाह जलालुद्दीन अकबर के आदेश से बाबरी मस्जिद के भीतर मैदान में चबूतरा बनाया गया था, जिससे हिन्दू लोग राम की पूजा कर सकें। यह दुखद है कि आज भी अकबर की बंधुत्व भावना को छिपाया जाता है। लेकिन *मानस का हंस* अकबर की इस सर्वधर्म समभाव दृष्टि को बखूबी सामने लाता है। इसी तरह औपन्यासिक विन्यास के हवाले से मालूम पड़ता है कि एक दिन तुलसीदास राम जन्मभूमि स्थल पर बनी हुई बाबरी मस्जिद की ओर गये तो देखा कि मलिक मुहम्मद जायसी जनसाधारण को दोहे-चौपाइयों में रची हुई अपनी रचना *पद्मावत* काव्य को सुना रहे थे। तुलसी इस दिव्य प्रेम काव्य से इतने प्रभावित हुए कि उन्होंने ठान लिया कि वो *रामायण* को दोहे-चौपाइयों में ही लिखेंगे, क्योंकि जन-मन को बाँधने की उनमें अपार शक्ति है। वास्तव में तुलसीदास सहिष्णुता और सदाचार के प्रति आस्था का प्रतीक बन गये थे। वे जितने हिन्दुओं में लोकप्रिय थे, उतने ही मुसलमानों में भी। लेकिन इस्लामी शासन के जुल्म और कट्टरवाद के विरोधी भी थे। अकबर के धर्मनिरपेक्ष

शासन से पहले अयोध्या में राम-कथा सुनाने पर पाबंदी लगी हुई थी, खुलेआम कोई धार्मिक आयोजन करना एकदम मना था। यह देखकर तुलसी का खून खौल उठता कि राम की जन्मभूमि में रामकथा न कही जाए यह अन्याय है। एक दिन तुलसीदास को मस्जिद के चबूतरे पर जाने से रोक दिया गया, तो तुलसी इस प्रतिबंध के विरुद्ध बागी हो उठे—''रामभद्र आप साक्षी हैं, मैंने इस मस्जिद से अपने मन में कभी कोई दुर्भाव नहीं रखा। पूज्य भूमि इस रूप में भी पूज्य है। अब भी वहाँ निर्गुण निराकार परब्रह्म के प्रति ही माथा झुकाया जाता है। रामानुजीय मठ से हटने पर मैं यहीं सोने आता था। यहाँ के लोगों से घुल-मिलकर रहता था, तब मैं फ़कीर था, अब हिन्दू हो गया। हे राम जी, इस अन्याय को मिटाने के लिए एक बार आप फिर अवतार लीजिए।'' लेकिन यहाँ ध्यान देना ज़रूरी है कि अकबर के शासन के दौरान इस तरह की पाबंदियाँ हटा ली गई थीं। यहाँ इस उदाहरण में तुलसी आरोप लगा रहे हैं कि वे पहले फ़कीर थे अब हिन्दू हो गये, तात्पर्य यह है कि साधु संत, फ़कीर का कोई धर्म नहीं होता है, वह तो अखिल ईश्वर का उपासक और सम्पूर्ण मानवता का हितैषी होता है।

मिश्रित संस्कृति भारतीयता की जान है। हिन्दू-मुस्लिम शासकों में भले ही परस्पर राजनैतिक द्वेष हो, लेकिन आम हिन्दू-मुस्लिम जनता मिलजुलकर रहती थी। तुलसी की जन्मभूमि, विक्रमपुर गाँव ऐसी ही सांझी संस्कृति का प्रतीक है, जहाँ हिन्दू-मुस्लिम जनता मिलजुलकर रहती है। ज़रूरत पर एक-दूसरे की मदद भी करती है। इसी गाँव में राजा अहिर है, बकरीदी भैया (जुलाहे) हैं जिनसे तुलसी की आत्मीयता है। *मानस का हंस* कई अर्थों में प्रासंगिक होते हुए भी तुलसीदास की जीवन दृष्टि की प्रतिस्थापना करता नज़र आता है। तुलसी के रामराज्य की परिकल्पना विख्यात तो है ही उनके द्वारा दंगल के लिए अखाड़ों की स्थापना भी तत्कालीन सामाजिक दृष्टि से महत्त्वपूर्ण है। तुलसीदास चाहते थे कि युवक व्यायाम करके हष्ट-पुष्ट बनें। इसलिए उन्होंने अपनी कमाई और समर्थ लोगों से दान लेकर अखाड़ों का निर्माण कराया और पौष्टिक भोजन का प्रबंध कराया। उनका मानना था कि स्वस्थ जनता से ही राष्ट्र मजबूत बनेगा। ऐसा ही मत विश्वविख्यात यूनानी चिंतक प्लेटो (अफ्लातून) का भी था। उसने भी स्वस्थ समाज और मजबूत राष्ट्र के लिए व्यायाम पर जोर दिया था। प्लेटो का मानना था कि किसी समाज में सत्य, न्याय और सदाचार की प्रतिष्ठा तभी

संभव है, जब उस राज्य के निवासी वासनाओं और भावनाओं पर नियंत्रण रखते हुए विवेक एवं नीति के अनुसार आचरण करें। *मानस का हंस* का तुलसी भी सर्वत्र सदाचार की शिक्षा देता हुआ नज़र आता है और सबसे पहले अपने ऊपर कड़ाई से लागू करता है। जो कहता है उसे करता है, वह धूर्त या छलिया नहीं है। तभी तो किसानों की ज़मीनों को ज़बरदस्ती हथिया लेने की प्रवृत्ति पर तुलसीदास कहते हैं, ''वह राजा है या भूमिचोर ? हे राम! इस कलिकाल में सारा समाज क्या छोटे क्या बड़े सब एक ही लाठी से हांके जा रहे हैं। गोंड-गवार, नृपाल-महामहिपाल सबके साथ अब साम-दाम-भेदादि की नीति नहीं रही। दंड-केवल दंड! हे राम! कैसे जिये ये दुनिया ?''

संस्कृत भाषा का वर्चस्व तुलसी के समय भी था, समस्त धार्मिक कर्मकाण्ड संस्कृत में ही किया जाता था। लेकिन तुलसी ने जनभाषा अवधी में *रामचरितमानस* को लिखकर अपने युग में क्रांतिकारी कार्य किया, यही नहीं वाल्मीकि *रामायण* के अध्ययन के बाद तुलसी ने अपने *रामचरितमानस* में शंबुक, सीता परित्याग जैसे प्रसंगों को छोड़कर एक तरीके से स्त्री सम्मान और दलित शोषण को भी बचाने का भरसक प्रयास किया। इन सब वजहों से काशी के ब्राह्मण समाज द्वारा तुलसी का घोर विरोध हुआ। उन पर अनेक स्त्रियों के साथ यौन संबंध का आरोप लगाया गया, *रामचरितमानस* की पाण्डुलिपियों को चुराने और नष्ट करने का प्रयास किया गया। तुलसी पर शारीरिक हिंसा का प्रयास किया गया। इन सबके बावजूद तुलसी न झुके, न टूटे, वह अपने 'राम' की भक्ति के प्रेम में डूबे हुए, इन अत्याचारों के खिलाफ़ लड़ते रहे और जनता के सहयोग से रामलीला का मंचन शुरू कराया।

एक बार तुलसी के दुश्मनों ने उनको झूठे मामलों में फँसा दिया था, झगड़ा हुआ, तुलसी हिरासत से बाहर आये लेकिन अन्य कैदियों को बाहर लेकर, फिर बीमार पड़ गये। बनारस के तत्कालीन सूबेदार अब्दुर्रहीम खानखाना तुलसी से मिलने आए, अकबर के संबंध में कहा—''महाबली सब प्रकार के अन्यायियों को कुचल रहे हैं। वे ऐसे धर्म का प्रतिपादन करते हैं जो मानवमात्र को एक कर सके।''

इस पर तुलसी ज़्यादा प्रसन्न न होकर आलोचक के रूप में आकर कहते हैं, ''इसमें कोई संदेह नहीं कि अकबर शाह के काल में बड़ी व्यवस्था आई है। फिर

भी समाज और शासन को और अधिक संगठित और न्यायशील होना चाहिए।''

इसी तरह रहीम द्वारा राज्य संरक्षण के प्रस्ताव को भी अस्वीकार कर देते हैं—

''हम चाकर रघुबीर के, पटो लिखो दरबार

तुलसी अब का होहिंगे, नर के मनसबदार''

वास्तव में तुलसी निडर हैं, शासन, सत्ता, पुरस्कार, सम्मान, धर्म, अर्थ, अहम् इत्यादि से मुक्त हैं, तभी तो सरकारी पारितोषिक और संरक्षण को न सिर्फ़ त्यागते हैं बल्कि शासक को और बेहतर करने को कहते हैं।

कभी कबीर ने कहा था—

''कबिरा खड़ा बाज़ार में लिये लुकाठी हाथ

जो घर फूँके आपना चले हमारे साथ''

इस भाव को तुलसी ने अपने जीवन में कर दिखाया। पत्नी का परित्याग, गृहस्थ जीवन का परित्याग, धन-दौलत, ज़मीन-जायदाद से विमोह करके, कट्टर ब्राह्मणों से बैर करके, जनभाषा में *रामचरितमानस* को लिखकर तुलसी ने अपना घर ही तो फूँका था और उसकी तपन से समाज को शीतलता प्रदान की थी। वस्तुत: *मानस का हंस* का अर्थ है सरोवर का हंस, यानी राम रूपी सरोवर में हंस रूपी तुलसी तैरता रहता है। ठीक इसी तरह बचपन से लेकर बूढ़े तुलसीदास की मरणावस्था तक एक समर्पित, संयमी भक्त कवि की यात्रा निर्बाध रूप से चलती रहती है, तो उससे भी अधिक उसका बेहतर इन्सानी रूप निर्मित होता रहता है।

कतिपय इसीलिए *मानस का हंस* का तुलसी हमारे ज़्यादा करीब लगता है, उसकी संवेदनाएँ, धड़कन हमारे जैसी ही हैं, लेकिन वह अपनी ज़िद और नैतिक आस्था से सार्वकालिक महान कवि और भक्त बन जाता है। *मानस का हंस* के द्वारा यह कहा जा सकता है कि इतिहास और चमत्कारपूर्ण किंवदन्तियों से बचते हुए अमृतलाल नागर ने परम्परा और तुलसी की रचनाओं में उपलब्ध संकेतों के आधार पर तुलसी का जो व्यक्तित्व रचने का प्रयास किया है, वह ज़्यादा लोकवादी है और यही उपन्यास की उपलब्धि है। अंतत: भक्त और संत से पहले तुलसीदास एक इन्सान ही थे।

तुलसी मानस का अमृत कुण्ड

अमिय बिन्दु[*]

झूठ, होमो सेपियन्स को प्रकृति प्रदत्त अनूठा उपहार है। इसे साहित्य की भाषा में कृपना या गल्प कहा जा सकता है। यह ऐसी उपलब्धि थी जिसके बाद मनुष्य ने सामुदायिक जीवन का बड़ी तेज़ी से विस्तार किया। मनोवैज्ञानिक और मानवशास्त्रीय अध्ययनों का यह निष्कर्ष रहा है कि सिर्फ़ तथ्यगत आधार पर अर्थात् ऐसी बातें कहकर जो भौतिक रूप से ही संभव हैं, जिनका अनुभव इन्द्रियों से किया जा सकता है। एक दूसरा अर्थ यह भी कि सिर्फ़ सत्य के आधार पर मनुष्य अधिकतम डेढ़ सौ या दो सौ लोगों का समुदाय निर्मित कर सकता है। अर्थात् मनुष्य की सामुदायिकता या समूह बनाने की प्रवृत्ति उसकी कल्पना कर सकने की शक्ति से निर्धारित होती है। एक दूसरे से रक्त या व्यक्तिगत संबंधों से जुड़े कबीलाई जीवन से ऊपर उठने की जद्दोजहद में राज्य, राष्ट्र, धर्म जैसी संकल्पनाएँ सामने आईं और ऐसे विशाल क्षेत्रों के मनुष्यों को एकसूत्र में पिरोया जा सका जो एक-दूसरे से किसी भी तरह संबंधित नहीं थे। इस झूठ, गल्प या कल्पना की निर्मिति में मनुष्य की स्मृति का पर्याप्त अभिदान है, जो प्रकारांतर से ऐतिहासिकता का निर्माण करता है। इतिहास के निर्माण में गल्प या कल्पना का सहारा लिया जाना सर्वविदित और सर्वमान्य है। इस गल्प या कल्पना के सहारे ही लगभग हर युग में विविध सत्ताओं ने या सत्ता में भागीदार वर्गों ने अपने मनमाफ़िक इतिहासों का निर्माण कराया। कह सकते हैं कि तमाम इतिहासों पर उस युग की छाया स्पष्ट दिखती है, जिस युग में उसका पुनर्निर्माण या पुनर्लेखन हो रहा होता है।

---

[*] कथाकार और आलोचक अमिय बिन्दु का एक कहानी संग्रह प्रकाशित हो चुका है और वे 'ज्ञानपीठ युवा सम्मान' से अलंकृत हैं।

चेतना के स्तर पर ऐतिहासिक दृष्टि या इतिहास बोध एक नीरस विषय बनकर नहीं रह जाता, बल्कि यह स्मृतियों के दबाव से अन्यकाल में विचरण जैसा आह्लाद पैदा करता है। कोई साहित्यकार जब इस बोध से युक्त होता है तो यह आह्लाद केवल उसी तक सीमित नहीं रहता, बल्कि अपनी कल्पना और गल्प के ज़रिए वह उसे पूरी समष्टि के लिए उपलब्ध करा देता है। साहित्यकार या लेखक में ऐसी दृष्टि होने का एक और असर यह होता है कि वह स्वतंत्र और निरपेक्ष होकर तथ्यों पर आधारित नहीं रह जाती, बल्कि वह उस युगीन चेतना और समाज के प्रति उसके नज़रिए से प्रभावित होती है। हिन्दी के प्रख्यात साहित्यकार अमृतलाल नागर अपनी रचनाओं में इस चेतना को बखूबी ढालते चलते हैं। *मानस का हंस* उपन्यास लिखते हुए वे इतिहास बोध और युगीन चेतना को बखूबी मिश्रित करते हैं और गोस्वामी तुलसीदास को साधारणता के धरातल पर उतार लाते हैं। पूरे उपन्यास में उनका इतिहासबोध मुखर होता जाता है और घटनाओं का अंकन इस तरह चलता रहता है, मानो उन्होंने स्वयं उस कालखण्ड को जीया हो।

अमृतलाल नागर केवल लेखक नहीं थे, बल्कि एक मनुष्य और एक नागरिक भी थे। स्वतंत्रता संग्राम की घटनाओं में प्रत्यक्षत: उन्होंने भाग लिया था, जेल गए थे, पुलिस के अत्याचार झेले थे। ऐसे सम्पृक्त व्यक्ति के लिए यह मान लेना बड़ा सहज था कि कोई भी लेखक शून्य में रचना नहीं करता और उसकी रचना कहीं शून्य से अवतरित भी नहीं होती। स्वतंत्रता संघर्ष के पूरे दौर में उन्होंने जो स्मृतियाँ सहेजी थीं, वे धीरे-धीरे परिपक्व होती गईं और अंतत: गोस्वामी तुलसीदास को किसी मिथक की बजाय ऐतिहासिक पुरुष के रूप में चित्रित करने के लिए उनका मन मचल उठा होगा। हालाँकि भूमिका में उन्होंने फ़िल्मी दुनिया के अपने अभिन्न मित्र महेश कौल को इसकी प्रेरणा का श्रेय दिया है, मगर उनका पारिवारिक संस्कार, *रामचरितमानस* के प्रति उनका आकर्षण और स्वतंत्रता संघर्ष के दौर में भोगी हुई परिस्थितियों की झलक का तुलसीदास की रचनाओं में बार-बार मिलना भी कम प्रेरक नहीं रहा होगा। तुलसीदास की रचनाओं में अकाल, अनाचार, भुखमरी, महामारी, अकाल मृत्यु ही नहीं वर्णित है बल्कि कलियुग के चिन्ह के रूप में समाज की वीभत्स झलक मौजूद है। ऐसी झलक अमृतलाल नागर ने स्वयं अपने जीवन में देखी थी, उसके दर्द को महसूस भी किया था।

सैंतालीस के बाद स्थितियाँ थोड़ी बदलने लगी थीं और लगता था स्मृतियों का तारतम्य टूट जाएगा और इस बीच *बूँद और समुद्र* तथा *अमृत और विष* जैसी यथार्थपरक रचनाएँ एक दशक के अंतराल में प्रकाशित भी हुईं। *बूँद और समुद्र* में व्यक्ति के सामाजिक संकल्प और प्रयासों की ओर ज़ोर देते हुए समाज की इकाई के रूप में मनुष्य के महत्त्व पर ज़ोर दिया गया है। भारत के संदर्भ में देखें तो नेहरू पर भरोसा और उनकी नीतियों में एक आशा बनी रही और लोगों की चाहना थी कि मनुष्य का आत्मविश्वास जागना चाहिए, उसके जीवन में आस्था जागनी चाहिए, मनुष्य को दूसरे के सुख-दुख में अपना सुख-दुख मानना चाहिए। युगीन चेतना में यह भी अपेक्षा जगी कि विचारों में भेद हो सकता है, विचारों के भेद से स्वस्थ द्वन्द्व होता है और उससे उत्तरोत्तर उसका समन्वयात्मक विकास भी। लेकिन यह ध्यान देने की बात है कि उपन्यास के लगभग अंत में आईं इन अपेक्षाओं से यह भी संकेत मिलता है कि आज़ादी के बाद जैसी अपेक्षाएँ थीं, वैसा परिवर्तन समाज में नहीं हो सका। एक दशक के बाद प्रकाशित *अमृत और विष* में जीवन के द्वन्द्व को स्वीकारने वाली स्थिति सहज होने लगती है और अपेक्षाओं के भार से दबा मनुष्य मुक्ति की साँस लेना चाहता है। उपन्यास का नायक अरविंद शंकर स्वयं इस द्वन्द्व का शिकार है और उसे सहज रूप में स्वीकारने की जद्दोजहद करता है। अपने दो बेटों को वह सामाजिक मान्यताओं की कसौटी पर दो बिलकुल विपरीत छोरों पर पाता है। उसी तरह अपनी बिटिया नन्ही के प्रेम-प्रसंग को भी सहजता से स्वीकारने की बजाय उससे पीछा छुड़ाने में अधिक तत्पर होता है।

यह दोनों उपन्यास दरअसल आज़ादी के बाद के दो-तीन दशकों के बीच समाज की मनोस्थिति की अच्छी पड़ताल करते हैं। नेहरू के समय शुरू किए गए ग्रामीण पुनर्निर्माण और सामुदायिक विकास कार्यक्रमों की धमक मद्धिम पड़ने लगी थी, ऐसा इन उपन्यासों से महसूस होता है। ऐसे समय में उनके मन में बार-बार तुलसीदास की छवि उभर आती हो तो इसमें कोई चेतनागत विषमता नहीं दिखती। उस दौर में रांगेय राघव जैसे प्रख्यात रचनाकार भी चरितात्मक उपन्यासों के द्वारा समाज को दिशा दिखाने या इतिहासबोध को युगीन चेतना से मिश्रित करने का कारनामा कर रहे थे। *यशोधरा जीत गई, लोई का ताना* और *देवकी का बेटा* जैसे उपन्यास विविध चरितनायकों को लेकर लिखे गए थे।

अमृतलाल नागर ने ऐसे चरित्र चुने जिन्हें हिन्दी साहित्य की ऐतिहासिक धारा में लेखक का दर्जा भी प्राप्त था। गोस्वामी तुलसीदास के अतिरिक्त उन्होंने सूरदास पर भी *खंजन नयन* नाम से एक उपन्यास की रचना की। यह भी याद करना प्रासंगिक होगा कि इन्हीं वर्षों में विष्णु प्रभाकर उपन्यास सम्राट शरत्चन्द्र के जीवन पर *आवारा मसीहा* का प्रणयन कर रहे थे। हालाँकि यह रेखांकित करना ज़रूरी है कि *आवारा मसीहा* जीवनी के रूप में अधिक मान्य है, जबकि *मानस का हंस* एक औपन्यासिक कृति के रूप में। इसके पीछे रचनात्मकता के उस दबाव का असर है जो दोनों लेखकों ने अपनी कृतियों की पूरी रचना प्रक्रिया के दौरान महसूस किया होगा।

विष्णु प्रभाकर ने एक प्रामाणिक जीवनी की रचना के लिए अपने जीवन के बहुमूल्य चौदह बरस शरत्चन्द्र के जीवन की घटनाओं की पड़ताल के लिए बाह्य साक्ष्यों की खोज में लगाए थे, जबकि अमृतलाल नागर ने तुलसीदास के जीवन की घटनाओं के अंकन के लिए अंत:साक्ष्यों का अधिक सहारा लिया। नागर जी का मानना था कि लेखक का जीवन उसकी रचनाओं में अंकित होता है। उसके समय का दुख-दर्द, द्वन्द्व-संघर्ष सब कुछ उसकी रचनाओं में बिखरा रहता है। इसी धारणा के आधार पर उन्होंने बेनीमाधव द्वारा रचित जीवनी को आधार बनाकर और भी घटनाओं का प्रणयन इतिहासबोध के साथ कालानुक्रम में करते हुए इस उपन्यास की रचना की। अंतरालों की पूर्ति के लिए उन्होंने कल्पना का सहारा लिया। तुलसी की रचनाओं का साम्य ऐतिहासिक सत्यों और तथ्यों के साथ किया और उसे एक विस्तृत कैनवास पर इस तरह चित्रित किया कि जिनके लिए तुलसीदास आस्था का विषय थे, वे भी और जिनके लिए वे एक सामाजिक कर्ताधर्ता थे, वे भी चमत्कृत हो उठे।

कथा की खूबसूरती इस बात में है कि इसमें तुलसीदास की जीवनकथा रेखीय ढंग से विकसित नहीं होती और सूत्रधार कोई बाहरी व्यक्ति नहीं बन पाता। कथा की शुरुआत गोस्वामी जी के अपने पैतृक गाँव राजापुर आने के साथ होती है, जहाँ वह पूरे उनसठ वर्ष बाद लौटे थे। इसकी पृष्ठभूमि की कथा बाद में उजागर होती है कि उन्होंने अपनी पत्नी रत्नावली से अलग होते समय और आखिरी बार उन्हें अपने से अलग करते समय यह वचन दिया था कि मृत्यु से पहले एक बार उन्हें दर्शन ज़रूर देंगे। जब वह लौटे तो रत्नावली मरणासन्न

थीं, मानो उनकी प्रतीक्षा में ही प्राण अटके हुए थे। कथा धीरे-धीरे खुलती है और पता चलता है कि उनके साथ चलने वाले बेनीमाधव और रामू द्विवेदी उनके शिष्य हैं और काशी से उनके साथ चले थे। पैतृक गाँव से जुड़ी स्मृतियों में तुलसी के समवयस्क बकरीदी चाचा मिलते हैं। बकरीदी चाचा के बारे में खास बात यह थी कि उनके पिता हुसैनी जब अपने घर, खानदान में पैदा हुए किसी बच्चे का भाग्य बँचवाने या कुण्डली बनवाने तुलसीदास के पिता पंडित आत्माराम के यहाँ गए हुए थे, उसी दौरान आत्माराम को पुत्ररत्न की प्राप्ति हुई थी। मनहूस घड़ी नक्षत्र में जन्मा वही बालक जिसकी माँ जन्म देते ही मृत्यु को प्राप्त हो गई थी, आगे चलकर तुलसीदास बना। बकरीदी चाचा थोड़ी देर के लिए कथा का सूत्र सँभालते हैं और अपने पिता से सुनी बातें बतलाते हैं, जिससे उस समय की ऐतिहासिक घटनाओं की जानकारी मिलती है और यह भी पता चलता है कि ग्रामीण समाज में हिन्दू-मुस्लिम जैसा बँटवारा इतना तीखा नहीं था। यह इस बात से भी स्पष्ट होता है कि खुद हुसैनी अपने यहाँ हुए बच्चे का भाग्य बँचवाने पंडित के यहाँ गए थे। बीच कथा में तुलसी के जीवन में भी ऐसी परिस्थिति आती है, जब मुगल सूबेदारों और सिपहसालारों को अपनी ज्योतिष विद्या से प्रभावित करके वे अपने एक मित्र तक पहुँचने में सफल होते हैं।

शिल्प के स्तर पर उपन्यास की बुनावट इतनी कसी हुई है कि उसे पढ़ते हुए हम एकबारगी तत्कालीन ऐतिहासिक परिस्थिति में अपने को घूमता हुआ पाते हैं। किशोरावस्था में अपने गुरुभाई बटेश्वर मिश्र द्वारा चुनौती पेश करने पर जिस तरह वे महावीर हनुमान की तरफ़ झुकते हैं और आधी रात के समय शमशान भूमि में जाने के क्रम में वे अपने भयदोहन से पूरी हनुमान चालीसा की रचना कर डालते हैं, कहीं से भी बनावटी नहीं प्रतीत होता। हनुमान के प्रति तुलसी की भक्ति जगज़ाहिर है और वे बार-बार अपनी रचनाओं में भी इसकी स्वीकारोक्ति करते हैं। जीवन के अंतिम दिनों में शारीरिक कष्ट से पीड़ित, जबकि वे अपनी बाँह तक उठाने में अक्षम होते हैं, वे हनुमान-बाहुक की रचना करते हैं। इससे न सिर्फ़ तुलसीदास की व्यक्तिगत प्रतिबद्धता झलकती है बल्कि नागरजी की इस प्रतिश्रुति को भी बल मिलता है जिसके तहत वे गोस्वामी तुलसीदास को लोगों की अन्धश्रद्धा और भक्ति से बाहर निकालकर ऐसे मनुष्य के रूप में प्रतिष्ठित करना चाहते थे जो समाज के कष्टों से अपनत्व महसूस

करता है और उससे मुक्ति दिलाने के लिए तरह-तरह के उपाय करता है। कई लोगों ने तुलसी की रचनाओं में भक्ति की विह्वलता और कातर स्वर पर टिप्पणी की है कि वे लोगों को कर्मरत होने से विमुख कर केवल भक्ति की ओर खींचते हैं, लेकिन अमृतलाल नागर के तुलसीदास में कहीं-न-कहीं गाँधी की छवि भी दिखती है जिनसे वे स्वयं बहुत हद तक प्रभावित थे और उनके साथ मिलकर काम भी किया था। उस दौर में उन्होंने बहुत नज़दीक से महसूस किया था कि समाज में काम करना, लोगों के मनोबल को उठाना और लोगों को संघर्ष के लिए तैयार करना कितना मुश्किल काम है।

तुलसीदास के बारे में जितनी किंवदंती प्रचलित थीं, उपन्यास में सभी को स्थान देते हुए बहुत ही बारीकी से उन्हें रामबोला और बाद में तुलसीदास के साधारण मानवीय जीवन में पिरोया गया है। यहाँ तक कि उन्हें एक साधारण ऐतिहासिक व्यक्तित्व में उतार लाने के लिए नागर जी ने बहुत से जोखिम भी उठाए हैं। एक ओर जहाँ किशोरावस्था के तुलसी को मोहिनी नाम की वेश्या के मोहपाश में बँधता हुआ दिखलाया है तो वहीं दूसरी ओर समाज के निम्नवर्गीय लोगों के साथ मेलमिलाप को भी स्थान दिया है। ब्रह्म हत्या के पापी को एक मनुष्य की नज़र से देखते हुए पहले वे उसकी भूख मिटाने की चिंता करते हैं और उसके बाद उसका जाति-धर्म जानना चाहते हैं। इतना ही नहीं कई जगहों पर ब्राह्मणवादी जड़ता और अनावश्यक आक्रामकता के लिए हिन्दू धर्म की अच्छी खबर ली है। वे कबीर के निर्गुण पंथ पर कटाक्ष करने से भी नहीं चूकते, मगर उनकी बातों में कहीं से तुलना जैसी बू नहीं आती। मोहिनी प्रकरण को लेकर कुछ वर्ग ने बहुत तीव्र विरोध किया था और इस उपन्यास की प्रतियाँ जलाकर विरोध तक किया गया। लेकिन यह प्रश्न लोकतंत्र की मज़बूती के लिए बहुत प्रासंगिक है कि क्या अपने महापुरुषों को लेकर हमारी सोच इतनी संकीर्ण और खाँचाबद्ध होनी चाहिए? इन विरोधों का कोई असर नागर जी के लेखन पर नहीं पड़ा और इसे दरकिनार करते हुए उन्होंने सूरदास के जीवन को ध्यान में रखकर लिखे गए उपन्यास में सूरदास को भी ऐसे अनपेक्षित संबंधों से बद्ध दिखलाया।

दरअसल एक लेखक ही जानता है कि कोई भी रचना बिना मानसिक अन्तर्द्वन्द्व और आत्मिक संघर्ष के नहीं हो सकती। अपनी पत्नी रत्नावली के

प्रति कामान्ध तुलसी अपने जीवन में अन्य औरतों या सुन्दरता के प्रति सजग नहीं रहे होंगे। इसे एक सीधी लकीर की तरह सत्य मान लेना दुराग्रह से अधिक कुछ नहीं है। प्रश्न इस बात का नहीं है कि इसके पीछे तथ्य की ताकत कहाँ तक थी? भूमिका में ही लेखक ने स्पष्ट कर दिया था कि उनकी रचनाओं में स्त्रियों की सुंदरता के प्रति उनकी आसक्ति को देखते हुए इस बोध का जन्म उनके मन में हुआ था कि हो-न-हो तुलसी भी अपनी किशोरावस्था या युवावस्था में किसी तरुणी के प्रति आसक्त अवश्य हुए होंगे। महत्त्वपूर्ण प्रश्न यह है कि मनुष्य के लिए क्या ज़रूरी है? वह जन्म लेते ही महात्मा के रूप में पैदा हो या फिर अपने सभी पाशविक आचरणों पर संस्कार की ताकत से विजय पाए? जो लोग यह सोचते हैं कि मनुष्य जन्मत: संस्कारवान होता है, वे यह भूल जाते हैं कि समाज निर्माण की प्रक्रिया में मनुष्य ने बहुत से पाशविक आचरणों को जानबूझकर दबाया है, जिसका निदर्शन हमारे सभ्य समाज में गाहे-बगाहे हो ही जाता है।

स्त्री के प्रति आसक्ति के साथ ही साथ अमृतलाल नागर ने ऐसी परिस्थितियाँ भी प्रस्तुत की हैं, जब उनका मन स्त्री के प्रति विद्रोह से भर उठता है। रत्नावली के चचेरे भाई गंगेश्वर के घर में रहने के प्रश्न पर उनमें आपस में थोड़ी बतकही हो जाती है, जिस पर रत्नावली कह देती हैं, ''पीहर का कुत्ता भी प्यारा लगता है, यह तो मेरा भाई है।'' तब तुलसी का हृदय असह्य वेदना से भर उठता है। वे तड़प उठते हैं और रत्नावली के इस वक्तव्य को सह नहीं पाते। अन्तर्मन में चलने वाले द्वन्द्व अचानक से गाँधी के जीवन की बातों की याद दिलाते हैं, जो एक साधारण हिन्दू नागरिक की भाँति विश्वास करते थे कि स्त्री का जीवन पति के अधीन होता है। तुलसी मन-ही-मन कहते हैं...''रत्नावली को यह समझना ही होगा कि विवाह के बाद स्त्री के लिए पति ही सर्वोपरि है। उसके कुतर्कों और अन्यायों के प्रति भी उसे सादर-सप्रेम सिर झुकाना चाहिए...।'' फिर यह भी कि, ''कुछ हो जाए मैं रत्नावली के इस हठ को प्रश्रय नहीं दूँगा, नहीं दूँगा, कदापि नहीं दूँगा। उन्हें अपने पति का मान रखना ही होगा।'' अमृतलाल, गाँधी से प्रभावित थे और तुलसी से भी। उन्हें दोनों के जीवन में ऐतिहासिक साम्य दिख गया हो तो इसमें कोई आश्चर्य की बात नहीं।

तुलसी को अपनी बाल्यावस्था में अकेले कमरे में जाते हुए डरता देखकर

भी अचानक से गाँधी याद आ जाते हैं जो अपने घर में दुछत्ती पर जाने से डरते थे और फिर उनके घर काम करने वाली दाई ने उन्हें रामनाम का बीजमंत्र दिया था जो कालांतर में उनका महामंत्र बन गया। इसी तरह भूतों से डरने वाले तुलसीदास जब 'भूत पिशाच निकट नहीं आवे, महावीर जब नाम सुनावे' पंक्ति जपते हुए अपने मन का निर्माण करते हैं तो वह कहीं से भी बनावटी या तथ्यों का अतिरेक नहीं लगता। फिर आखिर किशोरावस्था में स्त्री आकर्षण में बद्ध होने को गलत क्यों माना जाए? इसके अतिरिक्त कथा को बहुत ही सहजता से बढ़ाते हुए तुलसी को अकबर का समकालीन बतलाना, रहीम खानखाना का हाथी पर सवार होकर मिलने आना और वृन्दावन में रहने वाले सूरदास के बारे में उनकी जानकारी को बहुत ही जीवंतता से प्रस्तुत करने में लेखक इतना सफल हुआ है कि लगता ही नहीं कि हम किसी बहुत ही पहले के व्यक्ति के बारे में पढ़ रहे हैं। सूरदास वय में तुलसी से बड़े थे और जब नन्ददास के साथ तुलसी उनके द्वार पहुँचते हैं तो वे काफ़ी वृद्ध हो चुके थे। तुलसी ने सूरदास को यथोचित सम्मान भी दिया...''मैंने तो बाबा, अपने को पालनेवाली भिखारिन अम्माँ से आपके पद सीखकर और उन्हें गा-गा कर भीख माँगी है...मैया मेरी कबहिं बढ़ेगी चोटी।''

आज के वैज्ञानिक युग में भी यह मान लिया गया है कि प्रकृति की इन्सान को सबसे बड़ी नेमत कल्पना कर लेने की उसकी शक्ति है, तो फिर काल्पनिक बातों का इतना विरोध क्यों? उपन्यास का कथानक तो अपने आप में पूर्ण और रुचि बनाए रखने में सक्षम है, लेकिन लेखक की महीन दृष्टि उसके नामकरण को लेकर भी पता चलती है। शीर्षक में आया हुआ मानस शब्द *रामचरितमानस* से बढ़कर मनुष्य का विशाल मानसिक फलक है, जिसके अच्छे-बुरे संस्कारों को अपने नीर-क्षीर विवेक से अलग कर पाने की क्षमता तुलसीदास जैसे संघर्षरत व्यक्ति में ही मिल सकती थी। ऐसा व्यक्ति जिसके जीवन की शुरुआत अपनी माँ के देहांत के साथ होती है और पिता भी जिसे मनहूस और अपने लिए कष्टकारी मूल नक्षत्र में जन्म लेने के कारण त्याग देते हैं। बचपन से भिक्षा माँगकर पले-बढ़े बालक के लिए यह बिलकुल स्वाभाविक है कि उसके राम गरीबनवाज़ बन जाएँ।

तुलसी के जीवनकाल में आने वाले बटेश्वर, मेघा भगत, नरहरिदास,

राजा भगत जैसे लोग इतिहास से निकलकर अपने गुण-दोषों के साथ इस तरह जीवंत हो उठते हैं कि हमें सोलहवीं-सत्रहवीं सदी के भारत की झलक दिखने लगती है। इतिहास के विद्यार्थियों के लिए भी यह पुस्तक एक मायने में महत्त्वपूर्ण हो उठती है कि इसमें उस काल की तमाम जनश्रुतियों को जगह मिली है, जिन्हें इतिहास की प्रामाणिक पुस्तकों में जगह नहीं मिल पाती। तुलसी के समय की अयोध्या का विवरण भी अजीब ऊहापोह से भरा हुआ दिखलाया गया है। हालाँकि उसकी कुछ बातें बिलकुल आधुनिक बिम्ब पैदा करती हैं कि उस समय भी जन्मस्थान को लेकर हिन्दू साधुओं में वाचालता व्याप्त थी और वे कुछ-न-कुछ षड्यंत्र करते रहते थे। दूसरी ओर रामलीलाओं के आयोजन की शुरुआत का पूरा श्रेय तुलसीदास को देना और स्थान-स्थान पर रामकथा का प्रवचन करना ऐतिहासिकता में व्यतिक्रम का आभास कराता है। फिर भी जैसा कि शुरू में इस बात की ताकीद कर ली गई थी कि लेखक अपनी युगीन चेतना का पैरोकार होता है, इसलिए कथा में आने वाले व्यवधानों को कल्पना के ज़रिए पूरा करने में यदि अवचेतन में युगीन यथार्थ प्रकट होकर स्थान पा जाए तो उसे गलती की बजाय इतिहास की पूरकता के रूप में समझना चाहिए। इस गल्प या कल्पना का असर *मानस का हंस* को प्रामाणिक जीवनी से बढ़कर एक ऐतिहासिक औपन्यासिक कृति बने रहने में दिखता है।

इसी तरह रहीम खानखाना से मिलने वाले प्रसंग में भी कुछ व्यतिक्रम महसूस होता है। उपन्यास में रहीम खानखाना को बनारस और जौनपुर का नया सूबेदार नियुक्त हुआ दिखाया गया है। वे तुलसी से मिलने आते हैं तो तुलसी उनके दोहे पढ़े होने की बात करते हैं परन्तु उस समय वे बीमार थे और उनकी बाँह में गिल्टियाँ निकली हुई थीं। यह घटना संभवत: उनके जीवन के आखिरी बरसों की ही है। यदि उनका जीवन 1623 ई. तक माना जाए तो यह घटना संदिग्ध लगने लगती है, क्योंकि रहीम उनसे अकबर के दरबार में मनसबदार बनवाने की बात करते हैं, जबकि अकबर का शासन 1605 ई. तक चलता है उसके बाद उनके पुत्र जहाँगीर मुगल शासक बनते हैं। लेकिन जनश्रुतियों की उम्र तथ्यों से अधिक होती है। इसमें काल व्यतिक्रम हो सकता है परन्तु यदि उनकी जीवन कथाओं में रहीम का उल्लेख आता है और उसे उपन्यास में जगह मिली है तो इसे गलत नहीं कहा जा सकता। उस दोहे का मर्म यही था, ''हम चाकर

रघुबीर के, पटो लिखो दरबार। तुलसी अब का होहिंगे, नर के मनसबदार।।''

एक प्रश्न उठता है कि क्या आस्था पर चोट के डर से हमें अपने महापुरुषों या पूर्वजों के बारे में कुछ अनुमान नहीं लगाना चाहिए? मेरे तईं इसका जवाब सिर्फ़ नकारात्मक हो सकता है। वह इसलिए कि हमारे पूर्वज या पुरखे कैसे थे इससे अधिक ज़रूरी है कि हमारी दृष्टि कितनी व्यापक हुई है? क्योंकि हम आज जो भी हैं उनमें उनका भी योगदान है। यदि हमारी दृष्टि संकीर्ण या असहिष्णु है तो इस बात को स्वीकार करने का कोई अर्थ नहीं कि हमारे पूर्वज बहुत विशाल हृदय के स्वामी थे। हमें यह स्वीकार करने में शर्म नहीं करनी चाहिए कि पश्चिमी देशों में अपने महापुरुषों और पूर्वजों को लेकर ज़बर्दस्त उत्साह रहता है। उनकी साहित्यिक कृतियाँ ही नहीं बल्कि उनकी फ़िल्में भी उनके जीवन की पड़ताल विविध आयामों में करने की कोशिश करती हैं। यहाँ तक कि पूज्यनीय माने जाने वाले ईसामसीह के जीवन के बारे में न जाने कितनी बातें वहाँ की कहानियों, उपन्यासों, नाटकों और फ़िल्मों में मिल जाएँगी। आज जबकि दुनिया के हर कोने में धर्म को लेकर एक अति उत्साह दिखाई देने लगा है और तर्क पर पूर्वाग्रह और कट्टरता अधिक शक्तिशाली सिद्ध हो रहे हैं तब अमृतलाल नागर जैसे पुरुषार्थी लेखकों की ज़रूरत और भी तेज़ी से महसूस होने लगती है, जो कुछ लिखने की हिम्मत दिखाते हैं।

पश्चिमी लेखकों को याद करने के क्रम में *द विन्सी कोड* के लेखक डॉन ब्राउन और *लस्ट फ़ॉर लाइफ़* के लेखक इरविंग स्टोन याद आते हैं। इरविंग स्टोन की एक पुस्तक प्रख्यात डच चित्रकार विंसेंट वॉन गॉग के बारे में है। इरविंग, वॉन गॉग के जीवन की हर अच्छाई-बुराई को पेश करते हैं। इतना ही नहीं उनकी गरीबी, तंगहाली, ड्रग्स के प्रति दीवानगी और खतरनाक और निषिद्ध प्रेम संबंधों के साथ ही वे उनकी प्रमुख कलाकृतियों के निर्माण की पृष्ठभूमि भी सहेजते चलते हैं। इससे हमारी समझ विस्तृत होती है कि मनुष्य के मस्तिष्क की रहस्यात्मकता अनंत है। वही मस्तिष्क जो एक ओर ड्रग्स का इस कदर दीवाना होता है कि हैलुसिनेशन (भ्रम) में अपने कान तक काट डालता है, ऐसी कलाकृतियों को भी रच डालता है। निष्कर्ष रूप में यही कहा जा सकता है कि जितना तीखा संघर्ष होता है, उतनी ही ऊँची रचनात्मकता। इसी रचनात्मकता के स्रोत की खोज में स्टोन ने एक और कलाकार माइकल एंजेलो के जीवन को

केन्द्र में रखकर भी एक उपन्यास की रचना की, जिसका नाम *द एगोनी एंड द एक्सटेसी* है। मनुष्य के मस्तिष्क में पैदा होने वाली तड़प, प्यास या पुकार ही रचनात्मकता को जन्म देती है। इस तड़प, इस प्यास को बुझाने के लिए मनुष्य न जाने किन-किन तरीकों का सहारा लेता है मगर उसकी तड़प बरकरार रहती है। काम, ड्रग्स, उलझन और पीड़ा में वह अपने को कुछ दिन डुबो सकता है, मगर अंतत: वह इन सबसे बाहर निकल आता है और रचनात्मकता के शून्य में एक लम्बी छलाँग लगाता है जहाँ एक अँधेरी बावड़ी उसका इन्तजार कर रही होती है। इस बावड़ी की दीवारें बहुत पुरानी, जाले से भरी और अंधेरे में गुम होती हैं। जैसे-जैसे वह गहरे और गहरे उतरता जाता है, दीवारों से प्लास्टर उखड़कर गिरने लगते हैं, सीलन भरे झोकों से नथुने भर उठते हैं और मनुष्य खुली हवा में साँस लेने के लिए तड़प उठता है। कहीं दूर रचनात्मकता के छिद्र से रोशनी की किरण दिखती है और मनुष्य बदहवास-सा भागता हुआ उस रोशनी को अपने गिर्द लपेट लेता है।

उत्तर-आधुनिकता और विचारधारा के अंत वाले इस युग में जबकि मनुष्य अपने पुराने मूल्यों के धरातल को छोड़ कर नए मूल्यों की आस में त्रिशंकु बना हुआ है, हमें अपने पुरखे, महापुरुषों के जीवन में झाँकने की अतीव आवश्यकता महसूस होती है। समय की विशाल धारा में बहुत से महापुरुष और पुरखे हाशिए पर डाल दिए गए हैं या उनकी जयंती मनाए जाने की रस्मअदायगी भर बची रह गई है। मनुष्य चेतना की अन्तर्दृष्टि को व्यापक बनाने के लिए और मूल्यों के नए धरातल की तलाश में अमृतलाल नागर का यह उपन्यास और भी प्रासंगिक हो उठता है। स्वयं उनके या तुलसीदास के समय का कलियुग इस दौरान लगातार और गहराता गया है, उसके भार से पीड़ित मनुष्य की चीखें हलक में अटकी हुई जान पड़ती हैं, इस कलिकाल के भार से मुक्ति के लिए यह उपन्यास मुक्तिदाता की भूमिका में एक बार पुन: अपनी उपस्थिति दर्ज कराने को तत्पर है। ऐसे विकट समय में विद्वत् समाज द्वारा इसके पुनर्पाठ का सहर्ष स्वागत किया जाना चाहिए।

तुलसी का अन्तर्बाह्य संघर्ष

राम विनय शर्मा[*]

ऐतिहासिक कालक्रम की दृष्टि से तुलसीदास का जीवन अकबर और जहाँगीर के शासनकाल में व्यतीत हुआ। अधिकांश इतिहासकारों ने राजनीतिक स्थिरता, धार्मिक सहिष्णुता, समाजार्थिक सुरक्षा तथा सांस्कृतिक विकास के सन्दर्भ में अकबर के शासनकाल के बारे में सकारात्मक दृष्टिकोण प्रस्तुत किया है। फिर भी तत्कालीन समाज धार्मिक कट्टरता, जातिगत द्वेष, अन्धविश्वास, पाखण्ड और रूढ़िवाद की समस्या से मुक्त नहीं था। अकाल, महामारी एवं निर्धनता के कारण जनता दारुण कष्ट सहने के लिए विवश थी। उसकी मानवीय गरिमा का हनन होता था। एक ओर मुस्लिम शासन का अनपेक्षित दबाव, तो दूसरी ओर हिन्दू समाज की आन्तरिक विसंगतियाँ; इन दोनों के बीच जनसाधारण का टूटता-बिखरता जीवन उन्हें जिस प्रकार अनास्था एवं अविश्वास की ओर ठेल रहा था, उसे सँभालने में मध्यकालीन सन्तों ने उल्लेखनीय भूमिका निभायी। ईश्वर की भक्ति और कवि-कर्म के अलावा समाज में मानवीय मूल्यों की पुनर्स्थापना का जैसा गम्भीर प्रयास उनके द्वारा किया गया, वह उस समय की ऐतिहासिक उपलब्धि थी। उसका महत्त्व कभी कम नहीं हो सकता। रामभक्ति शाखा के अन्यतम कवि गोस्वामी तुलसीदास उनमें से एक हैं। उनकी रचनाओं में तत्कालीन यथार्थ का मार्मिक चित्रण मिलता है। उन्हें लोकनायक भी कहा जाता है। स्वातन्त्र्योत्तर हिन्दी कथाकारों में महत्त्वपूर्ण स्थान के अधिकारी अमृतलाल नागर ने अपने उपन्यास *मानस का हंस* में तुलसी को चरितनायक बनाया है। इस उपन्यास में नागरजी ने तुलसी के समय और समाज के यथार्थ

---

[*] जेएनयू से उच्च शिक्षा प्राप्त राम विनय शर्मा कथा आलोचना में सक्रिय। भीष्म साहनी पर पुस्तक विशेष चर्चित।

को समग्रता में चित्रित करने का प्रयास किया है, जिसमें उन्हें सफलता भी मिली है। नागर जी का कथासंसार व्यापक और वैविध्यपूर्ण है, जिसमें कथ्य के साथ-साथ पात्रों, स्थितियों, घटनाओं और भाषा के अलग-अलग रंग-रूप देखने को मिलते हैं। नागरजी के उपन्यासों में पात्रों की बहुलता है, किन्तु उनके चरित्र से उनको अलग से पहचाना जा सकता है। इन पात्रों के माध्यम से नागरजी ने अपने उपन्यासों में रोचक एवं जीवन्त संसार की सृष्टि की है। ये पात्र भिन्न-भिन्न भावों को प्रकट करने में उपन्यासकार की सहायता करते हैं। नागरजी के पात्रों में सजीवता है। उनके कई उपन्यास महाकाव्यात्मक आयामों को छूते हुए लगते हैं। इनमें नये जीवनानुभवों की अभिव्यक्ति हुई है। नागरजी के उपन्यासों में भारतीय स्त्री के जीवन की त्रासदी एवं उसकी ममता, इतिहास तथा युगसत्य की क्रमहीन बहुरंगी बिम्बमाला, शहरी मध्यवर्गीय जीवन और देश की मूल्यहीन राजनीति का व्यापक चित्रण हुआ है। अमृतलाल नागर एक सजग एवं प्रयोगशील रचनाकार हैं। उनके भाषा-शिल्प में मौलिकता तथा औपन्यासिक दृष्टि विराट एवं वैविध्यपूर्ण है। उन्होंने उपन्यास की भाषा को नयी अर्थवत्ता, तेवर एवं आयाम दिया। उनके नगरवासी पात्र अवधी, ब्रज और लखनवी मिश्रित हिन्दी बोलते हैं। उनकी भाषा में सर्जनात्मकता है। विभिन्न नगरों तथा भिन्न-भिन्न समाजार्थिक धरातलों से सम्बद्ध पात्रों की भाषा के अलग-अलग रंग दिखते हैं। कथ्य के अनुरूप भी उनके पात्रों की भाषा में बदलाव दिखायी देता है। उनके कुछ अनोखे व्यक्तित्व वाले पात्रों की भाषा तो निराली ही है, जिन्हें सिर्फ़ वे ही बोल सकते हैं। वह भाषा दूसरे पात्रों के लिए उपयोगी नहीं है। इससे नागरजी की भाषिक सामर्थ्य का पता चलता है। कहना न होगा कि नागरजी ने अपने उपन्यासों में पात्रानुसार भाषा का जैसा प्रयोग किया है, वैसी विविधता अन्य रचनाकारों के यहाँ नहीं मिलती। *मानस का हंस* तुलसीदास के जीवन पर आधारित है। इस उपन्यास में इतिहास और कल्पना का समन्वय करते हुए कुछ नये प्रसंगों की अभिव्यक्ति हुई है जो परम्परावादी लोगों को असुविधाजनक भी लग सकता है। नवयुवक तुलसी और काशी की एक वेश्या का असफल प्रेम तुलसी के 'भक्तों' को चिढ़ा सकता है। इस उपन्यास में नागरजी ने यथार्थवादी तुलसी की खोज का प्रयत्न किया है। उनके युग की राजनीतिक, समाजार्थिक

और सांस्कृतिक परिस्थितियों को व्यापक फलक पर उभारा गया है। उपन्यास के आमुख में नागरजी का कहना है कि 'तुलसी ने वर्णाश्रम धर्म का पोषण भले किया हो पर संस्कारहीन, कुकर्मी ब्राह्मण, क्षत्रिय आदि को लताड़ने में वे किसी से पीछे नहीं रहे। तुलसी का जीवन संघर्ष, विद्रोह और समर्पण-भरा है। इस दृष्टि से वह अब भी प्रेरणादायक है।' इस प्रकार नागरजी ने एकांगी दृष्टि से बचते हुए तुलसीदास के चरित्र को एक साधारण मनुष्य के रूप में ही प्रस्तुत किया है। तुलसीदास एक ऐतिहासिक पात्र हैं, लेकिन उनके जीवन के बारे में जानने की सामग्री इतिहास की पुस्तकों में कम ही मिलती है। *मानस का हंस* की रचना-प्रक्रिया में नागरजी को तुलसीदास की रचनाओं से विशेष सहायता मिली है। स्वयं उन्होंने इस उपन्यास के आमुख में इसका उल्लेख किया है। कहा जा सकता है कि नागरजी ने तुलसीदास के जीवन-चरित का बखान करने के लिए उनकी रचनाओं को प्रमुख आधार बनाया है। *कवितावली, हनुमान बाहुक* और *विनय पत्रिका* में तुलसी के जीवन-संघर्ष की जो झलक मिलती है, वह *मानस का हंस* उपजीव्य बनी है। उनका उद्देश्य तुलसी के चमत्कारी रूप का आख्यान प्रस्तुत करने की बजाय उनके मानवी स्वरूप को प्रस्तुत करना है जिसमें उनकी इच्छा-आकांक्षाओं, दुर्बलताओं, प्रेम, तिरस्कार, अभाव, संघर्ष, पीड़ा और रामभक्ति के प्रति निष्ठा-सब कुछ उजागर हो गया है। नागरजी ने इस उपन्यास में 'यथार्थवादी तुलसी की वकालत' की है। इससे तुलसी का भक्त के साथ सामाजिक सरोकार-सम्पन्न व्यक्तित्व उभरता है और औपन्यासिक वृत्तान्त में स्वाभाविकता आयी है।

मानस का हंस का आरम्भ सावन माह के कृष्ण पक्ष की रात में होने वाली 'मूसलाधार वर्षा, बादलों की गड़गड़ाहट और बिजली की कड़कन' के वर्णन से हुआ है। यह दृश्य तुलसीदास के उतार-चढ़ाव वाले जीवन का संकेत करता है। एक किंवदन्ती के अनुसार तुलसी काम-भावना से प्रेरित होकर ऐसी ही किसी रात में अपनी पत्नी रत्नावली से मिलने ससुराल जा पहुँचे थे जहाँ रत्नावली की कठोर बातें सुनकर उनके भीतर वैराग्य उत्पन्न हो गया था। वह कड़वाहट उनके भीतर गहरे तक चुभ गयी थी। इस उपन्यास में तुलसीदास को वैसी ही घनघोर वर्षा में मृत्यु के द्वार पर दस्तक देती रत्नावली से मिलने

जाते हुए दिखाया गया है। यह प्रसंग किंवदन्तियों में सुनने को नहीं मिलता। इसमें कल्पना है अथवा यथार्थ, कहना कठिन है; किन्तु इससे रत्नावली के प्रति तुलसी के आन्तरिक लगाव और सामाजिक बोध का आभास अवश्य मिलता है। 'परम सन्त महाकवि गोस्वामी तुलसीदास उनसठ वर्षों के बाद अपने घर की देहरी पर चढ़ रहे थे।' तुलसी के हाथ का स्पर्श पाकर रत्नावली का 'मुरझाया मुख-कमल अपनी शक्ति-भर खिल उठा। होंठों पर मुस्कान की रेखा खिंच आयी।...केवल चार आँखें एक-दूसरे में टकटकी बाँधे बड़ी सजीव हो उठी हैं। पति की आँखों में अपार शान्ति और प्रेम तथा पत्नी की आँखों में आनन्द और पूर्ण कामत्व का अपार सन्तोष भरा है।' मिलन के इन क्षणों में एक हिचकी के साथ रत्नावली की काया निश्चेष्ट हो जाती है। यह घटना ग्राम समाज को भले ही चमत्कारिक लगे, किन्तु इससे तुलसी और रत्नावली के पारस्परिक सम्बन्धों पर पड़ी कटुता की छाया अवश्य दूर हो जाती है। यहाँ परम भक्त तुलसी को शील-शिष्टाचार का निर्वाह करते भी दिखाया गया है। 'चार दिन बड़े होने के कारण बाबा बकरीदी दर्जी को भैया कहकर पुकारते हैं, इसलिए उनके सम्मान में वे खड़े हो गये।' गाँव की स्त्रियाँ एकत्र होकर रत्नावली के शोक में विलाप करती हैं और साथ ही उनके गुणों का बखान भी। ग्रामीण जनों की दृष्टि में रत्नावली तुलसीदास के गृह-त्याग का कारण ही नहीं हैं, बल्कि लोग उन्हें एक तपस्विनी एवं धर्मपरायण स्त्री के रूप में सम्मानपूर्वक याद करते हैं : ''हम तौ कहते हैं कि ऐसी धरमपतनी सबको मिलै। औरों की तौ फँसाय देती हैं पर दादी ने तो बाबा की बिगड़ी बनाय दी।'' इससे स्त्री के प्रति समाज के दृष्टिकोण का भी पता चलता है कि वह स्त्री को धर्मपरायण पतिव्रता के रूप में ही देखना चाहता है। इस उपन्यास की रत्नावली समाज-विमुख नहीं है। गाँव के लोगों से उनका आत्मीय जुड़ाव रहा है। इसलिए गाँववाले उनकी कमी को महसूस करते हैं, स्त्रियाँ बयान करके रोती हैं। उपन्यास के आरम्भ में हमारा तुलसीदास से जो परिचय होता है, उस वर्णन में भी सहजता है। 'सूर्यास्त के लगभग बाबा ने मैया की चिता में अग्नि दी। उस समय विरक्त महात्मा की आँखों से आँसू टपकने लगे।' निन्दकों को ये आँसू भले अनावश्यक लगते हों, किन्तु इन आँसुओं में मानवीय संवेदना का वह सत्व निहित है जिसके बिना किसी को मनुष्य ही नहीं

कहा जा सकता। सन्त होना निष्ठुरता का पर्याय तो नहीं है। इसलिए तुलसी के आँसुओं का अपना महत्त्व है। रत्नावली के प्रति प्रेम और विरह के उद्गार को पचाकर वे सीता के चरणों में अर्पित कर देते हैं। वे आत्ममुग्ध भक्त-कवि नहीं, जनता के दु:ख-दारिद्रय से पीड़ित होने वाले व्यक्ति हैं। राम के ध्यान में लीन रहने वाले *मानस का हंस* के तुलसीदास की सामाजिकता उल्लेखनीय है। वे अपने दु:ख को समष्टि में पर्यवसित कर देते हैं। लोक-कल्याण का भाव उनकी चेतना से पृथक् नहीं होने पाता। काशी के अकाल और महामारी के दिनों में वे 'दसो दिशा डोल-डोलकर काशी का हाहाकार अपने भीतर के राम बल से रौंदते चलते थे।' इस प्रकार तुलसीदास अटल भक्ति के साथ सामाजिक दायित्व का निर्वाह करने में तनिक भी पीछे नहीं रहते।

अभुक्तमूल नक्षत्र में पैदा होने वाले तुलसी को उनके ज्योतिषी पिता आत्माराम दुबे काल समझकर मुनियाँ दासी को आदेश देते हैं कि 'उस अभागे को गाँव से बाहर फेंक आव मुनियाँ।...उसकी महतारी की मिट्टी उठने से पहले ही उस अभागे को दूर ले जा, जिससे उसकी पाप छाया अब किसी को न छू पावे।' आत्माराम के इस आक्रोश में पत्नी की मृत्यु और ज्योतिष के फलित दोनों की भागीदारी है। तुलसी के तिरस्कार का यह प्रस्थानबिन्दु है जो जीवन-पर्यन्त चलता रहता है। उन्हें पालने वाली मुनियाँ की सास पार्वती माँ भी चार-पाँच वर्ष की अवस्था में तुलसी को अकेला छोड़कर इस दुनिया से विदा ले लेती हैं। तुलसी निपट अकेले हो जाते हैं। ऐसे में उनका किस प्रकार समाजीकरण हुआ होगा, इसकी हम कल्पना तो नहीं कर सकते, औपन्यासिक वृत्तान्त में आये प्रसंगों से समझ सकते हैं। नागरजी के तुलसी अतीत में बार-बार यूँ ही नहीं झाँकते। उस अतीत से उनका गहरा नाता है। उसमें उपेक्षा, अपमान, भूख, कष्ट और वेदना की अनन्त स्मृतियाँ समाहित हैं। उस अतीत में उनके जीवन का एक भरा-पूरा इतिहास छिपा है। इसीलिए वे बार-बार उस त्रासद अतीत की ओर मुड़-मुड़कर देखते हैं। इतिहास सिर्फ़ तिथियों का संजाल नहीं है। वह हमारे वर्तमान का आईना और भविष्य का पथ-प्रदर्शक भी है। तुलसी का अतीत कभी उनका पीछा नहीं छोड़ता। वह उनकी रचनाओं में यथार्थ बनकर प्रस्तुत हुआ है। वृद्धावस्था में पहुँचकर तुलसी को लगता है कि 'जन्म-काल से लेकर अब तक केवल

अपार दु:ख-दुर्भाग्य ही मेरे साथ रहा है। लोक में कहीं ठौर-ठिकाना न मिला, परलोक की जानता नहीं।' ऐसे क्षणों में तुलसी वेदना से भर उठते हैं। उनका यह वेदना-संकुल रूप बेचैन करता है, क्योंकि इसमें एक साधारण व्यक्ति के जीवन की झलक मिलती है। उस झलक में 'स्व' एवं 'पर' का भेद मिट जाता है। वहाँ सिर्फ़ विवशता की रेखाएँ दिखायी देती हैं। यही विवशता तुलसी की रचनाओं में दैन्य बनकर उपस्थित हुई है, भले ही वह उनके आराध्य राम के प्रति क्यों न हो। उनकी रचनाओं में आहत स्वाभिमान की जो अनुगूँज सुनायी पड़ती है, उसका प्रमुख कारण बचपन का परित्यक्त-उपेक्षित जीवन ही है जब पार्वती के साथ घर-घर जाकर उन्हें भिक्षा माँगनी पड़ती थी। उपन्यास में तुलसी कहते हैं : ''यद्यपि भिक्षा देने वालों के आग्रह पर गाना मुझे प्राय: अच्छा नहीं लगता था। मेरे ब्राह्मण सन्तान होने और मेरे दुर्भाग्य की बातें सुना-सुनाकर वे मेरे प्रति सहानुभूति जगाया करती थीं। यह बात आरम्भ से ही मेरे स्वाभिमान को धक्के मारती थी।'' द्वारे-द्वारे रिरियाने वाले तुलसी गोस्वामी बन जाने के बाद भी पार्वती अम्मा को भूलते नहीं। कहते हैं : ''मेरी आदि गुरु परम तपस्विनी पार्वती अम्मा ही थीं।...दरिद्रता में इतना वैभव, दुर्बलता में इतनी शक्ति और कुरूपता में इतनी सुन्दरता मैंने पार्वती अम्मा के अतिरिक्त औरों में प्राय: कम ही देखी।'' यह कृतज्ञता एवं औदात्य किसी ब्राह्मणवादी मनोवृत्ति से ग्रस्त व्यक्ति में नहीं मिल सकती। तुलसी की रचनाओं में मिलने वाली जिन पंक्तियों और घटनाओं के आधार पर उन्हें ब्राह्मणवादी बताया जाता है, *मानस का हंस* उसका प्रत्याख्यान करता है। तुलसी के गुरु बाबा नरहरिदास का कहना है कि ''पानी की कोई जाति नहीं होती, जो रंग मिलाओ वह उसी रंग का हो जाता है।...राम जी जब तुम्हें दें तो खाओ, न दें तो न खाओ।'' इस प्रकार वे सन्त के चरित्र को परिभाषित करते हैं। उनका यह भी कहना है कि ''इस जगत् में जितने सुन्दर-सुन्दर फूल हैं उन सबको मिला दो उनसे भी अधिक सुन्दर हैं राम जी।'' यह नागरजी की वैचारिक अवस्थिति है, अर्थात् इसमें विविधता में एकता की अवधारणा पर बल दिया गया है। विविधता में सौन्दर्य निहित है। राम का स्वरूप समावेशी है तो तुलसी को समन्वयवादी होना ही था। अपने उदार समाजसापेक्ष विचारों के अनुरूप ही नागरजी ने तुलसीदास के चरित्र को आकार दिया है।

तुलसी अतीत और वर्तमान में निरन्तर आवाजाही करते हैं। उनके लेखे तो दोनों में से कोई भी सुखद नहीं हैं। संघर्ष ही उनके जीवन का यथार्थ है। यही यथार्थ जनसाधारण का भी है। तुलसी स्वयं जनसाधारण जैसा आचरण करते हैं। ऊब, क्षोभ एवं विवशता का मिला-जुला भाव तुलसीदास को व्यथित करता है। विडम्बना यह कि ब्राह्मण कुल में जन्म लेने के बाद भी उन्हें 'नीच जात भिखारी' कहकर अपमानित किया जाता है। तुलसी की इस जीवनानुभूति को *रामचरितमानस* के निम्नवर्गीय पात्रों के समानान्तर रखकर देखें तो इसमें एक संगति एवं तार्किकता दिखती है। इसी भावबोध के कारण तुलसी अपने निम्नवर्गीय पात्रों के प्रति कोई दुर्भावना और उपेक्षा नहीं दिखाते, बल्कि उन्हें राम की भक्ति, स्नेह और कृपा का स्वाभाविक अधिकारी बनाकर चित्रित करते हैं। हर प्रकार से विपन्न तुलसी के पास एकमात्र पूँजी स्वाभिमान ही है, जो उन्हें राम के अलावा अन्य किसी के सामने झुकने नहीं देती। कहते हैं : ''बिना बुलाये हम किसी के घर क्यों जायँ! राजा होंगे तो अपने घर के होंगे। हमारे राजा रामचन्द्र जी से बड़े तो हैं नहीं।'' अभावग्रस्त और भूख से व्याकुल तुलसी का यह स्वाभिमान उनके चरित्र की अन्यतम विशेषता है। चाटुकारिता तो वे राम की भी नहीं करते। यदि वे राम से उनकी कृपा माँगते हैं तो बदले में वे राम की एकनिष्ठ भक्ति करते हैं, जिसमें सम्पूर्ण समर्पण है। कहीं कोई विचलन नहीं है। इसी भक्ति के लिए उन्होंने अपनी सुलक्षणा पत्नी और बेटे का परित्याग कर दिया था। ऐसे तुलसी क्या राम से उनकी कृपा पाने के अधिकारी भी नहीं हैं? यह प्रश्न नैसर्गिक न्याय से जुड़ा है। राम से तुलसी की याचना में भक्ति का हठीला विश्वास है। नागरजी के तुलसी का समूचा जीवन एक खुली किताब है, जिसे कोई भी पढ़ सकता है। उनकी 'आँखों के सामने नर-नारी साधारण जन न रहकर सीता-राम की छवि से भासित' होते हैं। उनके मन में ग्लानि का भाव उमड़ता है। 'अपने को प्रभु से दण्ड दिलाने की तीव्र चिढ़-भरी इच्छ करते-करते बाबा की आँखों से गंगा-जमुना बह चलीं।' उन्हें शारीरिक कष्ट उठाने पड़ते हैं, लेकिन असह्य पीड़ा के क्षणों में भी वे राम के ध्यान से विमुख नहीं होते। इसके समानान्तर यदि मठों के पण्डों, महन्तों और पण्डितों के आचार-विचार को देखें तो वहाँ लोभ-लालच, विलासिता, मिथ्या अहंकार,

श्रेष्ठता के दर्प और पाखण्ड के अलावा कुछ भी नहीं मिलेगा। नागरजी ने उपन्यास में ऐसे प्रसंगों का विस्तार से वर्णन किया है जो हिन्दू धर्म के बड़े-बड़े केन्द्रों की वास्तविकता को उजागर करके हमारी आँखें खोल देते हैं। नागरजी के तुलसी स्वयं तो रोना जानते हैं, दूसरों को रुलाना नहीं जानते। ऐसा है उनका संवेदनशील मानस।

मानस का हंस में तुलसीदास के जीवन-संघर्ष, उपेक्षा, अपमान, द्वन्द्व और ऊहापोह को अनुभूति के धरातल पर उतारने का प्रयास हुआ है। वर्णन में स्वाभाविकता है। नागरजी राम के प्रति तुलसी की अटूट निष्ठा को चित्रित करने में सफल दिखते हैं। 'अस्थि चर्ममय देह मम तामे ऐसी प्रीत, तैसी जौ श्रीराम में होत न तव भवभीत' में आक्रोश, कटुता, उपालम्भ एवं निर्वैयक्तिकता का जैसा स्वर सुनायी पड़ता है, *मानस का हंस* की रत्नावली में वह थोड़ा मद्धिम है। यहाँ नागरजी ने रत्नावली की छवि को निर्मित करते हुए यह ध्यान रखा है कि पाठक तुलसी के गृहत्याग के लिए सिर्फ उसे ही दोषी न ठहरायें। रत्नावली तुलसी के साथ वार्तालाप के दौरान जो कुछ कहती हैं, उससे किसी के मन में उनके प्रति क्षोभ या दुर्भावना पैदा नहीं होती। नागरजी ने यहाँ रत्नावली के संयत आचरण को समूची गरिमा के साथ उभारा है। पाठक उनके प्रति सहानुभूति से भर उठता है। इससे नागरजी का स्त्री के प्रति दृष्टिकोण का भी पता चलता है। *मानस का हंस* में विभिन्न स्थितियों, घटनाओं एवं प्रसंगों के बीच तुलसीदास के चरित्र को जिस प्रकार विकसित किया गया है, उसे देखते हुए मानसकार के रूप में प्रचलित कुछ भ्रान्तियों का भी निराकरण होता है। यहाँ नागरजी ने शूद्रों और स्त्रियों के बारे में तुलसी की विवादित पंक्तियों को पात्रों की निजी अभिव्यक्ति बताकर उनका बचाव किया है। इसे स्वीकार कर लिया जाए तो भी रात के अँधेरे में अबोध बेटे और पत्नी को छोड़कर संन्यास ग्रहण कर लेने वाले तुलसी को कुछ प्रश्नों का सामना तो करना ही पड़ता है। नागरजी ने इस घटना के लिए तुलसी के राम-प्रेम की उत्कटता को परिचालक शक्ति के रूप में निरूपित किया है। इसमें सन्देह नहीं कि तुलसीदास ने राम-कृपा की प्राप्ति के लिए जिस भक्ति मार्ग का अनुसरण किया वह अतुलनीय है। उनकी भक्ति मानवीय सम्बन्धों के निर्वाह की दृष्टि से भी वृहत्तर समाज के लिए उपयोगी

है। नागरजी ने यह भी दिखाने का प्रयास किया है कि अपने जीवन का लक्ष्य निर्धारित कर लेने के पश्चात् भी तुलसी को अन्तिम क्षणों तक ऊहापोह, द्वन्द्व और संघर्ष का सामना करना पड़ा। यह एक साधारण मनुष्य के जीवन की अभिव्यक्ति है। द्वन्द्वात्मकता तुलसी के व्यक्तित्व को अपेक्षाकृत अधिक मानवीय बनाती है। तभी तो परित्यक्त पत्नी रत्नावली की छवि उनके अन्तर्मन में बार-बार झाँकती है। इससे ऐसा लगता है कि कहीं-न-कहीं तुलसी के मन में रत्नावली को लेकर आकर्षण और अपराधबोध था जो उन्हें एक साधारण गृहस्थ की भाँति जीवनपर्यन्त टीसता रहा। रत्नावली की विकलता एवं विछोह की पीड़ा को नागरजी ने अपनी अनुभूति के स्पर्श से मार्मिक बना दिया है। उपन्यास में रत्नावली का कद कभी-कभी तुलसीदास से ऊँचा दिखायी देता है। यह नागरजी की औपन्यासिक दृष्टि का उल्लेखनीय पक्ष है। भक्ति हो अथवा कवि—कर्म, जनसाधारण से जुड़ने में ही इसकी सार्थकता है। संवेदना और सरोकार से रहित भक्ति अथवा कवि—कर्म की कोई सामाजिक उपयोगिता नहीं है। इन दोनों ही क्षेत्रों में यान्त्रिकता और निर्वैयक्तिकता के लिए कोई जगह नहीं है। मध्यकाल के तुलसी इसे अच्छी तरह समझते थे। यह कहने में तनिक भी संकोच नहीं कि मध्यकाल का समूचा भक्ति साहित्य मानव जाति की पीड़ा और छटपटाहट का साहित्य है, जिसमें जनसरोकारों की व्यापक अभिव्यक्ति हुई है। सामाजिकता भक्ति साहित्य का महत्त्वपूर्ण तत्त्व है। तुलसी उस साहित्य के प्रतिनिधि कवि हैं। अपने उपन्यास *मानस का हंस* में अमृतलाल नागर ने ब्रह्महत्या के दोषी को तुलसी द्वारा ससम्मान भोजन कराने का जो प्रसंग रचा है, वह उनकी पूर्वनिर्मित छवि को ध्वस्त करता है। इसके लिए उन्हें काशी के पण्डित समाज का आक्रोश झेलना पड़ता है। काशी का रूढ़िवादी समाज उनके ब्राह्मण होने पर सन्देह करने लगता है। उनके विरुद्ध षड्यन्त्र, तन्त्र-मन्त्र का प्रयोग और चरित्र-हनन का प्रयास किया जाता है; किन्तु तुलसी तन सहयोग एवं रामभक्ति के सहारे अडिग बने रहते हैं। कभी अपने सरोकारों से मुँह नहीं मोड़ते।

इस उपन्यास के वृत्तान्त से गुज़रते हुए ऐसा नहीं लगता कि तुलसीदास ने ब्राह्मणवाद को आगे बढ़ाने का कोई सुचिन्तित प्रयास किया होगा। यद्यपि उन्होंने वर्णाश्रम धर्म में अपने विश्वास को व्यक्त अवश्य किया है, लेकिन उनकी ओर

से जातिवादी आग्रह का संकेत समूचे उपन्यास में कहीं नहीं मिलता। नागरजी के इस उपन्यास में आचार्य रामचन्द्र शुक्ल की 'लोकमंगल की अवधारणा' को मूर्त होते देखा जा सकता है। इसमें तुलसी लोककल्याण के विचार को बार-बार दुहराते और उसके लिए प्रयास करते दिखते हैं। भक्ति को उन्होंने भले ही अपनी मुक्ति का माध्यम बनाया हो, किन्तु उनके त्याग, समर्पण एवं राम के प्रति अविचल निष्ठा का एक व्यापक सामाजिक परिप्रेक्ष्य भी है। वे अपनी भक्ति को जनसाधारण के टूटे-बिखरे जीवन में आस्था और विश्वास जगाने का माध्यम बनाना चाहते हैं, उन्हें दिशा देना चाहते हैं। इस प्रकार नागरजी के तुलसीदास स्व की मुक्ति के साथ व्यापक जनसरोकारों वाले भक्त कवि के रूप में हमारे समक्ष प्रस्तुत होते हैं। वे जनता की भाषा में जनता के मुद्दों के साथ जुड़कर ही अपनी भक्ति की सार्थकता देखते हैं। इसीलिए जनता भी उन्हें मुक्तकण्ठ से स्वीकार करती है, अपना समझती है। *मानस का हंस* के तुलसीदास भक्ति एवं कवि-कर्म को जनता और समाज से अलग करके नहीं देखते। वे जीवन के अन्तिम क्षणों तक जनता से जुड़े रहते हैं। जनसेवा उनकी भक्ति का अविभाज्य अंग है। वे तुलसी ही हैं जो महामारी की चपेट में मरते काशीवासियों की अन्तिम क्रिया के लिए युवकों को जुटाते हैं, उन्हें जनसेवा के लिए प्रेरित करते हैं, संवेदनशील बनाते हैं। उन्होंने अखाड़ों का निर्माण किया, जनता की आस्था को छिन्न-भिन्न होने से बचाने के लिए रामलीला के आयोजन किये। ये प्रयास निश्चय ही सामाजिकता एवं साहचर्यपूर्ण जीवन के लिए उपयोगी और आवश्यक थे। *मानस का हंस* के तुलसीदास में हमें भक्ति, ज्ञान एवं कवित्व की त्रिवेणी बहती दिखायी देती है, जिसका अन्तिम लक्ष्य मानव समाज का हित है। उनके भीतर चरित्र की दृढ़ता, जिज्ञासा, बहुज्ञता, आस्तिकता, आस्था, मूल्यनिष्ठता और प्रेमभावना की प्रचुरता है। उन्होंने अपने ज्ञान से भ्रमों का निवारण तथा भक्ति से जीवन के प्रति आस्था का संचार किया। उनमें स्त्री-जाति के प्रति सम्मान का भाव कम नहीं है। नागरजी के तुलसी साधारण मनुष्य की भाँति जीवन-जगत् की समस्याओं से जूझते हैं, ठीक वैसे ही जैसे तुलसी के राम को अपने जीवन में जूझना पड़ा था। गहरी उपेक्षा, तीखे कड़वे वचन, भूख, दरिद्रता और संघर्ष तुलसी के जीवन का यथार्थ है। इस उपन्यास में अमृतलाल नागर ने उन सभी

परिस्थितियों का चित्रण किया है जिनके घात-प्रतिघात से तुलसी जैसे व्यक्तित्व का निर्माण सम्भव हो सका। स्पष्ट है कि परिस्थितियों की व्यापक और गहरी समझ के बिना ऐसी समर्थ रचनाशीलता की अभिव्यक्ति नहीं हो सकती। भक्ति और कवि-कर्म के सन्दर्भ में तुलसीदास ने जो दृष्टान्त प्रस्तुत किया है, उसके गहरे निहितार्थ हैं।

मानस का हंस में हम देखते हैं कि 'मुगल सिपाही जीत और लूट की मस्ती में गाते, बीच-बीच में एकाध बन्दी अथवा बन्दिनी पर चाबुकें बरसाते अपने पड़ाव के सामने वाले बड़े तम्बू की तरफ़ बढ़ रहे हैं।' यह दृश्य तत्कालीन समय, समाज और प्रशासन के यथार्थ को व्यक्त करता है। तुलसीदास कहते हैं, ''अकबरशाह के समय में थोड़ा-बहुत सुशासन आया था, अब वह भी समाप्त हो गया।'' प्रशासनिक तन्त्र अहमन्यता से भरकर स्त्रियों का अपमान और यौन-शोषण करता है। चारों ओर भय का वातावरण है। क्या इसके मूल में धर्म है? तुलसी का मानना है कि 'धर्म धर्म से नहीं लड़ रहा है।' वस्तुत: लड़ाई का कारण राजनीति है, जिसका अन्तिम उद्देश्य सत्ता प्राप्त करना और समाज पर वर्चस्व स्थापित करना होता है। नागरजी तुलसीदास के माध्यम से राजनीति, धर्म और समाज की समीक्षा करते हैं, जहाँ वे देखते हैं कि 'जबरे का न्याय दीनों और दुर्बलों का पक्षपाती नहीं होता।' उसमें प्रभुत्व का अहंकार और वर्चस्व की महत्वाकांक्षा निहित होती है। तुलसी ऐसे कथित 'न्याय' का समर्थन नहीं करते। वे धर्म और न्याय को दुर्बल के पक्ष में झुका हुआ देखना चाहते हैं। अपनी रचनाओं में उन्होंने दीन-दु:खी पात्रों के साथ राम को खड़ा करके सत्ता, शक्ति और न्याय का आदर्श प्रस्तुत किया है। सत्तर के दशक में प्रकाशित अमृतलाल नागर के इस उपन्यास में उनके समय के समाज और राजसत्ता के यथार्थ की भी झलक मिलती है। जिस प्रकार स्वाधीनता आन्दोलन के मूल्यों का क्षरण हो रहा था, सत्ता निरंकुश हो गयी थी और अन्तर्बाह्य चुनौतियों के कारण समाज आन्दोलित हो रहा था; ऐसे उथल-पुथल भरे समय में तुलसीदास के चरित्र का आख्यान प्रस्तुत करना प्रासंगिक कहा जाएगा। उपन्यास में आये अनेक छोटे-बड़े प्रसंग एवं घटनाएँ *मानस का हंस* को उस समय विशेष से जोड़ती हैं। समर्थ रचनाकार काल का अतिक्रमण करता है और काल में अवस्थित होकर उसकी

गति की पहचान भी करता है। नागरजी ने भी दो भिन्न कालखण्डों को आमने-सामने रखकर औपन्यासिक यथार्थ को उभारने का प्रयास किया है। नागरजी के तुलसी में जब 'राम-मुख-छवि निहारने की पहली ललक' जगी तब उन्हें पिटना पड़ा था। भक्ति का कोई पूर्वनिर्धारित सर्वस्वीकृत ढाँचा नहीं था कि तुलसी जैसे भक्त कवि उसका अक्षरश: अनुसरण करते। उनकी भक्ति में राजसत्ता, धर्मसत्ता, सामाजिक कुप्रथाओं और मनुष्य की गरिमा का अपमान करने वाले तत्त्वों के प्रति प्रतिरोध का ऊँचा स्वर सुनायी पड़ता है। तुलसी के लिए राम का 'सौन्दर्य व्यक्त भी है और अव्यक्त भी।' इस प्रकार ईश्वर अनुभूति का विषय है, नेत्रों का नहीं। इसलिए एक है। राम भले ही तुलसी के आराध्य हों, लेकिन ईश्वर के अन्य अवतारों अथवा स्वरूपों के बारे में भी तुलसी ने पूर्ण आस्था एवं सम्मान व्यक्त किया है। इस उपन्यास में उन्हें एक कुशल संगठनकर्ता के रूप में देखा जा सकता है जिसका उद्देश्य समाज की भलाई और उसे बिखरने से रोकना है। ईश्वर की एकता का विचार इस दृष्टि से भी महत्त्वपूर्ण है। तुलसी की दृष्टि यान्त्रिक नहीं, व्यावहारिक है। वे अहंकाररहित प्रेम और सांसारिकता के निर्वाह का समर्थन करते हैं। *मानस का हंस* में नागरजी ने तुलसी के आत्मसंघर्ष का जो चित्रण किया है, वह इस उपन्यास की महत्त्वपूर्ण उपलब्धि है। बिना किसी महत् उद्देश्य के घर-बार छोड़ देना सन्त होना नहीं है। तुलसी के गृह-त्याग का चरम उद्देश्य राम-भक्ति भले ही रही हो, किन्तु औपन्यासिक वृत्तान्त पर दृष्टि डालें तो उनके भीतर विश्रृंखलित समाज को जोड़ने और प्रचलित रूढ़ियों से जनता को मुक्त कराने की गहरी बेचैनी भी झलकती है। नागरजी ने तुलसी के चरित्र को व्यापक मानवीय उद्देश्य के वाहक के रूप में चित्रित किया है। कहना न होगा कि उपन्यासकार ने मध्यकालीन भारतीय समाज में धर्म की मनुष्य-विरोधी भूमिका को उजागर करते हुए तुलसी की भक्ति को एक आश्वस्तकारी प्रविधि के रूप में प्रस्तुत किया है।

मानस का हंस की कथा एकरेखीय नहीं है। इसमें छोटे-बड़े प्रसंगों की भरमार है जो कथानक के विकास-क्रम में आगे-पीछे जुड़कर उपन्यास को गतिशील और रोचक बनाते हैं। यहाँ अतीत और वर्तमान एक-दूसरे में घुल-मिलकर कथानक का विकास करते हैं। इसमें भरपूर किस्सागोई और

मनुष्य जीवन की विभिन्न छटाएँ मिलती हैं। समूचा उपन्यास पूर्वदीप्ति शैली में रचा गया है। इससे कथानक का प्रवाह बाधित नहीं होता, बल्कि पाठक में उत्सुकता जगाता है। *मानस का हंस* के वृत्तान्त में लोकचित्त एवं लोकरुचि को पर्याप्त स्थान मिला है। नागरजी की यह विशेषता है कि वे लोक में पूरी तरह धँसकर पात्रों और स्थितियों का रेखांकन करते हैं। उन्होंने कथानक और पाठक का सतर्क चयन किया है, अर्थात् उपन्यासों के लिए ऐसे कथ्य खोजे जो उन्हें सीधे पाठक से जोड़ सकें। *मानस का हंस* को पढ़ते हुए ऐसी ही अनुभूति होती है। भाषा के प्रयोग और चित्रण की शैली में नागरजी को महारत हासिल है। उनकी शब्द-योजना, वाक्य-गठन एवं पदावली को देखकर लगता है कि उन्होंने सुनकर नहीं, अपने अनुभव से निकालकर इनका प्रयोग किया है। उसमें जीवन की धड़कन है। इसीलिए देवीशंकर अवस्थी को वे 'प्रेमचन्द के बाद इतने विराट चित्र के भीतर ऐसी सहज भाषा का प्रयोग' करने वाले विरल रचनाकार दिखते हैं। नागरजी के पास मानव जीवन का व्यापक अनुभव है। उनके पात्रों में दुर्दम जिजीविषा, अडिग विश्वास एवं अटूट आस्था मिलती है। कई पात्र अविस्मरणीय बन पड़े हैं। उनके उपन्यासों का वातावरण हमारा जाना-पहचाना लगता है। वे मानवीय औदात्य के कथाकार हैं। उनके चित्रण में गतिशीलता है। *मानस का हंस* में उन्होंने मध्यकालीन समाज के साधारण पात्रों का सूक्ष्म एवं सहानुभूतिपूर्ण वर्णन तथा युगीन यथार्थ को विश्वसनीय ढंग से व्यक्त किया है। जिस कालखण्ड में अवस्थित होकर तुलसीदास ने समाज में व्याप्त कलह, कटुता, अन्धविश्वास, आडम्बर, पाखण्ड, ईर्ष्या-द्वेष, जातिगत भेदभाव, धार्मिक संकीर्णता, साम्प्रदायिक असहिष्णुता, क्षुद्रता और स्वार्थान्धता का अपनी रचनाओं एवं कथाओं के माध्यम से प्रतिकार किया था, उसे अमृतलाल नागर ने बीसवीं सदी के उत्तरार्द्ध की राजनीतिक, सामाजिक, धार्मिक एवं आर्थिक परिस्थितियों से जोड़ते हुए अपने युगबोध और रचनात्मक सरोकारों को अभिव्यक्त किया है। नागरजी उदार मानवीय मूल्यों के समर्थक रचनाकार हैं। तुलसी के उच्चतर मानवीय मूल्यों की प्रतिष्ठा के चित्रण में नागरजी की वैचारिक अवस्थिति का अनुभव किया जा सकता है।

मानस का हंस दृश्यमालाओं का एक समुच्चय है। चलचित्र की भाँति

एक-एक दृश्यावली पाठक की आँखों के सामने आती है और कुछ देर बाद दूसरी दृश्यावली में विलीन हो जाती है। इन दृश्यावलियों में कोई एकरेखीय विकास-क्रम नहीं मिलता, क्योंकि इस उपन्यास में आरम्भ से अन्त तक पूर्वदीप्ति शैली का प्रयोग किया गया है; फिर भी दृश्यों की यह शृंखला परस्पर जुड़कर वृहत् आख्यान का रूप ले लेती है। लगता है जैसे चित्रण में चलचित्र के उपकरणों तथा शैली का प्रयोग किया गया हो। नागरजी में दृश्यों को संवेदनशील बनाने की कला है। जीवन को गहरे में जीना अमृतलाल नागर जैसे रचनाकार की उल्लेखनीय विशेषता है। विस्तृत अनुभव एवं सूक्ष्म-संवेदी दृष्टि के कारण वे अपने लेखन को जीवन्त और प्रभावशाली बना सके हैं। आत्मीयता उनके लेखन का प्रमुख गुण है। वे पात्रों के मनोजगत् और बाह्य परिस्थितियों को करीब से छूकर पहचानते हैं। इसीलिए उनके पात्रों में अपरिचय की मन:स्थिति नहीं झलकती। नागरजी को वस्तु और पात्र को एकसूत्र में पिरोने का हुनर मालूम है। *मानस का हंस* सिर्फ़ एक भक्त कवि की चरितगाथा ही नहीं, साधारण व्यक्ति से गोस्वामी बनने की समूची प्रक्रिया की चित्रमय प्रस्तुति का एक संवेदनशील प्रयास है। यहाँ हमें 'मन के भीतर वाला अतृप्त कामी तुलसी विद्रोह करता' दिखायी देता है जो यह कहता है, ''मोहिनी मुझे चाहती है। नगर की सर्वश्रेष्ठ गायिका, हाकिम के ऊपर भी राज करने वाली सलोनी प्रियतमा मुझे चाहती है। तब मैं क्यों न उसे चाहूँ! प्रेम का प्रतिदान देना क्या पाप है?'' तुलसी के इस रूप में उनके भावी विकास का बीज समाहित है। आखिर तुलसी भी एक मनुष्य हैं। इसलिए वे मानवीय दुर्बलताओं से परे नहीं हो सकते। हाँ, यह ज़रूर है कि वे उन पर विजय पाने के लिए निरन्तर संघर्ष करते हैं। तुलसी और मोहिनी का 'नयन समर' देखकर कुछ लोग उन पर कटाक्ष करते हैं। फिर भी मोहिनी की स्मृति का भूत उनके सिर चढ़कर बोलता है। 'एक बार फिर अँधेरे-उजाले की लुका-छिपी चल पड़ी। राम धुँधले पड़ने लगे, मोहिनी चमकने लगी।' मानवती मोहिनी की दर्प-भरी मुस्कराहट, रीझ-भरी आँखों और मद-भरी लचकती-इठलाती काया को देखकर तुलसी के भीतर पाप और पुण्य की खींच-तान शुरू हो जाती है। जब 'भरी भीड़ में सबकी दृष्टियों को छलकर चतुर नगरवधू नौजवान तुलसी की आँखों में आँखें डालकर ऐसा मादक

संकेत करती थी कि तुलसी का मन उमड़-उमड़ पड़ता था,' तब वे अपने मन को स्त्री-सौन्दर्य से हटाकर राम के सौन्दर्य की ओर उन्मुख करने की चेष्टा करते हैं। मोहिनी वेश्या होते हुए भी उन्हें शीलवती लगती है। उसकी माँ की बातें सुनकर तुलसी के स्वाभिमान को करारा आधात लगता है और उनकी आँखें क्षोभ एवं क्रोध से दमकने लगती हैं। कभी आत्मग्लानि की अनुभूति इतनी प्रबल हो जाती है कि उनके मन में आत्महत्या का विचार जन्म लेता है। अन्तर्द्वन्द्व से गुज़रते हुए अन्तत: वे स्त्री-प्रेम और राम-भक्ति में से दूसरे विकल्प को चुनते हैं। इसमें उनकी भीतरी छटपटाहट और इच्छाशक्ति की महत्त्वपूर्ण भूमिका है। तुलसी के जीवन में रत्नावली की भूमिका पत्नी की अपेक्षा सचेतक की अधिक रही है। वे कहते हैं कि ''मोहिनी तो मात्र यौवन की अनबुझी हठ-भरी तपस्या ही थी, किन्तु तुम्हारे बिना उसकी सिद्धि अर्थात् मेरा रामचैतन्य मुझे मिल नहीं सकता था प्रिया अर्धांगिनी।'' नागरजी के तुलसी का अपनी पत्नी के प्रति कृतज्ञता का यह भाव प्रचलित से भिन्न है। यहाँ अकुण्ठ भाव से स्त्री के अस्तित्व एवं उसकी अस्मिता को स्वीकार किया गया है। नागरजी ने उपन्यास में कहीं भी तुलसीदास को स्त्री जाति का विरोध करते नहीं दिखाया है। यहाँ तुलसी न तो स्त्री के अस्तित्व को हीन करके देखते हैं, न ही उसके चरित्र पर कहीं दोषारोपण करते हैं। यद्यपि तुलसीदास की रचनाओं में कुछ एक पंक्तियाँ ऐसी हैं जिनमें स्त्री के प्रति दुराग्रह दिखायी देता है। तुलसीदास और अमृतलाल नागर की स्त्री-दृष्टि में पाया जाने वाला अन्तर काल-सापेक्ष लगता है। यहाँ *मानस का हंस* का यह अंश उद्धरणीय है : 'नर की छाती पर नारी का रखा हुआ मुख नर का पौरुष बन गया। तुलसीदास शरणागत प्रतिपादक समर्थ स्वामी की तरह बड़े भाव से उस सौन्दर्य पर अपनी जान छिड़कने लगे। उसे कसकर कलेजे से चिपका लिया और उसके गाल पर हाथ फेरते-फेरते स्वयं उनकी आँखें भी प्रिया की न थमने वाली हिचकियों से उमड़ पड़ीं।' यह चित्र पति-पत्नी के सघन पारस्परिक सम्बन्धों को गरिमा एवं औदात्य प्रदान करता है। भावों की तरलता का आवेगमय प्रवाह है। वस्तुत: नागरजी के समूचे लेखन में ही भावनाओं की सघन उपस्थिति देखने को मिलती है। ऐसा उनकी वैचारिकता के कारण नहीं, समाजीकरण और परिवेश के कारण सम्भव हुआ। वे लखनऊ के जिस चौक

मुहल्ले में रहा करते थे, उसकी भाषा, रहन-सहन, बोली-बानी, साहचर्य भाव तथा आत्मीयता उनकी रचनाओं की रगों में बहते हैं। इस उपन्यास की संरचना में इसकी घनी अनुभूति होती है।

मानस का हंस के तुलसी को जीवन के उत्तर पक्ष में पश्चाताप होता है कि 'राग-विराग में पड़ते, लड़ते, जूझते, आयु का बहुत-सा भाग नष्ट कर दिया।' एक आँख की ऐंचीतानी और घी के कुप्पे जैसी कायावाली हाजीपुर की चम्मो सहुआइन की रीझ ने भी तुलसी के मानस को क्षुब्ध किया, जो 'उन्हें ऐसी रसीली दृष्टि से टकटकी बाँधकर देखती कि तुलसीदास शास्त्री के मन का सारा रस ही सूख जाता था।' इस प्रकार विवाह पूर्व मोहिनी, चम्मो और राजकुँवरी जैसी स्त्रियों के आकर्षण-विकर्षण में उलझते-पलझते और परस्पर-विरोधी वातचक्रों में नाचते तुलसी को कंचनवर्ण, आत्मतेजस मुखमण्डल एवं आत्मविश्वास की दीप्ति से युक्त रत्नावली के सान्निध्य में कुछ समय के लिए ठाँव तो मिलता है, किन्तु उसका प्रभाव-पाश उन्हें सदा के लिए बाँध नहीं पाता। इस उपन्यास में तुलसी और रत्नावली के परस्पर संवादों पर दृष्टिपात करें तो उनमें आत्मीयता और संवेदनशीलता दिखती है। फिर आखिर ऐसा क्या हो जाता है कि तुलसी के जीवन की दिशा अचानक बदल जाती है? यहाँ तुलसी और रत्नावली का पारस्परिक वार्तालाप विचारणीय है, जिसमें स्त्री-पुरुष के सहज आकर्षण, गृहस्थी की चिन्ता, मानव मनोविज्ञान एवं दार्शनिकता का पुट मिलता है। रत्नावली के इस प्रश्न में स्त्री की सहजता और बौद्धिकता दोनों समाहित हैं कि 'ऐसे घूरकर क्यों देख रहे हो मुझे? इन पाँच दिनों में क्या कोई विशेष परिवर्तन आ गया मुझमें?...सुन्दरता मेरे रूप में है या तुम्हारे लोभ में?' बताते चलें कि इस उपन्यास की रत्नावली कोई अनपढ़-गँवार स्त्री नहीं है। उसके व्यक्तित्व में तार्किकता, साहस और आत्मसम्मान है। कभी-कभी रूप का गर्व भी झलक उठता है। तुलसी के साथ उसका वार्तालाप लगभग समान बौद्धिक धरातल पर चलता है। तुलसी उसके प्रश्न का उत्तर देते हुए थोड़े दार्शनिक हो जाते हैं और प्रतिप्रश्न कर बैठते हैं कि 'तब रूप और लोभ में अन्तर ही क्या रह गया प्रिये?...यह दोनों ही अभिन्न-अविभाज्य हैं। रूप प्रेम है और लोभ उसे पाने का मार्ग।' प्रेम और लोभ को अभिन्न बताने वाले तुलसी से रत्नावली का

प्रश्न अपेक्षाकृत अधिक ठोस एवं मारक है। उसका कहना है कि ''मनुष्य का रूप, प्रकृति की शोभा सब नश्वर है। फिर ऐसे आधार पर स्वयं को टिकाने से लाभ ही क्या जो विश्वास का ठोसपन न लिये हुए हो ?...तो उन्हीं के प्रति अपना लोभ बढ़ाओ। मुझे घूर-घूरकर क्यों सताते हो ?'' वस्तुत: रत्नावली तुलसी को सम्पूर्णता में पाना चाहती है, जबकि तुलसी स्वयं को राम और रत्नावली के बीच बाँटकर प्रस्तुत होते हैं। रत्नावली की इच्छा में अधिकार भाव और तार्किकता है, जबकि तुलसी में भावों की प्रधानता। वे भावुक व्यक्ति हैं। भावमग्न तुलसी अपनी सोने-सी गृहस्थी से सन्तुष्ट हैं। इसलिए कहते हैं कि ''अब तो बाहर-भीतर कहीं जाता हूँ तो तुम्हारे बिना मेरा मन उचट-उचट जाता है। तुम दोनों को छोड़कर मैं अब जीवित नहीं रह सकता।'' किन्तु रत्नावली उनके विभाजित व्यक्तित्व से असन्तुष्ट दिखायी देती है। वह प्रश्न करती है कि ''इतनी भक्ति और वैराग्य की बातें करते हो और थोड़े दिनों के लिए मेरे बिना संयम से नहीं रह सकते ?'' रत्नावली मुखर स्वभाव की स्त्री है। उसमें आत्मस्वीकृति का साहस भी है : ''मेरा अहंकार ही मुझे निर्बुद्ध बनाता था। बचपन में मैंने अपने बप्पा के क्रोध, प्यार और रीझ-भरे क्षणों में अनेक अवसरों पर सुना कि यदि मैं लड़का होती तो इस घर की गद्दी कभी सूनी नहीं होती।...पुरुष होती तो अपने पिता को बुढ़ापे में यों अनाथ छोड़कर तो न आना पड़ता।'' इस वक्तव्य पर विचार करें तो हमें यहाँ एक आधुनिक स्त्री की सोच स्पष्ट प्रतिबिम्बित होती है। इसमें बेटियों को बेटों से हीन समझे जाने तथा लिंग के आधार पर भेदभाव किये जाने के प्रति विरोध की अनुगूँज सुनायी पड़ती है। इससे रत्नावली के मन में जो हीनभावना, कुण्ठा और चिढ़ जन्म लेती है, वही तुलसी के प्रति कटूक्ति के रूप में अभिव्यक्त हुई है जो प्रकारान्तर से पुरुष जाति की सामूहिक मनोवृत्ति का प्रतिकार है। नागरजी ने इस स्थल को जिस प्रकार से वर्णित किया है, उससे उनकी स्त्री-मन की गहरी समझ का पता चलता है। वे पात्रों के मनोविज्ञान को भलीभाँति जान-समझकर उनसे संवाद बुलवाते हैं। वाचक की भूमिका में उनका हस्तक्षेप अत्यन्त सीमित है। उन्होंने स्त्री पात्रों को सहानुभूतिपूर्वक उभारा है। वे आधुनिक भावबोध के लेखक हैं। रत्नावली इस उपन्यास की सर्वाधिक सचेत, अपने अधिकारों के प्रति जागरूक तथा उपन्यासकार के भावबोध को

व्यक्त करने वाली प्रतिनिधि स्त्री पात्र है। ऐसे में वह तुलसी की दोहरी निष्ठा को आखिर कैसे स्वीकार कर लेती ?

''जाया ही घर होती है,'' यह तुलसी कहते हैं। रत्नावली तुलसी को लालची भौंरा और कामी पुरुष कहती है : ''स्त्री और पुरुष में यही तो अन्तर होता है। नारी भले ही कामवश माता क्यों न बने, किन्तु माता बनकर वह एक जगह निष्काम भी हो जाती है। और पुरुष पिता बनकर भी दायित्वबोध भली प्रकार से अनुभव नहीं करता। सच पूछो तो वह किसी के प्रति अपना दायित्व अनुभव नहीं करता। वह निरे चाम का लोभी है, जीव में रमे राम का नहीं।'' रत्नावली की ये बातें उस तुलसी के हृदय में चुभ जाती हैं जिसने अभी थोड़ी देर पहले यह कहा था कि ''रत्नावली के बिना अब तुलसीदास अपनी कल्पना ही नहीं कर सकता।'' एक व्यक्ति के रूप में क्या तुलसी को ऐसा नहीं लगा होगा कि जिस रत्नावली से प्रेम का वे इतना दावा करते हैं, वह उनके प्रेम को यथोचित महत्त्व नहीं देती ? यह भी हो सकता है कि रत्नावली की बातों से उनका पुरुषत्व आहत हुआ हो। ऐसे में तुलसी को रत्नावली की वाणी स्वयं सरस्वती के मुख से निःसृत ज्ञान जैसी प्रतीत होती है और तब वे उसके इस तर्क को अस्वीकार कर देते हैं कि 'काम तो स्त्री-पुरुषों के बीच में प्रेम बढ़ाने का बहाना मात्र होता है।' यह कहना भी असंगत नहीं होगा कि नागरजी ने तुलसी-रत्नावली के इस संवाद के माध्यम से स्वातंत्र्योत्तर भारतीय समाज में स्त्री-पुरुष सम्बन्धों में हो रहे बदलाव का संकेत किया है, लेकिन इसके साथ यह भी उल्लेखनीय है कि यहाँ तुलसी अपने गृह-त्याग के लिए रत्नावली पर कोई आरोप नहीं लगाते, जैसा कि आधुनिक स्त्री-पुरुष सम्बन्धों में प्रायः देखने को मिलता है। उपन्यास का यह अंश स्त्री-मनोविज्ञान की दृष्टि से भी विचारणीय है। यह भी तो हो सकता है कि राम के प्रति प्रेम-भक्ति का राग अलापते रहने के कारण रत्नावली ने अपने पति तुलसी की ओर से उपेक्षा एवं दायित्वहीनता का अनुभव किया हो। कोई भी स्त्री अपने पति से किसी अन्य के प्रति आत्यन्तिक लगाव अथवा प्रशंसा को सहजता से स्वीकार नहीं कर सकती, चाहे वह ईश्वर ही क्यों न हो ? इसे वह अपनी उपेक्षा, अपमान तथा पति के प्रेम में अनावश्यक हस्तक्षेप के रूप में देखती है। पुरुष की भाँति स्त्री भी पति पर

एकाधिकार चाहती है, उससे समर्पण की माँग करती है। इसे अनुचित भी नहीं कहा जा सकता। राम की भक्ति अथवा उनके ध्यान में डूबे रहना तुलसी की अपनी समस्या है, रत्नावली की नहीं। उसे तो पति की सुरक्षा, समर्पण, सान्निध्य और प्रेम चाहिए, जिसे परस्पर-विरोधी निष्ठाओं में बँधे तुलसी उपलब्ध नहीं करा पाते। तुलसी के व्यक्तित्व का अन्तर्विरोध यह है कि वे एक ओर रत्नावली के बिना जीवन की कल्पना नहीं करते, दूसरी ओर राम की कृपा पाने के लिए छटपटाते और भटकते रहते हैं। यह स्थिति किसी स्त्री के लिए सहज स्वीकार्य नहीं हो सकती। रत्नावली जब तुलसी को ताना मारती है, तो उसकी भाव-भंगिमा में स्त्री-सुलभ चेष्टाएँ परिलक्षित होती हैं। ताना मारने के बाद वह तुलसी के आहत मन को सहलाने का यत्न भी करती है, किन्तु राम और रत्नावली के बीच हिचकोले खाते तुलसी इसे अपने लिए मुक्ति के अलभ्य अवसर के रूप में देखते हैं, तभी तो रत्नावली उन्हें रमणी के स्थान पर साक्षात् सरस्वती प्रतीत होती है। इस मोड़ पर वे पति के दायित्व से स्वयं को मुक्त कर लेना चाहते हैं। कहना न होगा कि यहाँ तुलसी ने भी उस चतुराई और निर्मोहीपन का परिचय दिया है, जिसका आरोप प्राय: पुरुष जाति पर लगाया जाता रहा है।

मानस का हंस के तुलसीदास हठी हैं। राम और रमणी का द्वन्द्व तो उन्हें लगातार मथता रहा, लेकिन रत्नावली का ताना उनके हठ को उद्दीप्त कर देता है। 'तुलसी ने ठानी सो ठानी।...चोर की तरह चुपके से द्वार खोला, फिर उसे धीरे से खींचकर बन्द किया। और अब एक मुक्त संसार तुलसीदास के सामने था।...अब वे राम के सिवा और कुछ नहीं चाहते हैं। धन-वैभव, पत्नी-पुत्र, मित्र, नाते-गोतिये उन्हें किसी से भी सरोकार नहीं रहा।' उन्होंने 'अब लौं नसानी अब न नसैहों' के संकल्प के साथ गृहस्थ जीवन से संन्यास ले लिया। यहाँ 'चोर' और 'चुपके' शब्दों का प्रयोग साभिप्राय है। इस उपन्यास में नागरजी ने तुलसी के मनोविज्ञान की भी जाँच-पड़ताल की है। वे यह देख सके हैं कि संन्यास धारण कर लेने के बाद भी तुलसी के भीतरी कोने में रत्नावली के लिए जगह हमेशा बनी रही। उनमें अपराधबोध भी दिखता है। वे कहते भी हैं कि 'मैंने कहीं-न-कहीं उसके प्रति अन्याय अवश्य किया है। उसके अन्तकाल में भले ही मैंने उसको पूर्ण सन्तोष देने की चेष्टा की, परन्तु क्या वहीं मेरे कर्तव्य

की इतिश्री हो जाती है? रत्ना की कठिन तपस्या की कसक मिट जाती यदि मैं उसके अन्तकाल से कुछ अधिक पहले पहुँच जाता।...आज भी सोचता हूँ कि मैंने जीवन में एक महत् अपराध किया है। किन्तु उस समय ऐसा करने के लिए मैं विवश था।' क्षोभ, आत्मग्लानि और विवशता का यह द्वन्द्व बहुस्तरीय है। इसमें गृहस्थ और भक्त का द्वन्द्व भी शामिल है। पत्नी और बेटे से पृथक् तुलसी संसार में बिलकुल अकेले और निरीह हो जाते हैं। उनको 'अपने ऊपर दया आयी। उन्हें लगा कि बचपन से लेकर अब तक केवल कष्ट ही कष्ट सहा है। जेठ की चिलचिलाती धूप-सा उनका दुर्भाग्य उन्हें तपाता ही रहा है।...अपने हाथों से अपने पैर दबाते हुए तुलसीदास की आँखों में आँसू आ गये।' यह वेदना की चरम स्थिति है, जिससे उन्हें अकेले ही पार पाना है। *मानस का हंस* में नागरजी ने हाशिये पर पड़े जनसमुदाय के प्रति सभ्य समाज की संकुचित एवं मिथ्या अवधारणाओं का प्रतिवाद करने के लिए एक प्रसंग रचा है। इसमें उन्होंने जिस आदिम जाति की युवती रामकली को अचेत एवं घायल तुलसी की सेवा में प्रस्तुत किया है, उसके अन्तर्मन की करुणा एवं सदाशयता की चर्चा करना आवश्यक है। नागरजी ने लिखा है कि उसके 'गदराये शरीर का स्पर्श' तुलसी को 'विराग की चेतना के साथ भी बुरा न लगा।' यह आसक्ति एवं वैराग्य के अन्तर्विरोध के सिवाय और क्या है? एक दूसरा धरातल है मानवीय संवेदना का, जब रामकली तुलसी से अपनी झोपड़ी में चलने का आग्रह करती है। वे संकोच करते हैं तो कहती है कि 'नहीं चलते तो न सही, पर मुझे माई क्यों कहते हो?...न माई, न बहिनी, हम हैं रामकली।' उस अपढ़ आदिवासी युवती को भी अपने लिए 'माई' सम्बोधन अटपटा लगता है। आखिर क्यों? क्या माई सम्बोधन उसके यौवन का अपमान करता है? एक युवा स्त्री के मनोभावों की दृष्टि से रामकली की आपत्ति सर्वथा उचित है। उसमें भी अपने यौवन का शृंगार करने तथा उसका उत्सव मनाने की नैसर्गिक इच्छा रही होगी, इसे स्वीकार करना पड़ेगा। साथ ही वह जिस आत्मीयता से तुलसी की सेवा-सुश्रुषा करती है, उसमें सभ्य समाज जैसा दम्भ, पाखण्ड और उपेक्षा का भाव नहीं दिखता। रामकली का आचरण पूरी तरह मानवोचित है। तुलसी को अकारण नहीं लगता कि 'ज्वर के आवेश में मैली-कुचैली कृष्णसुन्दरी रामकली की खिलखिलाहट

ने मानो आस्था की चाँदनी बिछा दी।' मानसकार के रूप में यह अनुभूति तब उनके काम आती है, जब वे शबरी जैसे पात्र की रचना करते हैं। रामकली रचना के जनतन्त्र में हाशिये की सशक्त उपस्थिति है। कहना न होगा कि इस उपन्यास में अमृतलाल नागर कहीं-न-कहीं तुलसी की सर्जनात्मक संवेदना से प्रभावित हुए जान पड़ते हैं।

अमृतलाल नागर ने इस उपन्यास में तुलसीदास के व्यक्तित्व के विभिन्न आयामों को उद्घाटित करना चाहा है। वे कभी तुलसी के भीतर झाँकते हैं, तो कभी बाहर। नागरजी देखते हैं कि तुलसी एक ओर अपने आप से लड़ते हैं, तो दूसरी ओर समाज से। नैतिकता का पतन होते देख उनका अन्त:करण क्षोभ से भर उठता है। इस प्रकार आराध्य और समाज दोनों ही उनकी चिन्ता के केन्द्र में दिखते हैं। विरक्त तुलसी के मन:प्रदेश में रत्नावली बरबस बीच-बीच में झाँक जाती है। 'तुलसी चाहते थे कि उन्हें हिरते-फिरते रत्नावली की सूरत देखने का मौका मिल जाये, पर रत्नावली ने सतर्कतापूर्वक अपने-आपको उनकी दृष्टि से बचाया।' रत्नावली से बेटे तारापति की मृत्यु का समाचार सुनकर उनकी आँखों के आगे अँधेरा छा जाता है। 'मन में ऐसा आभास हुआ कि जैसे उनके भीतर रमी हुई लय बिखर रही हो और कलेजे में छुरा भुँकता चला जा रहा हो।' यह एक गृहस्थ की मनोदशा है, संन्यासी की नहीं। तुलसी ने भले ही संन्यास ले लिया हो, लेकिन उनके भीतर का मनुष्य उनको आन्दोलित किये रहता है। अपने अंश की मृत्यु को सहन नहीं कर पाते। उनका स्वर लड़खड़ा जाता है। साधना प्रकम्पित हो उठती है। मन की करुणा, कराहता कलेजा और आँखों के आँसू तुलसी की परीक्षा लेने के लिए सन्नद्ध लगते हैं। इस क्षण विशेष में तुलसी टूटते हैं। वे 'अपने कलेजे में तूफ़ान छिपाये पत्थर-से खड़े रहे।' वे अपने राम से इस संसार की विडम्बनाओं को लेकर कुछ प्रश्न भी करते हैं। उनका संकट यह है कि वे आराध्य राम के शील, संकोच एवं नैतिकता से दूर भी नहीं जा सकते। इस उपन्यास में विरक्त तुलसी से रत्नावली की याचना का प्रसंग अत्यन्त मार्मिक है। वह कहती है : 'दु:ख में उचित-अनुचित का ध्यान नहीं रह जाता। सहारा माँगने आयी हूँ।...मैं तुम्हारे हृदय में रमते हुए राम से सहारा लेने आयी हूँ।...मेरा मुन्ना नहीं रहा, उसमें तुम्हें देख लेती थी, अब किसके सहारे जिऊँ?...मुझे केवल

अपने पास रहने दो। तुम निकट से अपने राम को निहारा करना, और मैं दूर से तुम्हें देखा करूँगी।...मुझे न त्यागो स्वामी। मुझे न त्यागो।'...रत्नावली तब तक तेज़ी से आगे बढ़कर उनके पैरों में गिर चुकी थी। तुलसीदास ने अपने पैरों पर रत्नावली की उँगलियों का स्पर्श अनुभव किया। उस स्पर्श में इतनी तृप्ति थी कि पल-भर के लिए राम बिसर गये।...परदा दर परदा मन में यह इच्छा भी होने लगी कि एक बार उन्हें फिर देखें, बातें करें। तुलसी और रत्नावली दोनों अपनी-अपनी मर्यादा से बँधे हैं। इनमें से कोई भी एक-दूसरे की मर्यादा को भंग करना नहीं चाहता। तुलसी काम-विकार, ऊहापोह और मोह से उबरने का प्रयत्न करते हैं। उनमें रत्नावली के प्रति किये अन्याय की अनुभूति है। फिर भी रत्नावली को लोकधर्म के निर्वाह का उपदेश देते हैं, क्योंकि उनकी दृष्टि में लोक के लिए कठिन त्याग आवश्यक होता है। जब तुलसी रत्नावली की याचना को पूर्णतया अस्वीकार कर देते हैं, तो निराश होकर वह कहती है कि 'मेरी मृत्यु से पहले एक बार मुझे अपना श्रीमुख दिखलाने की कृपा करें।' तुलसी वचन देते हैं और उसे पूरा भी करते हैं, लेकिन इससे रत्नावली का दुःख कम तो नहीं हो जाता। रत्नावली का करुण क्रन्दन स्त्री की सामाजिक स्थिति को भी दर्शाता है। तुलसी के आत्मीय राजा यूँ ही नहीं कहते कि 'इस कलिकाल में ऐसा कठिन जोग साधनेवाली जोगिन मैंने नहीं देखी।' ऐसे में यह उपन्यास रत्नावली की त्याग-तपस्या को तुलसी से कम करके नहीं आँकता। इसके लिए नागरजी प्रशंसा के पात्र हैं। नैतिकता, मर्यादा और आचरण की शुद्धता के प्रसंग में तुलसी कठोर हैं। पुरुष अथवा स्त्री कोई भी हो, उनकी नैतिकता का डण्डा सब पर समान रूप से चलता है। इस उपन्यास में तुलसी बताते हैं कि 'व्यभिचारिणी स्त्रियों के लिए मेरे मन में ऐसी घृणा बैठ गयी कि पूछो मत। कभी-कभी तो ऐसा लगता था कि मैं प्रतिक्रियावश स्त्री जाति से ही घृणा करने लगा हूँ, पर वस्तुतः ऐसा नहीं था।' तुलसी ने स्त्रियों की जो निन्दा की है, वह छबीली मालिन और गेंदिया दाई जैसी स्त्रियों को ध्यान में रखकर की है। उनकी इस धारणा को समूची स्त्री जाति पर लागू नहीं किया जा सकता। वैसे भी तुलसी ने कैकेयी, मन्थरा और शूर्पनखा के अलावा अन्य किसी स्त्री पात्र का नकारात्मक चित्र प्रस्तुत नहीं किया है, यहाँ तक कि मन्दोदरी और सुलोचना

जैसी राक्षस कुल की स्त्रियों के प्रति भी नहीं। उन्होंने इन चरित्रों को भी गरिमा एवं सहानुभूति प्रदान की है।

मानस का हंस के वृत्तान्त में अयोध्या के जन्मभूमि मन्दिर को तोड़कर बाबर द्वारा मस्जिद बनाने का उल्लेख है। इस प्रसंग का भी अपना महत्त्व है। यद्यपि इस उपन्यास की रचना बाबरी मस्जिद विध्वंस से कई दशक पूर्व हुई थी, फिर भी उपन्यास में आये इस प्रसंग से यह मालूम होता है कि अयोध्या का यह मन्दिर–मस्जिद विवाद काफ़ी पुराना है। इस उपन्यास के तुलसी भी भावी संघर्ष को लेकर चिन्ता व्यक्त करते हैं : 'तुलसीदास के कानों में आगामी रामनवमी के दिन होनेवाले संघर्ष की बातें पड़ने लगीं। उस दिन अयोध्या में बड़ा बखेड़ा होगा। ऐसा लगता था कि अबकी या तो रामजी की अयोध्या में उनकी भक्त जनता ही रहेगी या फिर बाबर की बनायी मस्जिद ही।' यहाँ तुलसी ने बाबरी मस्जिद को लेकर जो आशंका व्यक्त की है, वह 6 दिसम्बर सन् 1992 को घटित हो गयी। इससे आधुनिक समाज में व्याप्त साम्प्रदायिक चेतना का पता चलता है। खण्डहरों, टीलों और खण्डित मूर्तियों से भरी अयोध्या का उल्लेख करके उपन्यासकार ने सामाजिक विभाजन का संकेत किया है, जिसकी जड़ें सुदूर अतीत से जुड़ी हुई हैं। उपन्यास में कुछ प्रसंग ऐसे भी हैं जिनसे तुलसी की विकलता, खीझ और हीनभावना की जानकारी मिलती है। भावुकता से परिपूर्ण तुलसी को महन्त की डाँट तथा ईर्ष्यालु साधुओं की निन्दा एवं झिड़कियाँ सुननी पड़ती हैं। विलासिता की वस्तुओं से भरे कमरे में बैठा महन्त तुलसी से कहता है कि 'जब इस भक्तिन की बात मैं मानता हूँ तो तू कानी कौड़ी का मनई भला कैसे नहीं मानेगा।' इसी महन्त से अनैतिक सम्बन्ध रखने वाली कथित भक्तिन छबीली मालिन से मुक्तानन्द अपनी चेली का सान्निध्य पाने के लिए सहायता चाहता है: ''अरे मरद रहेगा, तभी तो वह उसे धोखा देकर हमारे साथ प्रेम निबाहेगी, और जो वह मर गया तो फिर जग में मेरा पाप उजागर होने से बच न पाएगा।'' तुलसी प्रतिकार करते हैं। उनका सात्विक आक्रोश लम्पटों, कुचालियों और व्यभिचारियों की सत्ता को चुनौती देता है। वे निर्भय बने रहते हैं, उस 'पुण्यात्मा का स्वाभिमान पापियों के दम्भ के आगे झुक न पाया।' उन्हें माँग कर खाना और मस्जिद में सोना तो स्वीकार है, किन्तु पाखण्डियों के आगे समर्पण करना स्वीकार नहीं। नागरजी

ने उपन्यास में काल के इस यथार्थ का करुण चित्रण किया है। स्त्रियों के क्रय-विक्रय में शासन-प्रशासन-दलाल सबकी बराबर की भागीदारी है।'जब राजा ही लुटेरा हुइ जाय तब परजा का भला कहीं ठिकाना लग सकता है।' सण्ड-मुसण्ड वैरागी काशी के धार्मिक वातावरण को दूषित कर देते हैं। कुचाली गोस्वामी मिलकर धोखे से टोडर की हत्या करवा देते हैं। यह उपन्यास धर्म के ठेकेदारों के चरित्र और धार्मिक स्थलों की वास्तविकता को उजागर करता है। परिदृश्य भयावह है। इसे देखकर बाबा तुलसी के चेहरे पर और स्वर में गम्भीर उदासी छा जाती है, लेकिन परपीड़ा की सघन अनुभूति उन्हें चुप नहीं बैठने देती। तुलसी का भावुक मन दुर्बलों की चीत्कारों और अकाल में मरते लोगों की दशा को देखकर करुणा से भर उठता है। उनकी आँखों से आँसू झरने लगते हैं। वे दरिद्रता को साक्षात् दशानन के रूप में देखते हैं। रूढ़िवादियों की दृष्टि में दुर्भिक्ष का कारण रुद्र बीसी का प्रभाव है, जबकि तुलसीदास को लगता है कि 'इन अकालों का कारण इन्द्र का कोप नहीं था, बल्कि राज-समाज की ऐश्वर्य-लिप्सा थी। क्या हिन्दू राजे-महाराजे, क्या मुगल-पठान, सभी बड़े पाप-परायण हैं। उनकी चेतना से धर्म शब्द का ही लोप हो गया था।' बाजार में मन्दी छायी है और झूरन साहू कर्ज़ के ब्याज में गरीबों की इज़्ज़त ही लूटता है। इस प्रसंग में हमारा नागरजी की प्रभावपूर्ण वर्णन-शैली से परिचय होता है। लिखते हैं कि 'काशी की अँधेरी गलियों दर गलियों का जाल अपने कुतरे जाने की आशंका से सहसा चौकन्ना हो उठा था और उसे कुतरने वाले थे चूहे। घरों, खण्डहरों और मैदानों के अँधेरे बिलों से रेंगते-लड़खड़ाते चूहे निकलते, दो-चार डग भरते और मर जाते थे। बिल्लियाँ तक अब उन्हें बिलों से बाहर देखकर नहीं झपटती थीं।' तुलसी के सामने ताऊन की महामारी से मरते लोगों के शवों की सद्गति की समस्या उठ खड़ी होती है। युवाओं को एकत्र करके वे इस विपत्ति का सामना करते हैं। तुलसी ने आस्था के प्रश्न को सिर्फ़ ईश्वर की भक्ति तक सीमित नहीं रखा, बल्कि उसको व्यापक मानवीय मूल्यों के सन्दर्भ में प्रस्तुत किया। 'आस्थाहीन मनुष्य का जीवन ही उसका असह्य बोझ बन जाता है।...मानसिक यन्त्रणाओं से जड़ीभूत पागलों को होश में लाने वाला यह आस्था का महायज्ञ रचने में तुलसीदास स्वयं अपना आपा खोकर रमे हुए थे।' तुलसी की दृष्टि में श्रद्धा-विश्वास का महत्त्व संजीवनी

बूटी जैसा होता है। उससे जनता को जीवनी शक्ति मिलती है। यह है तुलसी के सामाजिक सरोकार का स्वरूप।

मध्यकाल के तुलसी जैसे साधु-सन्त अपने नैतिक बल से सत्ता-केन्द्रों के लिए चुनौती बने रहे। तुलसी ने भी मनसबदारी के प्रस्ताव को ठुकराकर ईश्वर की सत्ता को सर्वोपरि बनाये रखा। अपने जीवन में भी उन्होंने साधारणता का ही आचरण किया। वे अपने मित्र टोडर से कहते भी हैं कि 'कृपा करके आप मुझे महात्मा न कहें।' कथा बाँचना तुलसी की आजीविका का माध्यम था, जीवन का लक्ष्य नहीं। उनके विचार से 'विरक्त के हेतु भी आज के समय में स्वाभिमान से जीने के लिए यह आवश्यक है कि वह अपनी जीविका अवश्य कमाये। कबीर साहेब अपने चरखे-करघे से बँधे थे, इसलिए उनकी वाणी मुक्त थी।' इस कथन में स्वाभिमान के साथ जीने तथा स्वतन्त्र विचारों की अभिव्यक्ति के लिए परोपजीविता और राजसत्ता की छाया से दूर रहने पर ज़ोर है। इसके अलावा कथा बाँचने का दूसरा उद्देश्य टूटे हुए स्त्री-पुरुषों की अनास्था को दूर करते हुए उनके जीवन में रस का संचार करना रहा है। कथा के माध्यम से तुलसी अपने जनसरोकार की अभिव्यक्ति करते हैं, साथ ही भीतर कहीं अभिजात वर्ग से प्रतिष्ठा पाने की इच्छा भी रहती है। यह द्वैत तुलसी के व्यक्तित्व का हिस्सा है। उन्हें ईर्ष्या-द्वेष-दम्भादि वृत्तियों से निरन्तर संघर्ष करना पड़ता है। जीवन के सान्ध्य काल में शारीरिक पीड़ा से विकल तुलसी की दशा का चित्रण करते हुए उपन्यासकार ने लिखा है कि 'गोस्वामी तुलसीदास जी रोग-शैया पर पड़े हैं। उनके सारे शरीर में फुंसियाँ ही फुंसियाँ निकल आयी हैं। मवाद की कीलें-सी पड़ जाती हैं। शरीर-भर से निकलती हैं। आज चार दिन हो गये, न रातों को नींद आती है और न दिन को चैन पड़ता है। बीच-बीच में मूर्च्छित हो जाते हैं।' वे तब भी कहते हैं कि 'सुख से दु:ख भला जो राम को याद कराता रहता है।' जब स्वप्न में उनकी पत्रिका पर राम की सही हो जाती है तो वे आश्वस्त होते हैं और *विनय पत्रिका* का अन्तिम छन्द गाते हुए हिचकी के साथ उनका प्राणान्त हो जाता है। उपन्यास का अन्तिम अंश इस प्रकार है : 'गले की घरघराहट में भी मानो राम शब्द ही गूँज रहा था। आँखें एकाएक खुल गयीं, सबके चेहरों को देखा, दीवार पर अंकित हनुमान और सियाराम के चित्रों की ओर देखा। देखते

ही रहे...देखते ही रह गये। बाहर ऐसी बिजली चमकी कि उसकी कौंध भीतर तक आ पहुँची। पानी ज़ोर से बरस रहा था। सबकी आँखें भी वैसी ही बरस रही थीं।' आँख और पानी बरसने के बीच साम्य प्रस्तुत करना वस्तुत: तुलसी की लोक-सम्पृक्ति, महानायकत्व तथा उनकी जन स्वीकृति का संकेत है।

मानस का हंस में तुलसी ने भक्ति और कवि-कर्म के सन्दर्भ में आदिकवि वाल्मीकि, कबीरदास, मलिक मुहम्मद जायसी, सूरदास और मीराबाई के योगदान को सादर याद किया है। वे इन पुरखों के प्रति कृतज्ञता व्यक्त करते हैं। कबीर के बारे में तुलसी का कहना है कि 'मैं महात्मा कबीरदास जी को उच्चतम आत्माओं में से एक मानता हूँ।...कबीर ने रामरूपी आस्था को निर्गुण बखानकर लोकमानस को पोढ़ा बनाया।...मैं निर्गुण का विरोध कभी नहीं करता।' यह है तुलसी का समन्वयवादी आस्तिक दृष्टिकोण, जिसमें अन्य की भी समायी है। वाल्मीकि के हृदय में क्रौंच-वध को देखकर जो करुणा आप्लावित हुई थी, भवभूति ने जिसे काव्य का प्रधान गुण माना है; वही करुणा नागरजी के कथानायक तुलसी को भी प्रेय है। उन्होंने दीन-दुर्बल एवं रोगियों की वेदना का अनुभव किया। टूटे हुए समाज की पीड़ा को जिस प्रकार स्वयं की संलग्नता से दूर करने का प्रयास किया, वह वस्तुत: राम की सेवा ही है। उनका जनभाषा में कविता लिखना वृहत्तर समाज से जुड़ने की उत्कट लालसा का परिणाम है। इस प्रकार तुलसी ने राम की सेवा और सामाजिक दायित्वबोध में अभिन्नता स्थापित करते हुए भक्ति का जो उदात्त रूप हमारे सामने रखा, उसे अमृतलाल नागर ने *मानस का हंस* में अपनी सर्जनात्मक सामर्थ्य से जीवन्त कर दिया है। इस उपन्यास में अमृतलाल नागर ने अतीत-वर्तमान, कल्पना-यथार्थ, प्रेम-भक्ति, राग-द्वेष, आकर्षण-विकर्षण तथा मान-अपमान के बहुविध आयामों को छुआ है। वे मानवीय सम्बन्धों के निर्वाह और स्त्री की गरिमा की प्रतिष्ठा पर ज़ोर देते हैं। मानवीय मूल्यों और आत्मीय सम्बन्धों को वे परिवार एवं समाज के लिए आवश्यक मानते हैं। इसीलिए इस उपन्यास में उन्होंने रत्नावली, पार्वती, रामकली, नरहरिदास, मेघा भगत, राजा, टोडर, कवि कैलाशनाथ, बेनीमाधव, गंगाराम और रामू जैसे स्मरणीय पात्रों को रचा है। रामविलास शर्मा, देवीशंकर अवस्थी, राजेन्द्र यादव और मधुरेश ने अमृतलाल नागर की भाषा-शैली की

मुक्तकण्ठ से प्रशंसा की है। नागरजी के चित्रण की शैली इसलिए विशिष्ट है, क्योंकि उनकी शब्द-योजना, वाक्य-गठन और पदावली में कौतूहल के स्थान पर प्राथमिक अनुभवों की आत्मीयताभरी छाप मिलती है। उनके कथानकों का फलक विस्तृत और भाषा में सहजता है। इन विशेषताओं को हम *मानस का हंस* में व्यापक स्तर पर देख सकते हैं। नागरजी में परकाया प्रवेश की अद्भुत सामर्थ्य है। वे अपने पात्रों के मर्म में घुसकर उनके मनोभावों को पढ़ लेते हैं, वहाँ से बाहर निकालकर औपन्यासिक वृत्तान्त में उनकी सटीक अभिव्यक्ति करते हैं। तभी तो उनका लेखन हमें विस्मयकारी नहीं, परिचित एवं विश्वसनीय लगता है। इसका एक कारण यह भी है कि उन्होंने किसी विचारधारा को पात्रों की अभिव्यक्ति अथवा उनकी क्रियाओं पर आरोपित नहीं किया है। फिर भी उनके लेखन में प्रगतिशीलता के तत्त्व प्रचुरता के साथ विद्यमान हैं। *मानस का हंस* इसका जीता-जागता प्रमाण है।

स्त्री दृष्टि
रेणु व्यास[*]

हिन्दी जाति का लोकजागरण कहलाने वाला भक्ति आंदोलन बुद्ध के बाद और स्वाधीनता आन्दोलन से पूर्व भारत का सबसे बड़ा प्रगतिशील जनांदोलन था। भारत में किसी भी आंदोलन की प्रगतिशीलता का एक महत्त्वपूर्ण संकेतक उसका स्त्रियों और शूद्रों के प्रति रुख होता है। भक्ति आंदोलन में पूरे भारत में शूद्र और स्त्री संतों की प्रभावशाली भागीदारी से कमोबेश ऐसे संकेत दिखते हैं। निर्गुण ज्ञानमार्गी शाखा के कबीर आदि संतों ने वर्णाश्रम धर्म पर सबसे कठोर प्रहार किया और सगुण कृष्णभक्ति काव्यधारा के सूरदास आदि कवियों का रुख स्त्रियों के प्रति अपेक्षाकृत अधिक प्रगतिशील था। परन्तु भक्ति आंदोलन में सगुण रामभक्ति काव्यधारा के प्रतिनिधि कवि माने जाने वाले तुलसीदास को इस बारे में प्रश्नों का सामना सबसे अधिक करना पड़ा है। डॉ. रामविलास शर्मा अपने निबन्ध *भक्ति आन्दोलन और तुलसीदास* में भक्ति आन्दोलन में उनकी प्रगतिशील भूमिका को रेखांकित करते हुए उन्हें मानवीय करुणा के अन्यतम कवि कहते हैं क्योंकि राम दीनबन्धु हैं, वनवासी कोलकिरात उनके दर्शन से प्रसन्न होते हैं और शबरी, गीध ही नहीं 'आभीर जवन किरात स्वपचादि' सभी राम के स्मरण से मोक्ष-लाभ करते हैं। परन्तु तुलसी के जीवन और काव्य में ऐसे स्थल बड़े पैमाने पर मिलते हैं जब वे वर्णाश्रम धर्म के समर्थक एवं नारी-निन्दक नज़र आते हैं। तुलसीदास के जीवन पर आधारित उपन्यास रचते हुए अमृतलाल नागर के सामने तुलसी के चरित्र का यह विरोधाभास सबसे बड़ी चुनौती थी। उपन्यासकार ने न सिर्फ़ इस चुनौती को स्वीकार किया है, बल्कि आधुनिक

---

[*]राजस्थान विश्वविद्यालय में प्राध्यापक रेणु व्यास दिनकर साहित्य की विशेषज्ञ हैं। कथा आलोचना में भी हस्तक्षेप।

संदर्भों में तुलसीदास के चरित्र की प्रगतिशील रूप में पुनर्रचना भी की है।

रामचरितमानस में वर्णाश्रम धर्म की पोषक उक्तियों के होते हुए भी निषादराज और केवट को गले लगाने वाले, शबरी के जूठे बेर खाने वाले श्री राम का चरित्र और *कवितावली* का यह और इस जैसे अन्य छंद तुलसी को आक्षेप से बचा ले जाते हैं—

''*धूत कहौ, अवधूत कहौ, रजपूत कहौ, जोलहा कहौ कोऊ।*
काहू की बेटी सों बेटा न ब्याहब, काहू की जाति बिगार न सोऊ।।
तुलसी सरनाम गुलामु है रामको, जाको रुचै सो कहै कछु ओऊ।
माँगि कै खैबो, मसीतको सोइबो, लैबोको एकु न दैबेको दोऊ।।''

माता-पिता द्वारा त्यागे जाने के कारण अज्ञात कुलशील के रूप में तिरस्कार सहने के कारण तुलसी स्वयं अपनी रचनाओं में जाति की श्रेष्ठता के दंभ के विरुद्ध खड़े नज़र आते हैं। जुलाहे के पुत्र 'बकरीदी' को उपन्यास में तुलसी के बालसखा के रूप में चित्रित कर और अभावग्रस्त बचपन में पुत्तन महाराज जैसे ब्राह्मणों के तानों और मारपीट के शिकार, अब्राह्मण पार्वती अम्मा व नरहरिदास के सान्निध्य में पले 'रामबोला' के 'तुलसीदास' बनने की यात्रा में उनकी सनातनी रूढ़ छवि को जाति-धर्म के बारे में प्रगतिशील चरित्र देना उपन्यासकार के लिए कठिन नहीं था।

परन्तु ज्यादा बड़ी चुनौती अमृतलाल नागर के सामने दूसरे मोर्चे पर थी। जगज्जननी सीता मैया के प्रति असीम श्रद्धा के कारण सीता-त्याग का प्रसंग न लिखने के बावजूद, अग्नि को धरोहर के रूप में वास्तविक सीता सौंपने और सीता की छाया की अग्निपरीक्षा करवाने के तुलसी के काव्य-कौशल के होते हुए भी, पत्नी की अग्निपरीक्षा लेते श्री राम का चरित्र तुलसीदास के चरित्र को स्त्रियों के प्रति प्रगतिशील सिद्ध करने में बहुत सहायक नहीं है, विशेषकर तब जब स्वयं उस तुलसी के जीवन में अपनी पत्नी रत्नावली के त्याग का लोकप्रसिद्ध प्रसंग हो।

'ढोल, गँवार, शूद्र, पशु नारी। सकल ताड़ना के अधिकारी।।'

जैसी स्त्रीविरोधी उक्तियों को अगर किसी कथा-प्रसंग में किसी पात्र-विशेष के विचार माना जाए तो

'कतविधि सृजी नारि जग माँहीं। पराधीन सपनेहुँ सुख नाहीं।।'

जैसी स्त्री की पीड़ा दर्शाने वाली उक्तियों को क्यों नहीं ? तुलसी ही क्यों, भक्तिकाल के सबसे प्रगतिशील माने जाने वाले संत कबीर के यहाँ भी तो नारी-निन्दक उक्तियों की भरमार है। यानी स्त्रियों को लेकर मध्यकाल के इन संतों के मन में कहीं-न-कहीं कोई ग्रंथि अवश्य है। इस ग्रंथि को अमृतलाल नागर ने इस उपन्यास में सुलझाने का सफल प्रयास किया है।

मानस का हंस में नागर जी ने तुलसीदास के जीवन को भूख, भय, और काम से राम के द्वंद्व के रूप में चित्रित किया है। बालक रामबोला का पहला संघर्ष भूख से हुआ। 'आगि बड़वागि से बड़ी है आगि पेट की' तभी वे कह पाए। माता-पिता द्वारा परित्याग, द्वार-द्वार भीख माँगने वाले बचपन को तुलसीदास ने विनयपूर्वक अपनी रचनाओं में स्थान दिया है —

> *"जायो कुल मंगन बधावनो बजायो, सुनि*
> *भयो   परितापु   पापु   जननी-जनक   को।*
> *बारेते   ललात-बिललात   द्वार-द्वार   दीन,*
> *जानत हो चारि फल चारि ही चनकको।।"*

उपन्यास में पार्वती अम्मा और बाबा नरहरिदास के सहयोग तथा राम की कृपा से भीख माँगते, बन्दरों से चने छीनकर खाते रामबोला ने भूख पर विजय पायी। अँधियारी रात में अकेले श्मशान जाने की चुनौती स्वीकार कर भय से लड़ते हुए 'हनुमान चालीसा' की रचना हुई और तुलसी का कवि रूप सामने आया। भूख और भय राम के सामने हार गए। भूख और भय की जैविक वृत्तियों से लड़ते हुए तुलसीदास के चरित्र में दीनता तो है पर अपराधबोध नहीं। इसके विपरीत, अपनी कामवृत्ति से लड़ते हुए हमारे सन्त प्राय: उस वृत्ति के आलम्बन स्त्री के बहिष्कार में अपनी सुरक्षा ढूँढ़ लेते हैं और उनके सम्भावित पतन की सारी दुष्प्रेरणा का दोष भी किसी स्त्री के हिस्से में ही आता है। 'माया महाठगिनी हम जानी' मोक्ष के रास्ते की हर बाधा को स्त्री-रूप देना इसी प्रवृत्ति का परिचायक है। यह तो संघर्ष से पलायन हुआ, उस जैविक वृत्ति पर विजय नहीं। तुलसीदास चाहे सीता-परित्याग का प्रसंग 'मानस' से गायब कर दें पर नागर जी को यह सुविधा नहीं थी कि वे तुलसी द्वारा गृह-त्याग अर्थात् रत्नावली

के परित्याग को कथा से गायब कर सकें या आज के समय में उसे न्यायसंगत सिद्ध कर सकें। अपने जीवन में बचपन की दीनता और वृद्धावस्था की बाहु-पीड़ा के बारे में रचनाओं में लिखने वाले तुलसी जीवन की दिशा-निर्धारक पत्नी-परित्याग की घटना के बारे में मौन हैं। राम को पाने में बाधक होने से अपनी कामवृत्ति के प्रति तो अपराधभावना तुलसी के रचनाकर्म में है, परन्तु कहीं भी निरपराध पत्नी को असहाय छोड़ आने के प्रति पछतावा नज़र नहीं आता। बल्कि इसके विपरीत भाव अवश्य मिल जाते हैं—

"सुत-बनितादि जानि स्वारथरत, न करु नेह सबही ते।
अंतहु तोहि तजैंगे पामर! तू न तजै अबही ते।।"

स्वार्थी तुलसी हुए या रत्नावली? तारापति और रत्नावली को निरवलम्ब छोड़ आए और छोड़ने का दोष भी सुत-बनितादि पर ही! संतत्व और स्त्री के साथ में कोई स्वाभाविक विरोध भी अमृतलाल नागर आधुनिक युग में रचे उपन्यास में नहीं दिखा सकते थे, क्योंकि उनके सामने रामकृष्ण परमहंस और महात्मा गाँधी के उदाहरण मौजूद थे जिन्होंने अपनी पत्नी को त्यागे बिना अपनी वृत्तियों को उदात्त बनाया। तुलसीदास के चरित्र में नागर जी ने इन दो महात्माओं की कई विशेषताओं को सम्मिलित भी किया है। परन्तु तुलसीदास को नायक बनाकर आधुनिक युग में उपन्यास लिखते हुए उनकी स्त्री-विषयक दृष्टि का शोधन और जीवन में पत्नी-परित्याग के प्रसंग के बावजूद उनके नायकत्व को अक्षुण्ण बनाए रखना तथा अपनी दृष्टि को स्त्री-विरोधी होने से बचाए रखना नागर जी के लिए तलवार की धार पर चलने जैसा दुष्कर कार्य था। तुलसीदास के ज्ञात चरित्र की इस कमी का शोधन नागर जी ने अपने उपन्यास के चरित्र में करने का प्रयास किया है। अत: नागर जी का पूरा उपन्यास तुलसी द्वारा रत्नावली के प्रति किए अन्याय के प्रायश्चित की कथा है। इस उपन्यास में तुलसीदास के चरित्र की सबसे बड़ी विशेषता रत्नावली के प्रति अपने व्यवहार के प्रति उसका अपराधबोध है।

'ढोल, गँवार...' को जड़ (मति) समुद्र द्वारा प्रसंग विशेष में कही गई उक्ति माना जा सकता है, पर ऐसी उक्तियाँ और भी कई जगह हैं। 'मानस' में ऋषि-पत्नी अनसूया पतिव्रत धर्म की पर्याय सीता को, जिसने महलों के सुख

छोड़ पति के साथ वन-वन भटकना स्वीकार किया, पातिव्रत्य का उपदेश देते हुए कहती हैं—

"धीरज धर्म मित्र अरु नारी। आपदकाल परिखिअहिं चारी।।
बृद्ध रोगबस जड़ धनहीना। अंध बधिर क्रोधी अति दीना।।
ऐसेहु पतिकर किएँ अपमाना। नारि पाव जमपुर दुख नाना।।
एकइ धर्म एक ब्रत नेमा। कायँ बचन मन पति पद प्रेमा।।"

एक स्त्री पात्र के मुख से दिलवाए गए इस अनावश्यक उपदेश की भाषा में ही पुरुषकेन्द्रित दृष्टि स्पष्ट दिखती है। आगे अनसूया सीता के प्रबोधन हेतु चार प्रकार की पतिव्रताओं का वर्णन करती हैं—

"जग पतिव्रता चारि बिधि अहहीं। बेद पुरान संत सब कहहीं।।
उत्तम के अस बस मन माहीं। सपनेहुँ आन पुरुष जग नाहीं।।
मध्यम परपति देखइ कैसे। भ्राता पिता पुत्र निज जैसे।।
धर्म बिचारि समुझि कुल रहई। सो निकृष्ट त्रिय श्रुति अस कहई।।
बिनु अवसर भयतें रह जोई। जानेहु अधम नारि जग सोई।।
पतिबंचक परपति रति करई। रौरव नरक कल्प सत परई।।"

उत्तम, मध्यम, निकृष्ट और अधम चार प्रकार की पतिव्रताओं के मुकाबले में 'पत्नीव्रत' की अवधारणा या उसकी कोटियाँ 'मानस' में या हमारे शास्त्रों में नज़र नहीं आतीं। पतिवंचका को तो रौरव नरक का विधान है, परन्तु उस परपति के लिए क्या दण्ड है, अनसूया जी नहीं बतातीं। आगे के सोरठे में नारी जाति को एक नारी के मुख से 'सहज अपावन' कहलाना शायद पितृसत्ता का बहुत पुराना और सुरक्षित नुस्खा है।

"सहज अपावनि नारि पति सेवत सुभ गति लहइ।
जसु गावत श्रुति चारि अजहुँ तुलसिका हरिहि प्रिय।।"

इन पंक्तियों को इस पात्र के विचार मानें, तुलसीदास के विचार मानें या तुलसी के विचारों में जाने-अनजाने झलक आई तत्कालीन पितृसत्ता के? निश्चय ही ये केवल पात्र के विचार नहीं हैं। ये केवल तुलसी के भी विचार नहीं हैं। ये तो कवि के अवचेतन में सदियों से जमा होने वाले पितृसत्तात्मक कुसंस्कार हैं।

' *मानस का हंस* में एक जगह तुलसी के मनोलोक में प्रकट रत्नावली तुलसी को नारी-निन्दक होने का ताना देती है तो बाबा तुलसीदास श्री राम के मुख से कहाए विचारों को अपने सच्चे उद्गार बताते हैं।

''...परन्तु वे कथा-प्रसंग में आए हुए पात्रों के विचार हैं।''

''और तुम्हारे ?''

''जिनके श्रीचरणों में मेरी आसक्ति है, उन्हीं के श्रीमुख से वे विचार भी प्रकट हुए हैं। तुम्हारे विरह और प्रेम के उद्गार इतने शुद्ध थे कि वे राम के उद्गार बनकर जानकी माता के प्रति अर्पित हो गए—

देखत तात बसंत सुहावा।
प्रियाहीन मोंहि भय उपजावा''

अमृलाल नागर ने तुलसीदास और राम के चरित्र दोनों का अच्छा बचाव किया है और उन्हें युगानुकूल बनाया है। परन्तु 'मानस' में सीता-हरण के प्रसंग में राम के कुछ उद्गार देखने पर (नाटक का) अलग ही दृश्य नज़र आता है। तुलसीदास पहले ही 'वैधानिक चेतावनी' दे देते हैं कि ये राम के सहज उद्गार नहीं हैं, अवतार राम की नररूप में लीला के अंश हैं।

रघुपति अनुजहिं आवत देखी। बाहिज चिंता कीन्हिं बिसेखी।।
आश्रम देखि जानकी हीना। भए बिकल जस प्राकृत दीना।।
हा गुन खानि जानकी सीता। रूप सील ब्रत नेम पुनीता।।
लछिमन समझाए बहुभाँती। पूछत चले लता तरु पाँती।।
हे खग मृग हे मधुकर श्रेनी। तुम देखी सीता मृग नैनी।।

आधुनिक पाठक को यह बड़ा विचित्र लगेगा कि नायिका सीता अग्नि के पास सुरक्षित है और उसकी छाया नायक राम की योजनानुसार ही हरी गई है तथा वे भाई को दिखाने के लिए विलाप कर रहे हैं। इस बाहरी रूप से किए गए विलाप की कलई तब खुल जाती है जब विरही राम सीता के अंगों की व्यतिरेकी शोभा के कारण दुखी तुलनीय वस्तुओं को सीताहरण के कारण प्रसन्न हुआ देखते हैं।

श्रीफल कनक कदली हरषाहीं। नेकु न संक सकुच मन माहीं।।
सुनु जानकी तोहि बिनु आजू। हरषे सकल पाइ जनु राजू।।

यहाँ तुलसीदास की सहृदयता पर मध्यकाल की विरहाभिव्यक्ति की चमत्कार-प्रियता भारी है। 'मानस' में अवतारी चरित्र श्री राम भाई लक्ष्मण के शक्ति लगने के प्रसंग में भी मनुष्यों के योग्य वचन बोलते हुए अनजाने ही नारी को मनुष्यता के दायरे से बाहर कर देते हैं—

सुत बित नारि भवन परिवारा। होंहिं जाहिं जग बारहिंबारा।।
अस बिचारी जियँ जागहु ताता। मिलइ न जगत सहोदर भ्राता।।

जैहउँ अवध कवन मुहुलाई। नारि हेतु प्रिय भाइ गँवाई।।
बरु अपजस सहतेउँ जग माहीं। नारि हानि बिसेष छति नाहीं।।

यानी नारी की क्षति विशेष क्षति नहीं है, और ध्यान दीजिए कि यहाँ नारी की तरह पुत्र भी सामंती पितृसत्ता की सम्पत्ति की तरह दर्शाया गया है। शायद तुलसीदास ने इन वचनों में राम द्वारा सीता के प्रति नहीं, एक आम पुरुष द्वारा एक आम स्त्री के प्रति उद्गार व्यक्त किए हैं। दोष केवल तुलसीदास का नहीं, जग का है, अर्थात् नारी के प्रति मध्यकाल के दृष्टिकोण का है, जिसे सारी प्रगतिशीलता के बावजूद कबीर और तुलसी दोनों छोड़ नहीं पाए हैं। अत: नारी के प्रश्न पर उन्नीसवीं सदी का नवजागरण, भक्तिकाल के लोकजागरण से एक क़दम आगे बढ़ जाता है। *कवितावली* में लंकाकाण्ड के लक्ष्मणमूच्छ्र्छा प्रकरण में राम को भाई और स्त्री के मोह से भी अधिक शरणागत विभीषण के लिए कुछ न कर पाने का दुख है। पुन: स्मरणीय है कि स्वामी-सेवक संबंध वाले सामंती समाज में शरणागत की रक्षा और स्वामीभक्ति क्रमश: स्वामी और सेवक के चरित्र के सर्वोच्च मूल्य हैं। भक्ति आंदोलन एक प्रगतिशील आंदोलन होते हुए भी सामंती समाज के पूर्वाग्रहों से मुक्त नहीं है, विशेष कर स्त्री के प्रति दृष्टिकोण को लेकर।

तुलसीदास का सामान्य स्त्री जाति के प्रति जो भाव है, जगत्जननी सीता के प्रति उनका और उनके राम का भाव ठीक वही न होकर उससे विशेष है। इस कारण वे सीता-परित्याग का प्रसंग नहीं लिख पाए, अग्निपरीक्षा को न्यायसंगत सिद्ध करने के लिए वास्तविक सीता को अग्नि के पास धरोहर के रूप में सौंपने की युक्ति रची। वाल्मीकि *रामायण* के विपरीत अग्निपरीक्षा से पूर्व वे अपने राम के मुख से सीता के चरित्र के प्रति शंकायुक्त तिरस्कारपूर्ण दुर्वचन भी नहीं

कहला पाए। अत: उन्होंने इसका संकेत मात्र कर दिया—

"तेहि कारन करुनानिधि कहे कछुक दुर्बाद।
सुनत जातुधानीं सब लागीं करै बिषाद।।"

परन्तु तुलसीदास की यह उदारता मात्र जगत्जननी के प्रति है, समस्त स्त्री जाति के प्रति नहीं; यह उपर्युक्त सभी उद्धरणों से स्पष्ट है। अत: सीता के प्रति राम की उक्तियों से तुलसीदास के नारी संबंधी संकुचित दृष्टिकोण के दोष का परिष्कार नहीं होता; *रामचरितमानस* के अध्ययन से इसकी पुष्टि होती है। परन्तु अमृतलाल नागर ने रत्नावली की मनोमूर्ति के सामने वृद्ध तुलसीदास द्वारा अभिव्यक्त उद्गारों में तुलसी के रत्नावली के प्रति मनोभावों पर श्री राम द्वारा सीता के प्रति उद्गारों को आरोपित कर इस कलुष से उन्हें मुक्त करने का प्रयास किया है।

रामचरितमानस में अवतार की मर्यादा के कारण श्री राम कुछ ही अवसरों पर सजल नयन नज़र आते हैं—माताओं को विधवा वेश में देखने वाले सीता के स्वप्न के बारे में सुनकर और जटायु के मोक्ष के समय आदि। 'तेहि अवसर एक तापस आवा...' प्रसंग में तुलसीदास अवश्य सजल नयन हैं अपने प्रभु से मिलकर। वन की ओर जाते समय *रामचरितमानस* के राम सीता को थकी जानकर विश्राम के लिए रुक अवश्य जाते हैं परन्तु प्रेमाश्रु नहीं बहाते। *रामचरितमानस* के अवतार श्री राम की बजाय 'कवितावली' में राम का चरित्र अधिक मानवीय है। सीता के भाल पर श्रमसीकर और सूखे मधुराधर देखकर प्रेमाश्रु राम 'कवितावली' में बहाते हैं।

"तियकी लखि आतुरता पियकी अँखियाँ अति चारु चलीं जल च्वै।।"

सीता की भी प्रत्युत्तर में वही दशा होती है—

"तुलसी रघुबीर प्रियाश्रम जानि कै बैठि विलंब लौं कंटक काढ़े।
जनकीं नाहको नेहु लख्यो, पुलको तनु, बारि बिलोचन बाढ़े।।"

स्मरणीय है कि अधिकांश 'कवितावली' तुलसी की वृद्धावस्था की रचना है। अमृतलाल नागर भी नब्बे वर्ष के वृद्ध तुलसी को अपनी ग्रंथियों से मुक्ति पाकर रत्ना की मृत्यु पर प्रेमाश्रु बहाते दिखाते हैं। एक अलग नज़र से देखा जाए

तो *रामचरितमानस* में राम के रोके गए आँसू नागर जी के कौशल से *मानस का हंस* में तुलसी ने बहाए हैं और इन आँसुओं से तुलसी और उनके प्रभु श्री राम का चरित्र अधिक पवित्र और मानवीय हो गया है। रत्नावली के दाह-संस्कार के समय वैष्णव तिलकधारी शास्त्री और त्रिपुण्डधारी सुमेरु के व्यंग्य वचनों से नागर जी तत्कालीन समाज की स्त्रियों के प्रति सोच को भी उजागर कर देते हैं। हो सकता है कि समाज के प्रतिष्ठित वर्ग की इस सोच का तुलसी के जीवन के पूर्वार्द्ध की सोच पर प्रभाव पड़ा हो।

''प्रेमाश्रु और ज्ञानी बहावे ? अरे भरी जवानी में हमारी दुइ-दुइ पत्नियाँ मरीं, और कैसी रहीं कि रस की गगरियाँ, मदनमोहिनी, जिन पर आठौ पहर हम प्रेम से अपने प्राण निछावर करते रहे, पर हमते एक्कौ आँसू न बहाया। चट से तीसरी ब्याह लाए और आत्मसंयम के बदे गर्ग संहिता का उपदेश याद करें लगे कि—

''दुर्जना: शिल्पिना दासा दुष्टस्य पटहा: स्त्रिय:।
ताड़िता मार्दवं यान्ति न ते सत्कारभाजनम्।।''

नागर जी इस वार्तालाप से 'ढोल, गँवार...' उक्ति का स्रोत बता देते हैं और इस नारी-निन्दक इस उक्ति को रचने के आक्षेप से तुलसीदास को बड़ी सहजता से मुक्त कर देते हैं।

''बादहिं सूद्र द्विजन्ह सन हम तुमसे कछु घाटि।
जानइ ब्रह्म सो बिप्रवर आँखि देखावहिं डाटि।।''

ब्राह्मणों से विवाद करने वाला और उन्हें आँख दिखाने वाला, डाँटने वाला कबीर के अलावा और कौन हो सकता है ? *रामचरितमानस* का स्वर ऐसे शूद्र संतों के लिए अवमानना भरा लगता है। तुलसी के मानस के इस दोष का भी परिहार नागर जी ने *मानस का हंस* में किया है। इस उपन्यास में नागर जी तुलसीदास को मीराँ, सूरदास के साथ-साथ रैदास आदि कवियों के पद गाते दिखाते हैं और कबीर के तो सबसे ज्यादा। उपन्यास में तुलसी बार-बार महात्मा कबीर को श्रद्धापूर्वक स्मरण करते हैं।

कबीर और तुलसी की स्त्री-विषयक दृष्टि का बचाव अक्सर इस तर्क

से किया जाता है कि इन संतों ने स्त्री के कामिनी-रूप की निन्दा की है, उसके सती-पतिव्रता रूप की तो प्रशंसा ही की है। अमृतलाल नागर के सम्मुख उपस्थित चुनौती के लिए तुलसीदास के बचाव का यह तर्क भी कमज़ोर है क्योंकि इससे रत्नावली के परित्याग का आधार नहीं बनता। इस समस्या पर हम आगे विचार करेंगे, फ़िलहाल हम *रामचरितमानस* के आख़िरी अंश को देखते हैं जिसमें आध्यात्मिक जगत की दो बड़ी शक्तियों को स्त्री-संज्ञा दी गई है—

''माया भगति सुनहु तुम्ह दोऊ। नारि बर्ग जानइ सब सोऊ।।
पुनि रघुबीरहि भगति पिआरी। माया खलु नर्तकी बिचारी।।''

सामंती समाज में स्त्रियों के दो वर्ग यहाँ गृहलक्ष्मी और नर्तकी के रूप में बताए गए हैं। सती नारी की तरह भक्ति रघुवीर को प्रिय है और माया तो बेचारी नर्तकी है! इस रूपक का अच्छा इस्तेमाल नागर जी ने अपने उपन्यास में किया है।

अमृतलाल नागर 'रत्नावली' और 'मोहिनी' के चरित्र में 'भक्ति' और 'माया' की विशेषताएँ सम्मिलित करते हैं। 'मोहिनी' का काल्पनिक चरित्र रचकर और उसके प्रति युवा तुलसी का आकर्षण दर्शाकर नागर जी ने बहुत बड़ा जोख़िम लिया। नागर जी की ख़ुशकिस्मती थी कि उनका समय आज जितना असहिष्णु नहीं था और वे उपन्यास रच रहे थे, फ़िल्म नहीं बना रहे थे, वरना 'पद्मावती' के सेट पर हुआ हंगामा उनके घर पर भी हो सकता था। इस तोड़-फोड़ के जोख़िम से भी बड़ा जोख़िम था—एक वेश्या गायिका के प्रति तुलसीदास के आकर्षण को दर्शाने के बावजूद उनके चरित्र को पाठकों की नज़र में गिरने न देना। रत्नावली के साथ-साथ 'मोहिनी' के चरित्र को रचकर उपन्यासकार ने तुलसी के जीवन में 'भक्ति' और 'माया' के द्वंद्व को तो सजीव कर ही दिया है, रत्ना के चरित्र को भी अधिक चमकदार बना दिया है। नागर जी ने इस युक्ति द्वारा तुलसी के चरित्र को अधिक मानवीय रूप भी दिया है। यदि तुलसीदास 'सत्य के प्रयोग' लिखते तो हो सकता है कि वे 'मृगनयनी के नयन सर को अस लागि न जाहिं' की व्याख्या स्वयं करते। या बताते कि 'तन तरफत तुव मिलन बिन...' उन्होंने रत्नावली के प्रति लिखा या किसी अन्य तरुणी-आकर्षण के प्रति! तुलसीदास की रचनाएँ इस बारे में मौन हैं।

काशी के कोतवाल की रखैल गायिका 'मोहिनी' को 'मेघा भगत'

'भक्तिन' और 'बहन' कहकर सम्बोधित करते हैं और कहते हैं कि इसका स्वर इसके अनुपम रूप से अधिक सच्चा है। मेघा भगत के चरित्र-चित्रण में नागर जी ने रामकृष्ण परमहंस को अपने मस्तिष्क में रखा है। मेघा भगत और तुलसी का संबंध और उनके परस्पर संवाद भी रामकृष्ण परमहंस और 'नरेन' की याद दिलाते हैं। जब पूर्णकाम व्यक्ति उस लोकोत्तर दशा में पहुँच जाए कि सर्वत्र राम ही नज़र आयें तो वे कह सकते हैं—

''किसी वस्तु पर रीझ जाओ और फिर रीझते चले जाओ, तुम्हें तुम्हारा अभीष्ट मिल जाएगा।''

परन्तु अतृप्तकामी तुलसी जिनके लिए मोहिनी 'गुलाबी गुदगुदी' और 'पीठ की खुजली' है, उसे अपने मन में वे 'जूठी पत्तल' कहते हैं, फिर भी उसके आकर्षण से मुक्त नहीं हो पाते। 'नन्ददास' के खत्राणी प्रकरण में नन्ददास को 'भक्ति का अचेत उन्माद' हुआ पर तुलसी के मन में मोहिनी भक्ति का नहीं, काम का उन्माद लाई। मोहिनी तुलसी के मन में टीस की तरह सतत विराजमान थी किंतु राम की याद वे सप्रयत्न बढ़ा रहे थे। इसलिए मेघा भगत के विपरीत तुलसीदास कहते हैं—

''परब्रह्म मर्यादा पुरुषोत्तम के आगे वेश्या ? छि: छि:...''

मोहिनी के प्रति तुलसी का आकर्षण शारीरिक है और उसकी कला के प्रति भी है। मेघा भगत के हर वाक्य में उन्हें लगता है कि भगत जी ने उनके मन का चोर पकड़ लिया है। नागर जी ने तुलसी के मन में उठ रहे तूफ़ान को बड़े मनोवैज्ञानिक तरीक़ेसे चित्रित किया है। पोथियों के पृष्ठ पर उन्हें अक्षर नहीं मोहिनी दिखाई पड़ती है और 'अथातो ब्रह्म जिज्ञासा' तुलसी के लिए 'अथातो मोहिनी जिज्ञासा' बन जाता है। उपन्यास में तुलसी के मनोलोक का यह बिंब देखिए—

''उन्हें लगा कि बिंब दृष्टि में एक ओर राम-जानकी-लक्ष्मण और हनुमान खड़े हैं और दूसरी ओर मोहिनी बड़ी आकर्षक मुद्रा में खड़ी है। श्री राम के संकेत पर हनुमान उसे झोंटे से पकड़कर बाहर निकाल रहे हैं। मोहिनी या राम ?...राम को कदापि नहीं छोड़ूँगा पर मोहिनी को भी कैसे छोड़ दूँ ?''

इस मानस-बिंब में झोंटा पकड़कर मोहिनी को बाहर निकालने का दोष

उपन्यासकार को नहीं दिया जाना चाहिए। तुलसी के जीवन में मोहिनी को माया का रूप बताते हुए भी नागर जी कहीं भी उसके चरित्र को नीचे नहीं गिराते। मोहिनी साधनहीन तुलसीदास के साथ धन-वैभव, कोतवाल उस्मान खाँ का राज्य काशी छोड़कर जाने के लिए उद्यत है, चाहे कोतवाल उसे मरवा ही क्यों न डाले। ''तुम्हारे साथ रहकर मरने में भी मुझे सुख है,'' कहने वाली मोहिनी को नागर जी प्रेम की भूमि से स्खलित नहीं करते, पलायन करते हुए वे तुलसीदास के चरित्र को बताते हैं जब तुलसी कहते हैं कि ''हमारा भागना निरी मूर्खता का काम होगा।'' तब पंडित लोगों को कायर बताते हुए मोहिनी तुलसीदास पर व्यंग्य करती है—

''प्रेम विचार-विचरण से नहीं होता ब्रह्मचारी जी। वह मनुष्य को कर्म-संलग्न करना जानता है।''

जो काम हनुमान जी न कर पाए वह मोहिनी के व्यंग्य बाण ने कर दिया। क्षणभंगुर राग की निरर्थकता दिखा तुलसी को राम के प्रेम का स्मरण करा दिया।

''तुम्हारा कृतज्ञ हूँ मोहिनीबाई, तुम्हारी इस बात ने मेरे मन में प्रेम का स्वरूप उजागर कर दिया।...नहीं, मैंने तुमसे प्रेम नहीं किया। मैं वस्तुत: तुम्हारे रूप और गायन कला पर आसक्त होकर तुमसे वह अनुभव पाने का अभिलाषी हूँ, जिसे पाकर ब्रह्मचारी गृहस्थ हो जाता है। और तुम भी निश्चय ही काम-क्षुधावश मुझ पर आसक्त हो। यह प्रेम नहीं है, तृष्णा है। प्रेम मैं राम से करता हूँ।''

मोहिनी के आकर्षण से निकलने में ही नहीं, भूख, भय और काम से राम के संघर्ष में तुलसी के 'अहम' ने बहुत बड़ी भूमिका निभाई। रत्नावली के प्रसंग में भी तुलसी के 'अहम' ने उन्हें राग से हटाकर रामोन्मुख किया। यहाँ भी नागर जी की दृष्टि बड़ी मनोवैज्ञानिक है। दुनियाभर के तिरस्कार सहनकर भीख माँगते हुए बड़े होने वाले तुलसी का घायल 'अहम' उनके जीवन की बहुत बड़ी दिशा-निर्धारक शक्ति है। इसे वे केवल राम के चरणों में समर्पित करते हैं और राम के चरणों में समर्पण से अर्जित शक्ति के सहारे वे जगत के प्रलोभनों, तिरस्कारों का सामना करते हैं। मोहिनी प्रकरण में नागर जी ने गहरी मनोवैज्ञानिक दृष्टि का परिचय दिया है। बहुत समय तक तुलसी के मानस से मोहिनी छूटकर भी नहीं

छूटती। अयोध्यावासी सन्त की बात तुलसी याद करते हैं कि—

''जो देवमूर्ति मन्दिर में प्रतिष्ठित होकर लाखों द्वारा पूजी जाती है वह पहले शिल्पी के हज़ारों हथौड़ों की चोटें भी सहती है।''

काम के ऐसे ही हथौड़े की चोटों से तुलसीदास की सन्तमूर्ति बनी है। तभी तुलसीदास *मानस* के अंतिम अंश में लिखते हैं—

''कामिहिं नारि पियारि जिमि लोभिहि प्रिय जिमि दाम।
तिमि रघुनाथ निरंतर प्रिय लागहु मोहि राम।।''

तुलसी के जीवन के रत्नावली प्रकरण की रचना नागर जी के लिए ज्यादा बड़ी चुनौती थी। मोहिनी को नारी का कामिनी रूप, माया रूप मानकर यदि सन्त तुलसीदास त्यागे तो तर्क समझ में आता है, परन्तु रत्नावली जैसी 'सती' नारी को कोई सन्त त्यागे यह किसी तरह समझ में नहीं आता। इसके लिए मध्यकाल की जनश्रुतियों में रत्नावली के कटु वचनों को उत्तरदायी ठहराया गया। छायावादी कवि सूर्यकांत त्रिपाठी 'निराला' ने रत्नावली को नीलवसना साक्षात् शारदा के रूप में तुलसीदास का प्रबोधन करने वाली शक्ति के रूप में चित्रित किया है—

''धिक् ! धाये तुम यों अनाहूत,

धो दिया श्रेष्ठ कुल-धर्म धूत,

राम के नहीं, काम के सूत कहलाये !

हो बिके जहाँ तुम बिना दाम,

वह नहीं और कुछ-हाड़, चाम !

कैसी शिक्षा, कैसे विराम पर आये।''

जागा, जागा संस्कार प्रबल,

रे गया काम तत्क्षण वह जल,

देखा, वामा, वह न थी, अनल-प्रतिमा वह;

इस ओर ज्ञान, उस ओर ज्ञान,

हो गया भस्म वह प्रथम भान,

छूटा जग का जो रहा ध्यान, जड़िमा वह।''

सांस्कृतिक जागरण की पृष्ठभूमि को प्रतीकात्मक रूप से प्रस्तुत करते

काव्य में इस तरह का चामत्कारिक परिवर्तन शोभा दे सकता है, परन्तु किसी जीवनीपरक उपन्यास के नायक में एक क्षण में हुआ ऐसा परिवर्तन अस्वाभाविक होता। अत: अमृतलाल नागर न तो जनश्रुतियों की तरह कामी तुलसीदास के साँप की रस्सी के सहारे रत्नावली के झरोखे तक चढ़ने की ऊहात्मकता का सहारा लेते हैं, न ही रत्नावली को अतिमानवी दर्शाते हैं। यहाँ रत्नावली का चरित्र एक बुद्धिमती, स्वाभिमानी स्त्री का है। तुलसीदास के गृहत्याग की रात्रि को तुलसी द्वारा रत्नावली को मायापाश कहने पर पुरुष और स्त्री का अंतर बताती हुई वह पुरुष को निरे चाम का लोभी बताती है, जीव में बसे राम का नहीं। तब भी तुलसी का आत्मधिक्कार ही उपन्यासकार का कथ्य है। रत्नावली के प्रति तिरस्कार का कोई शब्द नागर जी अपने तुलसी से नहीं कहलवाते। उसे गुरु मानते हुए तुलसी कहते हैं—

''हम तो चाखा प्रेम रस, पतिनी के उपदेस''

तुलसी द्वारा सोई हुई रत्नावली और तारापति को छोड़कर जाने का दृश्य बुद्ध के महाभिनिष्क्रमण की याद दिलाता है। अमृतलाल नागर तुलसी के जीवन से पत्नी-परित्याग का तथ्य तो नहीं बदल सकते थे, पर पूरे उपन्यास में उनकी सहानुभूति रत्नावली के साथ है। तुलसी का संघर्ष अपने आप से था, अपनी ही कामवृत्ति से, इसके साइड इफैक्ट रत्नावली को झेलने पड़े। तुलसी का यह आत्मसंघर्ष गृहत्याग के बाद भी जारी रहा। रत्नावली नियति को चुपचाप स्वीकार करने वाली स्त्री नहीं है। वह बार-बार तुलसीदास को ढूँढ़कर उनके पास पहुँचती है और उनसे प्रश्न भी करती है। वह न तो माया है, न राम के मार्ग में बाधा, वह तो मार्गदर्शक 'खरी गुरु' है तुलसी की!

''मुझे तो अपने ऊपर विश्वास है। क्या तुम्हें अपने ऊपर विश्वास नहीं है?''

''अब यह प्रश्न नहीं उठता देवी, जो त्याग चुका सो त्याग चुका।''

उपन्यास में तुलसीदास रत्नावली के प्रश्नों का संतोषजनक उत्तर नहीं दे पाते और चित्रकूट से भाग खड़े होते हैं। मैथिलीशरण गुप्त ने *विष्णुप्रिया* में ठीक ही लिखा है, 'गृहिणी ही त्यागते हैं नर गृह कह के।' जो प्रश्न रत्नावली नहीं कर पाती, वह उपन्यासकार 'राजा भगत' से करवाते हैं कि ये (रत्नावली का

परित्याग) भक्ति है या स्वार्थ ? पुण्य है या पाप ?

शंकराचार्य ने अपनी माँ को अंतिम समय पहुँचने का वचन दिया था। इसी तर्ज़ पर *मानस का हंस* के तुलसी रत्नावली को अंतिम समय पहुँचने का वचन देते हैं। इस वचन की रक्षा ने तुलसी के चरित्र को ऊँचा उठाया है। रत्नावली की मृत्यु के बाद तुलसी अपने मानस बिम्ब में राम-सीता के युगल चरणों में रत्नावली को पहुँचा हुआ देखते हैं और स्वयं से पूछते हैं—मैं कहाँ हूँ ? जब तक रत्नावली का शरीर रहा, तुलसी उससे भागते रहे। या यों कहें अपनी ही कामवृत्ति से संघर्ष करते रहे, क्योंकि रत्नावली को छोड़कर भी उसके शरीर-मोह से स्वयं को मुक्त नहीं कर पाए। जब रत्नावली का शरीर न रहा तो बाबा तुलसीदास का काम प्रेम में बदल गया। मनोलोक में रत्नावली की छवि ने बार-बार आकर तुलसी की इस मनोग्रंथि को सुलझाया।

रात हुई, अकेले में फिर रत्नावली आई। बाबा मुस्कराए, कहा—''बोलो मेरी मानसग्रंथि, आज तुम फिर क्यों आईं ?''

''अभी तुम्हारे भीतर मेरे जीने के क्षण चुके नहीं हैं इसलिए आ गई। किन्तु चाहती हूँ कि शीघ्र से शीघ्र वे चुक जाएँ जिससे कि तुम्हारे अन्तिम क्षणों में तुम्हारे और राम-जानकी के बीच में और कोई भी बिम्ब शेष न रहे।''

अमृतलाल नागर की रत्नावली *कामायनी* की श्रद्धा की तरह अपने मनु को यानी तुलसी को अपने इष्ट से मिलाती है। यहाँ नागर जी के तुलसी कहते हैं—

''भक्ति और माया में कोई अंतर नहीं है। भक्ति प्रेम है और माया प्रेम की परीक्षा... ।''

नागर जी की रत्नावली यहाँ तुलसीदास को 'हे मेरे सचेत अद्धाांग' कहती है। यह सचेत प्रयोग अनूठा है। परन्तु उपन्यास में एक जगह नागर जी मोहिनी को राम तक पहुँचने की सीढ़ी कहते हैं और बाद में रत्नावली को भी। क्या स्त्री, पुरुष को मोक्ष तक पहुँचाने वाली सीढ़ी मात्र है ? उसकी अपनी इयत्ता ? उसका अपना मोक्ष ? इस एक चूक के अलावा उपन्यासकार का दृष्टिकोण और कहीं स्त्री के प्रति पूर्वाग्रहग्रस्त नहीं है। इस एक चूक को भूल ही माननी चाहिए, क्योंकि वे उपन्यास की शुरुआत में ही तुलसी के मनोबिम्ब में राम-सीता के युगल-चरणों में रत्नावली को तुलसी से पहले पहुँचा हुआ दिखा चुके हैं।

रत्नावली के शरीर-मोह से अपने को मुक्त करने के प्रयास में और उसके बाद *मानस का हंस* के तुलसीदास का जो भाव पूरे उपन्यास में छाया हुआ है, वह है रत्नावली के प्रति किए अन्याय के प्रति अपराधबोध। कुछ उदाहरण देखिए—

''मैंने कहीं-न-कहीं उसके प्रति अन्याय अवश्य किया है।''

''मैंने जीवन में एक महत् अपराध किया।''

''राम कदाचित् मुझे इसीलिए दर्शन नहीं दे रहे हैं कि मैं रत्नावली से निठुराई बरत रहा हूँ।''

''जो अन्याय मैं तुम्हारे प्रति कर सका, वह मेरे रामचन्द्र जगदम्बा के प्रति नहीं कर सकते थे।''

मानस का हंस के तुलसीदास *रामचरितमानस, कवितावली, विनयपत्रिका* में अभिव्यक्त तुलसी से अधिक आधुनिक, अधिक सहृदय और अधिक मानवीय हैं। तुलसीदास के चरित्र को क्षति पहुँचाए बिना रत्नावली के चरित्र को सशक्त और स्वाभाविक तरह से उभारना और इसमें अपनी दृष्टि को स्त्री-विरोधी पूर्वाग्रहों से बचाए रखना बड़ी चुनौती थी, जिसका *मानस का हंस* के रचयिता ने सफलतापूर्वक सामना किया है।

सामाजिक संचेतना

हरीदास व्यास[*]

हिन्दी के जीवनीपरक उपन्यासों की यात्रा के प्रमुख पड़ावों में से एक है—
अमृतलाल नागर लिखित *मानस का हंस*। *मानस का हंस* के अतिरिक्त नागरजी
लिखित *खंजन नयन* हिन्दी के जीवनीपरक उपन्यासों से इतर अपनी पहचान
किंचित अलग और विशिष्ट बनाने में अधिक सफल रहा है। इसका प्रत्यक्ष
कारण इन दोनों उपन्यासों के प्रमुख पात्रों का 'पौराणिक इतिहास' के पात्र होना
है। परन्तु यह भी एक विशिष्ट कारण है कि बतरस के कथाकार नागर ने विशेष
रूप से *मानस का हंस* की रचना करते हुए इतिहास की गुमशुदा कड़ियों को
जनश्रुतियों से और अपनी तार्किक परिकल्पनाओं से पूरित किया है। इस दृष्टि
से आचार्य हज़ारी प्रसाद द्विवेदी की उस इतिहास चेतना के निकट दिखाई देते हैं
जो जनश्रुतियों को सदैव ससम्मान स्वीकार करते हुए विकसित होती है।

तुलसी के जीवन के बारे में प्रचलित तमाम किंवदंतियों, यहाँ तक कि
परस्पर विरोधाभासी जनश्रुतियों में से विश्वसनीयता की आधार भूमि की
पड़ताल नागरजी अपनी विलक्षण सहजता से करने में सफल होते हैं। निस्सन्देह
अपने इस महत्ती कार्य में उन्होंने वेणी माधवदास रचित जीवन चरित को
सर्वाधिक महत्त्व दिया है, रघुवरदास, कृष्णदत्त मिश्र, अविनाश राय और संत
तुलसी साहब लिखित चरितों के साथ तथ्यों का समावेश भी *मानस का हंस*
में किया है। परन्तु महत्त्वपूर्ण तथ्य यह है कि तमाम जनश्रुतियों और जीवन
चरितों का उपयोग कथाकार नागर ने *मानस का हंस* की सामाजिक संचेतना
को स्पष्ट करने, उजागर करने, परिलक्षित करने और अंधी आस्थाओं के बीच

---

[*]कवि-कथाकार हरीदास व्यास की अनेक पुस्तकें प्रकाशित हो चुकी हैं। राजस्थान साहित्य अकादमी के
'रांगेय राघव पुरस्कार' से सम्मानित।

समाज और जीवन की विश्वसनीय पड़ताल करने में किया है। इन्हीं मानकों पर नागरजी कवि तुलसीदास को जननायक के रूप में चित्रित और स्थापित करने के लिए अपने सृजन-सामर्थ्य का उपयोग करते हैं। दरअसल उनका यह प्रयास निस्सन्देह आचार्य हज़ारी प्रसाद द्विवेदी की इस मान्यता के भी एकदम अनुकूल ही जान पड़ता है— भारतवर्ष का लोकनायक वही हो सकता है जो समन्वय करने का अपार धैर्य लेकर आया हो। भारतीय जनता में नाना प्रकार की परस्पर विरोधिनी संस्कृतियाँ, साधनाएँ, जातियाँ, आचार-विचार और पद्धतियाँ प्रचलित हैं। तुलसीदास स्वयं नाना प्रकार के सामाजिक स्तरों में रह चुके थे। उनका सारा काव्य समन्वय की विराट चेष्टा है। इसमें केवल लोक और शास्त्र का ही समन्वय नहीं है, अपितु गृहस्थ और वैराग्य का, भक्ति और ज्ञान का, भाषा और संस्कृति का, निर्गुण और सगुण का, पुराण और काव्य का, भावावेश और अनासक्त चिन्ता का समन्वय *रामचरितमानस* के आदि से अन्त तक दो छोरों पर जाने वाली पराकोटियों को मिलाने का प्रयत्न है।''

यह तथ्य तो सर्वमान्य है कि व्यक्ति, सृजन और समाज के बीच एक अन्योन्याश्रित संबंध होता है। इस संबंध के कारण न केवल समाज व्यक्ति को प्रभावित करता है अपितु व्यक्ति भी समाज को प्रभावित करता है। इतिहास के संबंध में आचार्य रामचन्द्र शुक्ल के विधेयवादी दर्शन के अनुरूप उपर्युक्त दोनों तत्त्व रचनाकार के सृजन का स्वरूप प्राय: सुनिश्चित करते हैं। चाल्स कूले भी इस संबंध में यही विचार रखते हैं—When we refer to the Individual and the society, we are not considering two distinctive phenomenon but same phenomenon from different angles. इसी तथ्य को मैकाइवर भी स्वीकारते हुए कहते हैं कि व्यक्ति और समाज के संबंध को समझने के लिए किसी भी पक्ष को दूसरे से कम या अधिक महत्त्वपूर्ण नहीं कहा जा सकता है। इसी परिप्रेक्ष्य में नागरजी ने तुलसी और तत्कालीन समाज का सम्यक विवेचन *मानस का हंस* में किया है।

तुलसी जन्म एवं तद्युगीन समय-समाज

इस जीवनीपरक उपन्यास से स्पष्ट है कि 16वीं सदी के पूर्वार्द्ध में तुलसी का जन्म देश के संकट काल में हुआ। वह समय युद्ध और सत्ता हस्तान्तरण का

समय था। मुगल सम्राट हुमायूँ के उस शासनकाल में राजनीतिक अनिश्चतता थी। हुमायूँ और शेरशाह सूरी के संघर्ष समय में समाज का आमजन लूटपाट, खून-खराबे के कारण त्रस्त था और सुरक्षित शरण ढूँढ़ रहा था। तुलसी जैसे असंख्य बच्चे लगभग निराश्रित-सा असंरक्षित जीवन जी रहे थे। परिस्थतियों के इन्हीं क्रूर हाथों ने बालक तुलसी को भी गढ़ा।

जन्मते ही माँ 'हुलसी' के ममत्व से वंचित हो गए तुलसी को पिता आत्माराम ने भी ज्योतिषियों की राय के अनुसार अशुभ बालक मान कर त्याग दिया, जिसका यमुना पार की भिखारिन पार्वती अम्मा के घर 'रामबोला' नाम से पालन-पोषण होने लगा। कुछ बड़ा होने पर बालक को भी भिक्षाटन के लिए भेजा जाने लगा। भिक्षा और दुत्कार से निरन्तर अपमानित होते बालक ने एक दिन कह ही दिया—''हमको भीख माँगना अच्छा नहीं लगता है अम्मा। द्वारे-द्वारे रिरियाओ, गिड़गिड़ाओ, कोई सुने कोई न सुने, गाली दे। यह रोज़-रोज़ का दुख हमसे सहा नहीं जाता है।'' 'रामबोला' से 'तुलसीदास' बनने की आधारशिला उसी दिन जाने-अनजाने रख दी गई थी। इसी कारण पार्वती अम्मा के निधन के बाद बालक रामबोला ने एक दिन 'सरयू तट' पर स्थित हनुमान मंदिर का चबूतरा साफ़ किया और हनुमान से बोला—''अब हम तुम्हीं से माँगेंगे हनुमान स्वामी, अब किसी के पास नहीं जाएँगे। तुम हमारा पेट भर दिया करो। हम तुम्हारा स्थान खूब साफ़ कर दिया करेंगे।''

सामान्य सी दिखने वाली यह घटना बालक रामबोला के भीतर भक्त तुलसीदास का प्रथम बीजारोपण करने वाली घटना थी। बालक के भीतर आस्था को स्थापित करने वाली घटना थी और यह बीज भी, इतना कड़ियल-शाश्वत कि जब रचयिता तुलसीदास की बाहु में ज़बरदस्त पीड़ा हुई तो उन्होंने *हनुमान बाहुक* रच डाली। परवर्ती जीवन में पीड़ा के समय तुलसीदास ने हनुमान के अतिरिक्त पार्वती अम्मा को याद किया। अधेड़ावस्था में सिरदर्द से त्रस्त तुलसी का सिर राजा भगत दबाने-सहलाने लगे तो उन्होंने कहा भी, ''हम छोटे से रहे तो हमारा सिर बहुत पिराता था। पार्वती अम्मा ऐसे ही दबाती थी...हमारी पार्वती अम्मा साक्षात् पार्वतीजी रहीं। उनकी बड़ी याद आती है।'' उस असुरक्षित समाज में बालक तुलसी (रामबोला) को पार्वती अम्मा का कुछ ही समय के लिए जो स्नेह मिला, उसे वे जीवनपर्यन्त नहीं भूले।

एक तरह से सुखद आश्चर्यजनक तथ्य स्थापित करने में नागरजी अद्भुत रूप से सफल रहे हैं, क्योंकि संत्रास भरी उन सामाजिक परिस्थितियों में भी संत तुलसी की अधिक सेवा करने की भगतजी, बेनीमाधवजी, रामदुलारे, हरबचन वैद्य, रामजियावन, रामू आदि के बीच बहुत आत्मीय स्पर्द्धा रही है। संत्रस्त समाज की ऐसी अनेक सुखद परिणतियों ने *मानस का हंस* की मानवीय करुणा की धारा को प्रवाहमान रखा है। यह सत्य है कि प्रत्येक समाज में एक ही समय में अनेक अन्त:धाराएँ प्रवाहित होती रहती हैं परन्तु अनेक बार ये 'सकारात्मक—विरोधाभासी' भी होती हैं। गौर से देखा जाए तो पूरा भक्तिकाल ऐसी 'सकारात्मक—विरोधाभासी धाराओं का ही युग था। दुर्दान्त आक्रमणों, शोषण, पराजय की कुंठाओं—वामाचारी क्रियाओं आदि से बिलकुल अलग करुणा और भक्ति की अजस्र धाराएँ भी उसी काल के समाज में प्रवाहित हो रही थीं। अनेक अन्य आध्यात्मिक सम्प्रदायों के साथ उस समय रामानुज सम्प्रदाय जन-सामान्य का जीवनाधार था। कहना न होगा कि इन धर्माधारित सम्प्रदायों ने चारों ओर से त्रस्त-निराश आमजन को जीवन के लिए बहुत बड़ा सम्बल दिया। 'रामबोला' की भी उन्हीं दिनों रामानुज सम्प्रदाय के बाबा नरहरिदास के साथ भेंट हुई। 'तुलसीदास' नामकरण भी बाबा ने ही किया। रामानुज सम्प्रदाय में दीक्षित किया। युवावस्था में प्रवेश कर रहे तुलसीदास के अध्ययन का विधिवत प्रारंभ भी उन्हीं दिनों विद्वान आचार्य शेष सनातन की छत्रछाया में हुआ और फिर स्वयं वहीं शिक्षक भी बने। इसी काल में तुलसी का 'मोहिनी' से प्रेम हुआ। यह संबंध 'काम' और 'भक्ति' के द्वन्द्व से अभिशप्त था। इस संबंध से मुक्ति पाकर ही तुलसी तीर्थाटन को निकल सके।

पतनशील समाज अपने नैतिक मूल्यों का अधिक प्रखर प्रदर्शन करता है। इस प्रदर्शन का दबाव तुलसी सहित उस युग के तमाम प्रेमियों पर रहा होगा। तुलसी तो राम भक्ति से संलग्न होकर अनेक विकृतियों से बच गए। परन्तु अन्यों के लिए तो यह सहज संभव नहीं ही रहा होगा। वस्तुत: अमृतलाल नागर के अधिकतर उपन्यासों के कथानक इतिहास से उठाए गए हैं। परन्तु नागरजी का उद्देश्य इतिहास वर्णन नहीं था, अपितु उन कालखंडों के समाज की अद्यतन यात्रा और उसके संक्रमणकाल को चित्रित करना था, बदलती परिस्थितियों

में जीने के लिए सामाजिकों के संघर्ष को सजीव करना था। इसी कारण उनके उपन्यास *महाकाल* (बाद में शीर्षक— *भूख* कर दिया गया) में बंगाल के दुर्भिक्ष से त्रस्त समाज का जीवन संघर्ष है तो *शतरंज के मोहरे* में गाजीउद्दीन हैदर के शासन के समय की जिजीविषा है। *सुहाग के नूपुर* में तमिल समाज के राजनीतिक—धार्मिक—सामाजिक समन्वय की गाथा है—*सात घूँघट वाला मुखड़ा* में अठारहवीं सदी में मुगल शासक शाह आलम और अँग्रेज़ों के बीच पिसता समाज है जबकि *अमृत और विष* विक्टोरिया युगीन अनेक स्तरों वाले समाज की अभिव्यक्ति है जिसकी अनवरत परिणति आधुनिक युग तक पहुँची है। इस प्रकार इतिहास नागरजी के लिए तत्कालीन समाज के अन्तर्द्वन्द्वों, संघर्षों का आकलन और विश्लेषण और अद्यतन यात्रा का आधारभूत माध्यम है।

लोक मंगल भाव एवम् समन्वय

किसी भी देश की संस्कृति उस देश के लिए विपरीत समय काल-परिस्थितियों में अपने अस्तित्व को बचाए रखने का सबसे बड़ा अवलंब होती है। सैकड़ों वर्षों के जीवन संघर्षों-अनुभवों से निःसृत निष्कर्ष ही संस्कृति का स्वरूप सुनिश्चित करते हैं। टायलर तो मानते हैं—Culture is the complex whole which includes knowledge, beliefs, art, morals, law, customs and any other capabilities and habits aquired by any member of society.

इस प्रकार संस्कृति केवल जैविकीय विरासत से ही संबंधित नहीं, सामाजिक विरासत का भी परिणाम है। हम जानते हैं कि लोक मंगल की भावना भारतीय संस्कृति का अभिन्न अंग है। इसी कारण संकट-समय में भी इस देश के आमजन के अंतःकरण में स्वाभाविक रूप से सद्भावना एवं सहानुभूति का भाव अवस्थित रहा है। इसी अंतर्वृत्ति का पूर्ण विकसित रूप लोक मंगल एवं लोक कल्याण की भावना है। इस भावना के कारण सहिष्णुता एवं समन्वय की प्रवृत्ति विकसित होती है। अतः यह कहना अनुपयुक्त न होगा कि समाज एवं संस्कृति का परस्पर अन्योन्याश्रित संबंध होता है। तुलसी इस समन्वय और संबंध के प्रतिनिधि हैं। भौतिक अभावों और भय के वातावरण में तुलसी का कथा-वाचक जन-जन में उपचार की तरह संचरण कर रहा था। यद्यपि इसी समय *रामचरितमानस* की चोरी का भी प्रयास हुआ, पंडितों ने तुलसी के विरुद्ध कुप्रचार भी बहुत किया। परन्तु इसी दौर में महापंडित मधुसूदन सरस्वती जैसे

अनेक विद्वानों ने उनकी काव्य-प्रतिभा और परम-भक्ति को सादर स्वीकार भी किया।

यह सर्वविदित है कि *रामचरितमानस* मध्यकाल के पराजित आमजन के लिए जीवन का एक 'सम्बल ग्रन्थ' था। *मानस का हंस* के तुलसी इसी 'सम्बल ग्रन्थ' का अस्सी घाट पर पाठ करते थे, जिसे सुनने के लिए निरन्तर भारी भीड़ जुटती थी। इस जन-समुदाय का वे लोक मंगल तो करना चाहते ही हैं, उसका समन्वय भी करना चाहते हैं। इसी कारण वे कहते हैं—''मैं व्यक्ति के भीतर वाली सगुण-निर्गुण खंडित आस्था को दशरथ नंदन राम की भक्ति से जोड़ कर फिर खड़ा कर देना चाहता हूँ। मैं अकेले नहीं, पूरे समाज के साथ राममय होना चाहता हूँ।'' इस प्रकार तुलसी अब व्यक्तिगत न रह कर पूरे समाज का एक हिस्सा बन जाते हैं। यद्यपि आलोचकों ने तुलसी की वर्णाश्रम व्यवस्था के प्रति गहरी आस्था को लोक-मंगल और समन्वय में सबसे बड़ी बाधा माना है—

बरनाश्रम निज-निज धरम निरत वेद पथ लोग
चलहिं सदा पावहिं सुख नहिं भय, सोक न रोग

इस प्रकार तुलसी सारा दुख तो वर्णाश्रम के नष्ट होने के कारण मानते प्रतीत होते हैं। परन्तु तुलसी स्वयं ही इस वर्णाश्रम व्यवस्था को तब तोड़ते दिखाई देते हैं जब श्रीराम शबरी के जूठे बेर खाते हैं। *मानस का हंस* के तुलसी भी बिलकुल ऐसे ही हैं। जीवन के उत्तरार्द्ध में उनके निकट लोगों में बेनीमाधव है, रामू आदि है। समाज के समस्त खण्डों को नकार कर उन्हें एकमेक कर देने वाले तुलसी ही तो लिख सकते हैं—

'धूत कहो, अवधूत कहो, रजपूत कहो, जुलाहा कहो कोऊ
काहू की बेटी से बेटा न ब्याहव, काहू की जाति बिगार न सोऊ॥'

इसी समभाव के कारण तुलसी उस दलित व्यक्ति के प्राण बचाते हैं, जिसके सिर पर चरित्रहीन ब्राह्मण दातादीन की हत्या का आरोप था। दातादीन उस दलित की पत्नी और बड़ी बेटी के साथ अनाचार करना चाहता था तो उस के पति और पिता की अँगुलियाँ दातादीन के गले पर कस गई। कई भक्तों के विरोध के उपरांत भी तुलसी ने उस दलित की सेवा की—'तुलसी भगत ने एक ब्रह्म-हत्यारे चमार को अपने कटोरे में भोजन परोसा, उसके पैर धुलाए, यह धर्म

और समाज के विरुद्ध काम किया।...यह अच्छी बात नहीं हुई। भूखा भले ही हो, है तो आखिर ब्रह्म-हत्यारा ही।' समाज से समन्वय का यह कार्य तुलसी ने तब किया जब समाज में जात-पात का भेदभाव अपने चरम पर था। नागर के तुलसी, लोक कल्याण के लिए जीवन के उत्कर्ष समय में लोक कल्याण के कार्य में उनके पत्नी संग रहने से लोक निंदा के कारण कोई कमी न आ जाए, इस कारण वे अत्यन्त अनुनय-विनय के उपरांत भी पत्नी को लौट जाने का आदेश देते हैं—''लोक का चरित्र गिरा हुआ है। उसे उठाने की कामना रखने वाले को कठिन त्याग करना होगा। लोक कल्याण के लिए तुम भी तपो देवि। अब इस जन्म में हमारा-तुम्हारा साथ नहीं हो सकता।'' कथावाचक तुलसी, *रामचरितमानस* सर्जक तुलसी अपनी मान-प्रतिष्ठा और विद्वता से अंहकार-रहित तो हैं ही, वे उत्तम-जन की पीड़ा और आमजन पर आई विपत्ति में भी अपनी दृढ़ लोक प्रतिबद्धता के कारण काशी में फैले प्लेग से जन-जीवन बचाने के लिए न केवल स्वयं निकल पड़ते हैं बल्कि बचाव और राहत के लिए अपने भक्त युवाओं की एक फ़ौज खड़ी कर देते हैं, उस दल का विधिवत संचालन करते हैं और अन्ततः स्वयं रोग की चपेट में आ जाते हैं। परन्तु मृत्यु के कुछ क्षण पूर्व मर्मान्तक पीड़ा के उपरांत *विनय पत्रिका* का अंतिम पद रचते हैं—

''*मारुति-मन, रुचि भरत की लखि लखन कही है*
कलि कालहू नाथ, नाम सों प्रतीति-प्रीति...''

तुलसी का समन्वय भाव केवल सगुण और निर्गुण रूप में प्रचलित है। परन्तु नागरजी के तुलसी अपनी आधारभूत मान्यता का स्वयं ही उल्लंघन कर समन्वय की स्थापना करते हैं। यद्यपि प्रारंभ में राम और कृष्ण अवतारों की भक्ति पर अपना मत स्पष्ट करते हुए कहते हैं कि इस युग में मुझे हाथ में मुरली लिये रास रचाते कृष्ण नहीं बल्कि हाथ में धनुष धारण करने वाले वीरोचित भाव के मर्यादा पुरुषोत्तम राम अधिक अच्छे लगते हैं। पर वे ही तुलसी जब लोलार्क मठ में गोस्वामी पद पर बैठते हैं तो बाकायदा कृष्ण की मूर्ति के आगे भजन भी उसी सहजता से गाते हैं।

मानस का हंस के ज्योतिष तुलसी का समभाव भी अद्भुत है। अपने ज्योतिष ज्ञान का लाभ वे हिन्दू-मुस्लिम दोनों को बिना किसी भेदभाव के देते हैं। वे अपने हिन्दू भक्तों के अतिरिक्त अब्दुस्समद खान, आफताब मिर्ज़ा,

अहमद खाँ, अब्दुल्ला जैसे मुस्लिमों को भी निष्काम भाव से ज्योतिष-लाभ देते हैं। तुलसी के व्यक्तित्व का यही भाव उन्हें लोक मंगल और समन्वय जैसे महत्ती कार्यों के लिए अधिक सक्षम बनाता है। उनके चित्त के भीतर का यह समभाव ही उनके सार्वजनिक जीवन में व्यावहारिक रूप से लोक मंगल करने में उन्हें सफलता दिलाता है। इस संबंध में तुलसी की यह दृढ़ता निस्सन्देह दृष्टव्य है—''मैं *रामायण* सुनाना चाहता हूँ और नाम प्रचार करना चाहता हूँ। आज के थके-हारे, हर तरह से टूटे-बुझे हुए जन-जीवन को इस आस्था से भर देना चाहता हूँ कि न्याय, धर्म, त्याग और शील आज भी इस जग में विद्यमान हैं। कोई चिनगारी को छोटा न समझे, वह किसी भी समय अनुकूल परिस्थितियाँ पाकर निश्चय ही महाज्वाला बन जाएगी। राम थे, राम हैं, राम सदा रहेंगे। इस पृथ्वी पर एक दिन राम राज्य आकर रहेगा।''

प्रेम-आसक्ति-भक्ति

जिस आकर्षण की ऊँचाइयों को प्रेम समझ लिया जाता है, वह गम्भीरता से टटोलने पर निरी आसक्ति प्रमाणित होती है। दैहिक आसक्ति आत्मा के आस-पास डोलती अवश्य है, आत्मा को संस्पर्श करने का भ्रम भी अनेक बार होता है। 'आसक्ति' को प्रेम से पूर्णत: अलग तत्त्व होने का सत्य समझ लेने पर भी उससे मुक्त हो पाना भाव-जगत के मनुष्य के लिए एक कठिनतम चुनौती बनी रहती है। मोहिनी और तुलसीदास का परस्पर लगाव उन दोनों की कलात्मक ऊँचाइयों से होता है। दोनों एक-दूसरे की कला के ही नहीं, रूप के भी परम प्रशंसक हैं। तुलसी इस आकर्षण से बचने के अनेक असफल प्रयास भी करते हैं। इन प्रयासों के समय तुलसी का विकट अंतर्द्वन्द्व इस रिश्ते के प्रेम होने का भ्रम भी करवाता है। नागरजी ने गणिका एवं शहर कोतवाल उस्मान खान की रखैल मोहिनी और युवा तुलसी का मिलन भी परम रामभक्त मेधा भगत के यहाँ पूरे आध्यात्मिक कलेवर में करवाया, जहाँ सात्विक प्रेम की ही पूर्ण संभावना थी। परन्तु मानव-मन के अंत:स्थल के चितेरे अमृतलाल नागरजी पवित्रताओं के मध्य शुचितापूर्ण कायिक आकर्षण के किसी कण में छिपी वासना का विभेद करना बखूबी जानते हैं। तुलसी को समय अवश्य लगता है प्रेम के अवगुंठन में छिपी इस वासना को भली-भाँति पहचानने और समझने में। परन्तु अंतत:

रामभक्ति की विजय होती है, राम-प्रेम ही तुलसी के जीवन का लक्ष्य बनता है। इसलिए वासना के कीचड़ में गिर जाने के लिए अत्यंत अनुकूल परिस्थितियों में, मोहिनी की 'ऐशगाह' में भी तुलसी अनायास अंतिम रूप से दृढ़ हो जाते हैं—''तुम अपनी अभिलाषाएँ किसी और से पूरी करो मोहिनी बाई। मैं राम का गुलाम हूँ, तुम उस्मान खान की चाकर। हम दोनों अपने बंधनों से बँधे हैं। तुम मेरे लिए इस समय भले ही अति-आकर्षण भरी हो किन्तु तुम्हारे लिए अपने जीवन का श्रेष्ठतम आकर्षण-भाव छोड़ना मेरे वास्ते असंभव है। यदि मैं अपनी और तुम्हारी कायिक भूख के वश में होकर उसे इस समय भूल जाऊँ तो भविष्य में मैं उसके कारण निश्चय ही पछतावे में आकर तुमसे घृणा भी कर सकता हूँ।''

प्रेम का भ्रम करवाती इस 'आसक्ति' को नागरजी मेधा भगत के साक्षात् सम्पूर्ण प्रेम से विलगाते हैं। राममय मेधा के आगे प्रारंभ में स्वयं को बौना जान कर तुलसी उनसे ईर्ष्या भी करते हैं परन्तु मेधा की निष्पाप आत्मीयता के आगे तुलसी स्वयं को पूर्णतः समर्पित कर देते हैं। वे स्वयं उस प्रेम के प्रशंसक बन जाते हैं। इस प्रकार नागरजी प्रेम और भक्ति को परोक्ष रूप से एक-दूसरे के पूरक के रूप में स्थापित करते हैं। परन्तु दूसरी ओर तुलसी के परम मित्र कृष्ण भक्त कवि नंददास सिंहपुर गाँव के नन्हेमल की पत्नी खतरानी के लिए इतने आसक्त हैं कि दिन-रात भूखे-प्यासे उसी के घर के आगे बैठे रहते हैं। नंददास के इस इकतरफ़ शिखर प्रेम को भी नागरजी ने अंततः निरर्थक आसक्ति ही प्रमाणित किया है। प्रथम दृष्टया तुलसी-मोहिनी प्रेम या नंददास का एक पक्षीय आकर्षण सोहनी-महिवाल, हीर-राँझा या लैला-मजनूँ के प्रेम से कहीं कमतर दिखाई नहीं देते। पत्नी रत्ना और पति तुलसी की अंतरंगता भी प्रेम का सर्वोत्कर्ष-स्वरूप ही दिखाई देता है। परन्तु नागरजी ने अंततः इन सभी को कायिक-वासना प्रमाणित करते हुए प्रभु भक्ति को ही प्रेम का सर्वोच्च स्वरूप माना है। नागरजी ने प्रेम के इस स्वरूप की कल्पना निस्संदेह तुलसी के जीवन चरितों के अनुरूप ही की है, अन्यथा कथाकार अमृतलाल नागर की अन्य कथाओं में प्रेम स्वरूप निश्चय ही बिलकुल अलग है। *बूँद और समुद्र* के सज्जन और वनकन्या का प्रेम, इसी उपन्यास के महिपाल, पत्नी कल्याणी और प्रेमिका डॉ. शीला का प्रेम त्रिकोण, *शतरंज के मोहरे* के नवाब नसीरुद्दीन हैदर और कुदसिया बेगम का प्रेम, *अमृत और विष* के रमेश और रानी का प्रेम देह

से प्रारंभ होकर आत्मा तक पहुँच कर अनवरत प्रखर होता है।

इस प्रकार कथाकार अमृतलाल नागर *मानस का हंस* उपन्यास में अन्य रचनाओं से अलग तुलसी के मोहिनी और रत्ना के साथ सांसारिक आसक्ति के ऊपर 'राम-प्रेम' की स्थापना करते हैं। इस प्रेम के बिना *रामचरितमानस* का सृजन संभव ही नहीं था।

तुलसी की भक्ति वस्तुतः तुलसी के भाव का आधार लिये है। इसी कारण तुलसी 'सृजन' और 'वाचिक अभिव्यक्ति' करते हुए इतने भावमय हो जाते हैं कि उस के प्रभाव से विशाल जनसमूह भी मंत्रमुग्ध हो जाता है। निस्संदेह 'भक्ति' और 'भक्ति की अभिव्यक्ति' दो भिन्न तत्त्व हैं। तुलसी की भावमय भक्ति का प्रारंभ तो तब से हो गया था जब पालनहारा पार्वती अम्मा की मृत्यु के बाद अनाथ बालक रामबोला ने हनुमानजी का चबूतरा साफ़ कर उसे न केवल अपना आश्रयस्थल बनाया, अपितु हनुमान की मूर्ति से अपना सुख-दुख भी बाकायदा कहना प्रारंभ कर दिया। अपनी भक्ति को और दृढ़ करते हुए जब बालक रामबोला ने शमशान में जाकर शंख बजा देने की न केवल शर्त स्वीकार कर ली अपितु भक्ति से अपने मर्म पर विजय पाने के लिए *हनुमान चालीसा* की रचनाकर डाली।

मेधा भगत की राम भक्ति देख कर युवा तुलसी का ईष्र्या करना भी वस्तुतः अपनी भक्ति को और परिष्कृत और व्यापक करने की परोक्ष प्रेरणा थी। भक्ति से उत्पन्न मन की शुचिता तुलसी के समस्त व्यक्तित्व को तो आभा-मंडित करती ही थी, तुलसी को अद्भुत आत्मबल भी प्रदान करती थी। सहनशील तुलसी ने जब लोलार्क मठ के बाहर ईष्र्यालु पंडितों के गुर्गों का निरंतर दुष्प्रचार और मठ में आने वाले भक्तों को परेशान करने का सिलसिला बढ़ते देखा तो तुलसी ने पहली बार क्रुद्ध होकर काशी में सार्वजनिक रूप से रामकथा पाठ करने की घोषणा कर दी। तुलसी की भक्ति ने ही तुलसी को काशी से पहली बार इतने व्यापक और सफलतम रामकथा पाठ की प्रेरणा और शक्ति दी। यह घोषणा और रामकथा पाठ निरभिमानी तुलसी की भक्ति और नैतिक बल की तो अनूठी विजय थी ही, पूरे काशी को पराजय, निराशा, कुण्ठा, हताशा आदि से उबार कर राममय करने का भी एक अप्रतिम अवसर था, जन-भक्ति का ऐसा सर्वहारा रूप भी इतिहास में अत्यन्त दुर्लभ है।

उस काल-खंड में 'भक्ति' ने कभी सांप्रदायिक-आंदोलन का रूप नहीं लिया। उपन्यास में स्पष्ट है कि बाबर ने अयोध्या में राम मंदिर तुड़वा कर जन्म स्थान पर मस्जिद बनाई, उस मस्जिद की सुरक्षा के लिए बाकायदा सैनिक भी तैनात रहते थे जो आज तक हैं। परन्तु उस समय कोई सांप्रदायिक तनाव फिर भी न हुआ। उसका एक बड़ा कारण यह हो सकता है कि उस समय हिन्दू शक्तिहीन, परास्त थे। कोई हिन्दू-संगठन भी ऐसा नहीं था जो विरोध का वातावरण भी खड़ा कर सके। परन्तु एक बड़ा कारण यह भी था कि उस समय के सभी हिन्दू संतों, धर्माचार्यों ने मंदिर-मस्जिद विवाद को खड़ा करने की बजाय आम व्यक्ति को जीवन जीने के लिए नैतिक साहस और संसाधन देना अधिक अनिवार्य समझा था। जन्मभूमि के पास हिन्दू और मुस्लिम दोनों ही समुदायों के भिखारी बैठे रहते थे। स्वयं तुलसी कुछ समय तक इन्हीं भिखारियों के बीच रहे थे। इससे स्पष्ट है कि हिन्दू और मुस्लिम दोनों ही समाज पतनशील थे। अत: उस समय धर्म का पहला दायित्व मानव और मानवीयता को बचाना था। विपरीत समय में धर्म का ऐसा औदात्यपूर्ण स्वरूप निस्संदेह द्रष्टव्य है।

मानस का हंस का स्त्री-जगत्

अनाथ दुर्भाग्यशाली रामबोला से लोकनायक तुलसी बनने की यात्रा में विभिन्न जाति, समाज, उम्र की स्त्रियों का परोक्ष-प्रत्यक्ष रूप से बड़ा योगदान है। जन्मते ही माँ हुलसी का निधन तुलसी ने भी अन्यों के मुँह से ही सुना। उस अनदेखी माता के प्रति पूरे *मानस का हंस* में कहीं भी तुलसी के मन में गहरा शोकानुभव दिखाई नहीं देता। पर अपने जन्मते ही माँ की मृत्यु की घटना जीवन में जब-जब भी तुलसी के सामने आई होगी, उस अभागिन का कोई मुख, काल्पनिक मृत-देह की काल्पनिक छवि तुलसी के मन में अवश्य कौंधी होगी। परन्तु पार्वती अम्मा का तुलसी को कुछ समय तक वात्सल्य-ममत्व अवश्य मिला। उसे तुलसी कभी नहीं भूले, बल्कि जीवन में अनेक प्रसंगों के समय न केवल पार्वती अम्मा का स्मरण करते रहे, अपितु यह भी कहते रहे कि यदि पार्वती अम्मा उन्हें नहीं पालतीं तो रामबोला जीवित नहीं होता। पार्वती अम्मा की स्मृति से बालक रामबोला हमेशा भाव-मय और मानवीय रहा। ममता पाने और सम्मान देने का पहला उदात्त अनुभव बालक रामबोला को गुरुपत्नी 'आई' से मिला जो शास्त्रों

की विदुषी नहीं परन्तु स्नेह और व्यवहार के सहज ज्ञान ने उन्हें अत्यंत सरल बना दिया था। बालक तुलसी को जीवन में पहली बार अनुशासन में ममता की गहरी छाँव का अनुभव हुआ, जिसका कालांतर में तुलसी के व्यक्तित्व विकास में गहरा प्रभाव रहा। हिंसक समय में भी तुलसी के भीतर ममता-स्नेह के अजस्र-स्रोत का उद्गम निस्संदेह 'आई' की स्मृति ही रही होगी।

मानस का हंस के तुलसी को यौवन का प्रमाण देने वाली पहली स्त्री गणिका मोहिनी थी। वह केवल नवयौवना ही नहीं, अनिंद्य सुन्दरी ही नहीं, केवल उत्कृष्ट गायिका ही नहीं, रूप अभिमानिनी ही नहीं, अपनी सामर्थ्य भर से तुलसीदास को चाहने वाली भी थी। शहर के कोतवाल उस्मान खान की रखैल मोहिनी अपनी माँ की देख-रेख में महल सरीखा भौतिक ऐश्वर्य अवश्य भोग रही थी पर उसका हृदय-कमल तो तुलसीदास ही थे। यदि तुलसी ठीक समय पर अपने राम के लिए प्रतिबद्धता क्षण भर के लिए भूल जाते तो निस्संदेह *रामचरितमानस* का सृजन न हो पाता। तुलसी द्वारा ठुकराए जाने पर आहत कामातुर मोहिनी उन्हें शाप देती है तो तुलसी सहज व्यंग्य से कहते हैं—*''जब महाश्मशान के सारे भूत मिल कर मेरे राम-प्रेम को न खा सके तो तुम्हारा वासना प्रेरित शाप भला मेरा क्या बिगाड़ लेगा? अब मुझे और अपने को व्यर्थ के छलावे में न बाँधो। मैं जाता हूँ। जय सियाराम।''*

ऐसा नहीं है कि तुलसी को मोहिनी की फिर कभी याद न आई हो। परन्तु वह बस एक स्मृति भर ही बन कर रह सकी। हाजीपुर की चम्मो सहुआइन और राजकुँवरी ने तुलसी के प्रति अपना दुर्निवार आकर्षण कई बार, कई प्रकार से अभिव्यक्त किया परन्तु तुलसी क्षण भर के लिए भी उनकी ओर आकृष्ट न हुए। परन्तु ज्योतिषाचार्य पंडित दीनबंधु पाठक महाराज की अनिंद्य सुन्दरी, विदुषी रत्नावली ने पहली ही भेंट में तुलसी के प्राणों में प्रवेश कर लिया, जिसकी परिणति विवाह में हुई। इसी प्राण-वल्लभा के मुँह से निकली एक बात ने तुलसी का समूचा जीवन ही बदल दिया। प्रेम की मान-मनुहार, रूठने-मनाने के समय ही रत्नावली ने कहा—''स्त्री और पुरुष में यही तो अंतर होता है। नारी भले ही कामवश माता क्यों न बने, किंतु माता बन कर वह एक जगह निष्काम भी हो जाती है और पुरुष पिता बन कर भी दायित्वबोध भली प्रकार से अनुभव नहीं करता। सच पूछो तो वह किसी के प्रति अपना दायित्वबोध अनुभव नहीं

करता। वह निरे चाम का लोभी है, जीव में रमे राम का नहीं।''

सच तो यह है कि रत्नावली का यह रोष वास्तव में केवल इसलिए था कि एक तो उस रात तुलसी बिना सूचना दिए ससुराल आए, दूसरे रत्नावली के चचेरे भाई गंगेश्वर और उसकी पत्नी के छिछले व्यंग्य से वह आहत थी और तीसरा कारण कि तुलसी एक दिन पहले ही बड़े आयोजन से कमाया हुआ ढेर सारा धन लगभग पूरा ही दान-पुण्य में उड़ा आए। 'दायित्वबोध' शब्द उसके मुख से इस कारण भी निकला था। लेकिन अपने रोष को विद्वत्ता का रूप देते हुए उसने जो राम नाम से तुलसी के विमुख होने की बात कही, बस वही तुलसी के मन में गड़ गई। एक राजकुमार रात्रि में अपनी पत्नी और पुत्र को सोता छोड़ निकल गया और वह महात्मा बुद्ध बन गया और, एक पंडित-कथावाचक उस रात पत्नी और पुत्र को सोता छोड़ कर निकल गया तो *रामचरितमानस* का रचयिता गोस्वामी तुलसीदास बन गया। उसके बाद लोलार्क मठ के गोस्वामी बन जाने के बाद रत्नावली उनके साथ रहने का अनुनय-विनय करने आई, तब भी तुलसी स्वीकार न कर सके। परन्तु रत्नावली की मृत्यु से पूर्व दर्शन देने का वचन तुलसी ने अवश्य निभाया। बेशक तुलसी स्त्री-जाति के प्रति कभी कठोर नहीं थे। रत्नावली दिवा-स्वप्न की तरह उनकी 'मानस-ग्रन्थि' बन कर सस्मित बार-बार आती रही। वे मानस वार्तालाप भी करते रहे। स्त्री के प्रति सम्मान और सहानुभूति उनके हृदय में हमेशा ही रही। अपने सतीत्व को बचाने के लिए अपने पति के साथ मिल कर दो मुगल सैनिकों को यमलोक पहुँचा कर पति सहित स्वयं भी शहीद हो जाने वाली वीरांगना के प्रति तुलसी बाबा का सिर सम्मान से झुक गया था। भयंकर अकाल में अयोध्या में मस्जिद के पास बिक रही स्त्रियों को देख उनका हृदय हाहाकार करता रहा। तुलसी के व्यक्तित्व निर्माण में इन सभी स्त्रियों की प्रत्यक्ष-परोक्ष बड़ी भूमिका रही है। तुलसी के मन की कोमलता, उदारता और दृढ़ता निस्संदेह इन्हीं स्त्रियों के कारण विकसित हो सकी थीं।

मानस का हंस सामाजिक संचेतना का अध्ययन करते हुए यह अद्भुत तथ्य भी उजागर हुआ कि 16वीं सदी में जन्मे तुलसी और 20वीं सदी में जन्मे आचार्य हज़ारी प्रसाद द्विवेदी के जीवन और सोच में काफ़ी समानताएँ देखी जा सकती हैं। तुलसी के जीवनयापन का मूल आधार कथावाचन था और आचार्य

द्विवेदी ने भी अपने जीवन की पहली कमाई कथावाचक के रूप में ही की थी। दोनों ही महापुरुष समान रूप से लोक मंगल की भावना और समन्वयशीलता के पक्षधर थे। तुलसी आजीवन लोक मंगल के लिए अपनी सामर्थ्य भर से सक्रिय रहे और आचार्य द्विवेदी लोक मंगल भावना से विहीन लेखन को साहित्य ही नहीं मानते थे। जिस प्रकार तुलसी सगुण-निर्गुण, राम-कृष्ण, धर्म-जाति सभी का समन्वय करते रहे, उसी तरह आचार्य द्विवेदी भी इतिहास-कल्पना, मानववाद-साम्यवाद, विधेयवाद-परंपरावाद का समन्वय कर साहित्य जगत् को नई स्थापनाएँ देते रहे।

यह आश्चर्यजनक है कि गोस्वामी तुलसीदास और आचार्य हज़ारी प्रसाद द्विवेदी दोनों ही प्रखर-प्रभावी वक्ता थे। कुशल वक्तृत्व कला दोनों के प्रभामंडल का प्रमुख आधार थी। इसी प्रकार यह भी आश्चर्यजनक साम्य है कि इन दोनों ही रचनाकारों ने अपने को प्रतिष्ठित करने के लिए काशी को चुना। प्रतिष्ठित तो हुए पर द्विवेदीजी के शब्दों में 'घुंडकों' के षड्यंत्रों से दोनों ही अपमानित और प्रताड़ित हुए। पर दोनों का ही रचना कर्म रुका नहीं अपितु निरंतर ऊँचे शिखरों को छूता रहा।

निष्कर्षत: *मानस का हंस* अपनी समग्र सामाजिक संरचना के साथ सकारात्मक संघर्ष का पर्याय बन कर प्रतिष्ठित हुआ है। यह अमृतलाल नागर का वैशिष्ट्य है कि उन्होंने मध्यकाल की चुनौतियों को आधुनिक युग से संबद्ध कर दिया। राम जन्म भूमि का मुद्दा हो या स्त्री सम्मान का प्रश्न, साधक की साधना के समक्ष षड्यंत्रकारियों के उपद्रव हों या विवेकहीन राजा की प्रजा की परिणति, आमजन की सरल आस्था हो या सायास फैलाई गई अफ़वाहें हों, जीत 'तुलसी' की होनी अनिवार्य है, जीत 'राम' की अपेक्षित है। हर युग की अपनी राम कथा अवश्य होती है और उसका रचयिता हर उस युग का तुलसी होता है।

नागरजी देशज शब्दावली, फ़्लैशबैक शैली, फेंटेसी, ऐतिहासिकता को लखनवी अंदाज़ में प्रस्तुत कर *मानस का हंस* को 20वीं सदी का अविस्मरणीय जीवनीपरक उपन्यास के रूप में स्थापित करने में पूर्णत: सफल हुए हैं। यह नागरजी का ही वैशिष्ट्य है कि उन्होंने राम के सान्निध्य में तुलसी को नायक के रूप में प्रतिष्ठित कर दिया।

परम्परा एवं आधुनिक संवेदना का समन्वयात्मक रूप

अनुराधा गुप्ता[*]

लेखन में अपने ख़ास लखनवी अंदाज़ और भारतीय संस्कृति के सजीव चित्रण के लिए जाने जाने वाले अमृतलाल नागर हिन्दी उपन्यास साहित्य की परम्परा में निश्चय ही एक विशिष्ट नाम है। 17 अगस्त 1916, गोकुलपुर, आगरा उ.प्र. में जन्मे नागर जी का पिछला वर्ष जन्मशताब्दी वर्ष के रूप में सादर मनाया गया। इनके उपन्यास उत्तर प्रदेश भूखंड की परिधि में घूमने के बावजूद भूखंडीय एकान्तिक निजता पर सीमित न रहकर सम्पूर्ण भारत और भारतीयता के प्रतिनिधि के रूप में उभर कर आते हैं और यही उनके उपन्यासों की उल्लेखनीय खासियत है। बांग्ला के शरत्चंद्र के उपन्यास के माध्यम से बंगोद्घाटिनी शक्ति हिन्दी में अमृतलाल नागर में ही दीख पड़ती है। प्रेमचंदोत्तर उपन्यास परम्परा में एक दौर ऐसा था जब अधिकांश उपन्यासकार आयातित दर्शनों और विचारधाराओं को भारतीय जनमानस पर रूपायित करते दिखते हैं। यह प्रयोगवाद की स्थिति भारतीय पाठकों के लिए सहज संप्रेषणीय रही हो, संदेहास्पद है। नागर जी भारतीय आत्मा के कुशल चितेरे रहे हैं, उनके उपन्यास भारत की जड़ से जुड़कर भारत की आत्मा का उद्घाटन करते चलते हैं। तभी ये निस्संदेह पाठक को देश की अंतरात्मा और बाह्य परिस्थितियों से साक्षात्कार कराने में सक्षम रहे हैं। उपरोक्त टिप्पणी में जब नागर जी के उपन्यासों को भारतीय संस्कृति का वाहक कहा गया है तो उसके पीछे आशय उपन्यास में आए पात्रों, वस्तुओं और स्थानों के केवल भारतीय नामों और परम्पराओं के स्थूल परिचय से नहीं अपितु कथा के माध्यम से किसी भी भारतीय जाति विशेष, प्रदेश विशेष की जीवन पद्धति के अंतर्बाह्य रूप की उस अन्तरंग पहचान से है, जो पूरे उपन्यास

---

[*] दिल्ली के कमला नेहरू कॉलेज में अध्यापन।

में पैबस्त होती है। इसी सन्दर्भ में यह उल्लेखनीय है कि जब हम बात नागर जी के उपन्यासों में भारतीय परम्परा और संस्कृति के दर्शन की करते हैं तो उस समय उन्हें आधुनिकता से कटा समझने की भूल न करें, हाँ वे पाश्चात्य प्रभावों से आक्रान्त अवश्य नहीं थे।

लगभग ई. सन् 1940 से नागर जी की उपन्यास यात्रा शुरू होती है। *महाकाल* (1942–1943), *सेठ बांकेमल* (1944), *बूँद और समुद्र* (1956), *शतरंज के मोहरे* (1959), *सुहाग के नूपुर* (1960), *अमृत और विष* (1966), *सात घूँघटवाला मुखड़ा* (1968), *एकदा नैमिषारण्ये* (1971), *मानस का हंस* (1972), *नाच्यौ बहुत गोपाल* (1978), *खंजन नयन* (1981), *बिखरे तिनके* (1983), *अग्निगर्भा* (1983), *करवट* (1985) एवं *पीढ़ियाँ* (1990) इनके प्रकाशित बेहद अहम उपन्यास हैं। इनमे *मानस का हंस* गोस्वामी तुलसीदास के जीवन पर लिखी कदाचित सर्वाधिक प्रामाणिक कृति है। *लार्जर दैन लाइफ़* को चरितार्थ करती हुई यह कृति अपने कैनवस में पूरे युग को उसकी समस्त शक्तियों और कमज़ोरियों के साथ समेटने के आयोजन में सफल रही है। प्रामाणिक तथ्यों के अभाव में कृति को इस मुकाम तक ला पाना निश्चय ही बेहद श्रमसाध्य और समर्पण का कार्य रहा होगा, जिसे नागर जी जैसा लेखन को समर्पित लेखक ही कर सकता है। अमृतलाल नागर *मानस का हंस* के आमुख में लिखते हैं, 'यह सच है कि गोसाईं जी की सही जीवन-कथा नहीं मिलती। यों कहने को तो रघुवर दास, वेणी माधव दास, कृष्ण दत्त मिश्र, अविनाश रे और संत तुलसी साहब के लिखे गोसाईं-जी के जीवन के पाँच जीवन-चरित हैं। किन्तु विद्वानों के अनुसार वे प्रामाणिक नहीं माने जा सकते। रघुवर दास अपने आप को गोस्वामी जी का शिष्य बताते हैं, लेकिन उनके द्वारा प्रणीत तुलसी चरित की बातें स्वयं गोस्वामी जी की आत्मकथापरक कविताओं से मेल नहीं खातीं। इस उपन्यास को लिखने से पहले मैंने *कवितावली* और *विनय पत्रिका* को खासतौर से पढ़ा। *विनय पत्रिका* में तुलसी के अंत:संघर्ष के ऐसे अनमोल क्षण संजोए हुए हैं कि उसके अनुसार ही तुलसी के मनोव्यक्तित्व का ढाँचा खड़ा करना मुझे श्रेयस्कर लगा। *रामचरितमानस* की पृष्ठभूमि में मानसकार की मनोछवि निहारने में भी मुझे पत्रिका के तुलसी से सहायता

मिली। *कवितावली* और *हनुमान बाहुक* में खासतौर से और *दोहावली* और *गीतावली* में कहीं-कहीं तुलसी की झाँकी मिलती है।' कथाकार के इस आत्मकथ्य से ही सुधी पाठक और विद्वज्जन यह अंदाज़ा लगा सकते हैं कि चार सौ वर्षों से भी अधिक की अवधि से जिस महाकवि तुलसी ने भारत के जनमानस को रामकथा का अमृतपान कराया, उसके जीवन को आधार बनाकर नागर जी ने कितना परिश्रम करके इस कालजयी रचना का प्रणयन किया। *मानस का हंस* के लेखक के सम्मुख उनके चरित्र की एक छवि थी जो उनका काव्य पढ़कर उभरती थी तथा जिसे लोकमानस में व्याप्त उन्होंने देखा था, उस मानसी छवि को पुष्ट तथ्यों व घटनाओं का आकार देकर साकार बनाना उनका कार्य था। कार्य अत्यंत कठिन था। इसके लिए नागर जी ने दो बिन्दुओं पर स्वयं को केन्द्रित किए रखा। एक तो तुलसी जैसे असाधारण रामभक्त के हृदय में स्थित भक्ति का प्रबल भाव उनके व्यक्तित्व में आरम्भ से ही ढूँढा जाना और उस भाव को उन्होंने लौकिक प्रणय अथवा रति भाव का उदात्तीकरण स्वीकार किया। दूसरा बिन्दु यह है कि तुलसी के काव्य में से उन्होंने मनोवैज्ञानिक विशेषताएँ तथा विशिष्ट मानसिक स्थितियों को पकड़ने व समझने का प्रयास किया। इन्हीं दोनों बिन्दुओं के प्रकाश में जनश्रुतियों को ढालकर लेखक ने तुलसी का सम्पूर्ण जीवन-चरित्र इस कौशल से प्रस्तुत किया कि वह एक कालजयी उपन्यास बन गया।

अमृतलाल नागर हिन्दी के शीर्षस्थ गंभीर उपन्यासकारों में गिने जाते हैं। *मानस का हंस* उनकी उपन्यास कला का सर्वोच्च उदाहरण है, साथ ही उनकी विचारधारा का बेहतरीन नमूना भी। इन्होंने सामाजिक अनुभवों की कसौटी पर अपने विचारों को कसा है। उनकी कसौटी मूलतः साधारण भारतीय जन की कसौटी है। तर्क और अनुभव का विशिष्ट संयोजन यहाँ दिखलाई देता है। *मानस का हंस* में पात्रों का समाजशास्त्रीय, ऐतिहासिक व कहीं-कहीं स्वच्छन्द विश्लेषण उनकी आधुनिक व परम्परा पोषित विचारधारा को सामने लाता है। युवा तुलसीदास के जीवन में मोहिनी प्रसंग का संयोजन अंध श्रद्धालुओं को अनुचित दुस्साहस लग सकता है तो तुलसी के आध्यात्मिक अनुभवों को श्रद्धा के साथ अंकित करना बहुतेरे आधुनिकता के आग्रहियों पर नागवार

गुज़र सकता है। नागर जी इन दोनों प्रकार के प्रतिवादों से विचलित नहीं होते। वस्तुत: तुलसी और भारतीय परम्परा में अदम्य श्रद्धा और तार्किक दृष्टिकोण इस उपन्यास के केन्द्र में कार्य करता है जिसमें अद्भुत साम्य नागर जी बनाए रखते हैं। तुलसी के भीतर 'राम-काम' का द्वंद्व इसी का उदाहरण है। डॉ. मिश्र इस ओर संकेत करते हैं, ''*मानस का हंस* अमृतलाल नागर का एक श्रेष्ठ उपन्यास है। हिन्दी के महत्त्वपूर्ण उपन्यासों में उसकी गणना की जाती है। नागर जी ने अंत:साक्ष्य और बहिसाॅक्ष्य के आधार पर तुलसी के चरित्र की बहुत जीवंत और प्रभावशाली रचना की है। तुलसी के माध्यम से उनके समय का व्यापक परिवेश भी चित्रित हुआ है। तुलसी इस व्यापक परिवेश की विसंगतियों और अपने भीतर की कमज़ोरियों से निरंतर लड़ते हुए तुलसी बनते हैं। राम-काम का जो भयानक द्वंद्व उनके भीतर चलता है उससे लहूलुहान होते हुए भी वे राम के प्रति अपने को सर्वस्व भाव से समर्पित करने में सफल हो जाते हैं।''

सृजनशील रचनाकार अपने युग के प्रति प्रतिबद्ध होता है। नागर जी की प्रतिबद्धता उनके उपन्यासों में बखूबी देखी जा सकती है तभी हर उपन्यास की कथावस्तु अपने परिवेश में सजीव हो उठी है। *मानस का हंस* अपने परिवेश में तत्कालीन युग का महाख्यान है जिसमें भारतीयता की असल खोज की जा सकती है। यह पहचान काल अथवा युग से परिधातीत; समग्र रूप में भारतीय आत्मा की खोज है। युग के प्रति प्रतिबद्धता और सजीवता, वृहद् और गहन शोधपरक कथानक, व्यक्ति के मनोभावों, उसके अंतर्द्वन्द्वों का बेहतरीन चित्रण और सर्वाधिक विशेष बात अंधश्रद्धा से अलग तार्किक विश्लेषण जैसी विशेषताएँ ही *मानस का हंस* को कालजयी रचना बनाती हैं। यह जीवनीप्रधान कालजयी कृति आधुनिकता और परम्परा के मणिकांचन योग का सुंदर उदाहरण है जिसे वस्तुत: भारतीय अस्मिता की पहचान कहा जा सकता है। डॉ. योगेन्द्र लिखते हैं, 'हिन्दी-कथा साहित्य में भले ही प्रेमचंद कथा-सम्राट माने जाते हैं, लेकिन उनके *गोदान* की टक्कर का कोई कालजयी उपन्यास अगर कभी ढूँढ़ा जाएगा तो समीक्षक निश्चय ही *मानस का हंस* स्वीकार करेंगे। जिन महाकवि तुलसीदास ने विश्व साहित्य को कालजयी रचना के रूप में *रामचरितमानस*

जैसा महाकाव्य दिया है, उन्हीं को कथाकार अमृतलाल नागर ने अपने इस कालजयी उपन्यास *मानस का हंस* में अमृत बना दिया।[1]''

भारतीय चिन्तन का केन्द्र व्यष्टि की महत्ता को स्वीकार करते हुए उसका समष्टि में समन्वय रहा है। दोनों का महत्व उनके पारस्परिक एकत्व और संयोजन में माना जाता है। अमृतलाल नागर इस सिद्धांत के प्रबल समर्थक हैं। व्यक्ति की सत्ता समाज से और समाज का अस्तित्व व्यक्ति से है, उनके उपन्यासों का मूल स्वर यही है। *मानस का हंस* में भी वे व्यक्ति के एकांत महत्त्व को अस्वीकार करते हैं, 'टूटी झोंपड़ियों के बीच में अकेले महल की कोई शोभा नहीं होती है। वह अपनी सारी भव्यता कलात्मकता में क्रूर और गँवार लगता है।' नागर जी की यह टिप्पणी समाजवादी व्यवस्था के प्रति उनके दृढ़ आग्रह को दिखाती है। अस्सी के दशक के वर्ग वैषम्य और पूँजीवादी व्यवस्था के विद्रूप फैलाव की टीस यहाँ महसूस की जा सकती है। तुलसी की महामारी और अकाल से पीड़ित जनता के लिए अतीव पीड़ा, आगे बढ़कर युवाओं को एकजुट कर मदद करने की तत्परता जप-तप को समर्पित आत्मकेंद्रित संत के वश की बात नहीं। तुलसी कन्दराओं में कैद हों या जंगलों में भटकते हुए अपने राम को खोजते हों, वे समाज से कट नहीं जाते, उनके राम जन-जन में बसते हैं। उनका कवि मन जिस 'साहब' के प्रति निष्ठावान है वो घट-घट में रमा हुआ है, इसीलिए वे 'मानवमन के दर्शन करने का योग ही जीवन भर साधते रहे'। जन सेवा राम सेवा करने जैसा ही सुख देती है तभी ब्राह्मण हन्ता भूखे-बेहाल दलित को, समाज की कटु भर्त्सना की परवाह किए बगैर, न सिर्फ़ भोजन देते हैं बल्कि उसके पद प्रक्षालन भी करते हैं। अपने विरोधी समाज के द्वारा घोर निंदा का सामना वे पूरे आत्मविश्वास और दृढ़ता से करते हैं। एक युवक प्रश्न करता है...

''सुना है आप जाति-पांति नहीं मानते?''

''मानता हूँ और नहीं भी मानता।''

''कैसे?''

---

1. (योगेन्द्र नाथ शर्मा 'अरुण', *मानस का हंस* : हिन्दी साहित्य की बेजोड़ निधि, साभार नेट, प्रकाशित 6 जनवरी 2015, दैनिक *ट्रिब्यून*)

''वर्णाश्रम धर्म को मानता हूँ परन्तु प्रेम धर्म को वर्णाश्रम से भी ऊपर मानता हूँ।''

तुलसी का दौर और परिवेश कट्टर वर्ण व्यवस्था जैसी तमाम सामाजिक रूढ़ियों और परम्पराओं में जकड़ा हुआ था। तुलसी ब्राह्मण थे, उनकी शिक्षा-दीक्षा इसी परिवेश में हुई। वर्णाश्रम में उनकी आस्था इसी परिवेश की देन है, जिसे नागर जी अपने नायक में नकार नहीं सकते थे, बावजूद इसके मानव धर्म सर्वोपरि रहा है। वे लिखते हैं, 'तुलसी ने वर्णाश्रम धर्म का पोषण भले ही किया हो पर संस्कारहीन, कुकर्मी ब्राह्मण, क्षत्रिय आदि को लताड़ने में वे किसी से पीछे नहीं रहे। तुलसी का जीवन संघर्ष, विद्रोह और समर्पण भरा है। इस दृष्टि से वह अब भी प्रेरणादायक है।' सम्पूर्ण उपन्यास में जीवन के प्रति गहन आस्था व्यक्त हुई है। यह आस्था ही है जो विकट परिस्थितियों में थके हारे व्यक्ति के विश्वास को टूटने नहीं देती बल्कि अटल विश्वास के स्फुरण से जीवन जीने की कला सिखाती है, 'जो देवमूर्ति मंदिर में प्रतिष्ठित होकर लाखों के द्वारा पूजी जाती है वह पहले शिल्पी के हज़ारों हथौड़ों की चोटें भी सहती है।' तुलसी का जीवन संघर्षों की आँच में तपकर सोने-सा निखरा है किन्तु यह आसान न था, कई बार जब वे टूटते हैं निराशा का सघन अन्धकार उनकी आस्था के सूर्य को करीब-करीब निगल ही लेता है। यहाँ तक कि अंतर्द्वंद्व के चरम पर पहुँचे तुलसी आत्महत्या जैसा विचार मन में लाने लगते हैं, किन्तु पुन: अनास्था और निराशा पर आस्था और आशा की विजय होती है, जो सही मायने में भारतीय मूल्यों और दर्शन की जीत है। तुलसी तो सही मायने में आस्था की सजीव मूर्ति बन जाते हैं। *मानस का हंस* उस दौर का उपन्यास है जब साहित्य में अनास्था, निराशा, कुंठा, मृत्यु, त्रास जैसे स्वर गूँज रहे थे तब तुलसी को नायक के रूप में स्थापित करने की चाह और मित्र महेश जी के मत के विरुद्ध 'चमत्कारबाजी की चूहा दौड़' से सर्वथा भिन्न 'यथार्थवादी तुलसी' की तलाश महज़ आकस्मिक घटना तो नहीं हो सकती। वास्तविकता में अनास्था और अविश्वास के दौर में नागर जी मानस के रूप में भारतीय आस्था और विश्वास के स्वर बिखेरना चाहते थे और तुलसी के रूप में एक आदर्श किन्तु यथार्थ के करीब नायक को स्थापित कर भारतीय जनमानस में आशा और संघर्ष की दबी चिंगारी को जलाए रखना चाहते थे।

सत्तर-अस्सी का दशक राजनैतिक, सामाजिक आर्थिक सभी दृष्टियों से गहरी हताशा के साथ उबलते आक्रोश का दौर था। उपन्यास में वर्णित मुगलों-पठानों के दौर की बर्बरता (अकबर के समय को छोड़कर), भारतीय जन मानस की जर्जर और अस्थिर अवस्था, शूल सी गहरी धँसी पीड़ा पाठकों के हृदय को गहरे मथ देती हैं, उनमें स्वराज्य और स्वतंत्रता की कीमत का बोध और गहराने लगता है। जीवन के प्रति मोह, सामंजस्य और संतुलन साम्प्रदायिक सद्भाव, लक्ष्य के प्रति गहरी निष्ठा और लगन, आत्मसंयम और अटूट आत्मविश्वास जैसे मूल्य उपन्यास में गहरे पैबस्त हैं। तुलसी की साधारण मानव से असाधारण संत होने की दीर्घ और विषम यात्रा में जीवन के कई रहस्य छिपे हैं।

मानस का हंस के स्त्री पात्र बेहद महत्त्वपूर्ण हैं। ये स्त्रियाँ विवेकी हैं, तार्किक हैं, स्वाभिमानी हैं, बावजूद इसके प्रायः पुरुषों की काम भावना को भड़काने का काम करती हैं। तुलसी की टिप्पणी 'ढोल गँवार शूद्र पशु नारी सकल ताड़ना के अधिकारी' पर रत्नावली सवाल उठाती हैं किन्तु अधिकांश स्त्रियों को माया और काम की प्रतिमूर्ति मानकर लक्ष्य से भटकाने के आरोप में चतुराई से लेखक इस प्रश्न और तुलसी को आधुनिक आलोचकों की नज़र में अपराधी होने से बच और बचा ले जाते हैं। बहरहाल स्त्रियों के प्रति तुलसी के मन में तब तक कोई दुर्भावना नहीं जब तक वह सीता की तरह चरित्रवान हैं। स्वयं राम-काम के भीषण द्वन्द्वों से डूबते-उबरते तुलसी के मन में काम भावना को भड़काने वाली स्त्रियों के लिए आदर नहीं। इसका एक कारण माना जा सकता है उस समय का सामाजिक वातावरण। तत्कालीन समाज स्त्रियों के लिए घोर अनुदार था, विशेषकर विधवा या वेश्यावृत्ति में लिप्त स्त्रियों के लिए। विधवा स्त्रियों के लिए कठोर और कुत्सित सामाजिक बंधन उन्हें धर्म की आड़ में अपने मन की दमित इच्छाओं को पूरा करने पर मजबूर करता था। साथ ही ढोंगी साधु और मठाधीश धर्म की आड़ में घृणित कृत्यों को अंजाम देते थे। ये सारी स्थितियाँ वजह हो सकती हैं, तुलसी के मन में स्त्रियों की ऐसी नकारात्मक छवि बनाने में। हालाँकि मोहिनी के प्रति आसक्ति और आकर्षण तथा पत्नी रत्नावली का पति की घोर आसक्ति और काम लिप्सा के प्रति तिरस्कार व्यक्त करता यह कथन, 'नारी भले ही कामवश माता क्यों

न बने किन्तु माता बनकर वह एक जगह निष्काम भी हो जाती है। और पुरुष पिता बनकर भी अपना दायित्व अनुभव नहीं करता। वह निरे चाम का लोभी है, जीव में रमे राम का नहीं।' उन्हें राम के करीब ले जाने वाले कारण बनते हैं, जिसके लिए वे हमेशा कृतज्ञ रहे। रत्नावली के प्रति उनकी कठोरता और रत्नावली द्वारा पति परित्यक्तता होने के बावजूद आजीवन पति के प्रति समर्पण पाठकों के मन में करुणा के साथ क्षोभ भी भर देता है। इसका एहसास नागर जी को था तभी अंत समय में उनका प्रायश्चित, रत्ना के प्रति आर्द्रता और पत्नी के अंतिम समय में उसके पास उपस्थिति दिखा कर कहीं-न-कहीं तुलसी के पक्ष में माहौल बनाने की कोशिश करते हैं। निस्संदेह रामबोला से तुलसी और तुलसी से गोस्वामी तुलसी की यात्रा तुलसी के लिए बेहद मुश्किल भरी रही होगी। पुत्र और पत्नी, जो कभी उनके जीवन का केन्द्रीय आधार थे, उनको त्याग पाने का निर्णय, पुत्र की मृत्यु की खबर, एकाकी पत्नी का उनसे उनके आस-पास बने रहने देने की आर्त विनती किसी भी मनुष्य को विचलित कर सकती है, उन्हें भी करती है। किन्तु राम को पाने की ज़िद और प्रेम उनकी अतीव शक्ति बनते है, जो निश्चय ही उन्हें साधारण से असाधारण बनाता है। तुलसी के साधारण से असाधारण होने तक की यात्रा पर आधुनिक आलोचकों ने कई बार सवाल उठाए और उपन्यास की प्रासंगिकता को भी नकारा, क्योंकि इसमें तुलसी को लगातार उठता हुआ दिखाया गया है, जबकि, हमने तो बड़े-बड़े व्यक्तियों का खंड-खंड होकर ढहना और धँसकना ही भोगा है, ये क्षण-क्षण अतिरंजनाओं में विराट होते चले जाते व्यक्तित्व हमारे अनुभव और विश्वास में कहाँ समा पाएँगे ?[1]'' राजेन्द्र यादव के अनुसार *मानस का हंस* लेखक का तुलसीदास के प्रति मात्र श्रद्धा अर्पण का औपन्यासिक प्रयास है। किन्तु मनुष्य का टूटना-ढहना ही तो मात्र लक्ष्य या नियति नहीं। संघर्ष, द्वंद्व से थके-हारे, टूटे, विक्षिप्त व्यक्ति का चित्रण ही मात्र साहित्य को प्रासंगिक नहीं बनाता, बल्कि संघर्ष की शक्ति पैदा करना और खंडित मानव की जगह अदम्य आत्मशक्ति से भरे टूट कर पुनः बार-बार संभलने की कोशिश करते अखंडित मानव की तस्वीर भी उसे प्रासंगिक और आधुनिक बनाती है।

---

1. (आलोचना 13, उपन्यास अंक, 25 अप्रैल-जून, 1973, राजेन्द्र यादव, पृष्ठ 47-48)

समग्रतः *मानस का हंस* में लेखक ने तुलसी के व्यक्तित्व के द्वारा उदार-मानवतावादी दृष्टिकोण की स्थापना की है। तुलसी सगुण भक्त कवि थे। राम के अनन्य उपासक होने के बावजूद इसके अन्य धर्मावलम्बियों के प्रति उनकी दृष्टि आदरपूर्ण थी। तुलसी के युग में विभिन्न मतान्तरों और धार्मिक सम्प्रदायों की परस्पर द्वेषपूर्ण स्थितियों को लेखक ने अत्यंत कौशल एवं निपुणता के साथ प्रस्तुत किया है। ऐसा करके उपन्यास को आधुनिक सन्दर्भों से जोड़ दिया है। तुलसी ने पीड़ित शोषित लोगों को संगठित कर जन समुदाय की पीड़ा हरने की ओर प्रेरित किया और स्वयंशक्ति अर्जित की। इस तरह तुलसी का 'मानस' लोककल्याणकारी नायक की जीवन गाथा है, जिसका मूल स्वर आम जनता का अपना स्वर है।

प्रियाहीन मोहिं भय उपजावा

वेंकटेश कुमार[*]

भारतीय फ़िल्मों में डबिंग-कला की शुरुआत करने वाले अमृतलाल नागर की गहरी दिलचस्पी फ़िल्मों में थी। तुलसीदास पर फ़िल्म बनाने की योजना को ध्यान में रखते हुए ही नागर जी ने *मानस का हंस* की रचना की थी—''अपने परम मित्र फ़िल्म निर्माता-निर्देशक स्व. महेश कौल के साथ बातें करते हुए सहसा इस उपन्यास (*मानस का हंस*) को लिखने का संकल्प मेरे मन में जागा।'' नागर जी यह अच्छी तरह से जानते और समझते थे कि तुलसीदास की प्रामाणिक और सर्वमान्य जीवनी खोज निकालना असंभव है। उन्होंने तुलसीदास की कुछ आरंभिक जीवनियों को भी प्रामाणिक नहीं माना। तुलसीदास के जीवन पर उपन्यास लिखने के लिए तुलसीदास की रचनाओं को ही नागर जी ने सबसे ज्यादा विश्वसनीय स्रोत-सामग्री माना है। तुलसीदास के बारे में लोक में प्रचलित किंवदंतियों का इस्तेमाल नागर जी ने बड़ी ही सतर्कता और तार्किकता के साथ किया है। तुलसीदास के कथावाचक वाले रूप ने नागर जी को सबसे ज्यादा आकर्षित किया। इस उपन्यास के 'आमुख' में नागर जी ने लिखा है कि ''तुलसीदास के ड्रामा प्रोड्यूसर और कथावाचक वाला रूप मुझे चमत्कारी तुलसी से यथार्थवादी तुलसी की ओर ले गया।'' *मानस का हंस* के नायक तुलसीदास रोज़मर्रा की ज़िन्दगी में संघर्ष करने वाले निम्नमध्यवर्गीय व्यक्ति का प्रतिनिधित्व करते हैं।

हमारे देश में रामलीला खेलने की बहुत ही पुरानी और वैविध्यपूर्ण परंपरा रही है। लोकश्रुतियों से नागर जी को पता चला कि तुलसीदास काशी के विभिन्न मुहल्लों में बड़ी ही धूमधाम के साथ रामलीला का आयोजन करते

---

[*] युवा आलोचक वेंकटेश कुमार के अनेक आलेख प्रकाशित हो चुके हैं।

थे। काशी में होने वाली रामलीलाओं में विभिन्न जातियों के लोगों की भागीदारी होती थी। इस तरह की रामलीलाओं के माध्यम से नागर जी रूढ़ि-विरोधी और लोकधर्मी तुलसी तक पहुँच गए। *मानस का हंस* के तुलसीदास आध्यात्मिक और अलौकिक चरित्र नहीं बल्कि मानवीय कमज़ोरियों के शिकार लोकधर्मी चरित्र हैं।

रामधारी सिंह दिनकर को अर्द्धनारीश्वर कवि कहा जाता है। मैं अमृतलाल नागर को अर्द्धनारीश्वर उपन्यासकार कहना पसंद करूंगा। उचित ही रामविलास शर्मा ने नागर जी को नारी-जीवन का विशेषज्ञ कहा है। स्त्री के हृदय में प्रवेश करके उसके दुःख-दर्द को अभिव्यक्त करने के मामले में नागर जी हिन्दी के विलक्षण उपन्यासकार हैं।

मानस का हंस का आरंभ ही स्त्री पात्रों की गतिविधियों से होता है। उपन्यास के आरंभिक पृष्ठों में तुलसीदास के समय के गाँव की सामाजिक संरचना और उसमें स्त्रियों की स्थिति का बड़ा ही मार्मिक और विश्वसनीय चित्र पाठकों के सामने नागर जी ने प्रस्तुत कर दिया है।

वृद्ध तुलसीदास अपनी परित्यक्त पत्नी रत्नावली से मिलने के लिये अपने गाँव राजापुर पहुँचने ही वाले हैं। रत्नावली अपनी ज़िन्दगी की अंतिम साँसें गिन रही हैं। वे अपने घर में अकेली रहती हैं। बेटे तारापति का बचपन में ही देहांत हो चुका है। जैसा कि भारत के गाँवों में आज भी होता है, यदि कोई अकेले है तो उसका अकेलापन और दुःख-दर्द पड़ोसी बाँटते रहते हैं। सबेरे-सबेरे मैना कहारिन जब रत्नावली के घर पर आयी तो उसने रत्नावली को 'अर्ध-खण्डहर' घर में अचेत पड़ा हुआ पाया। वह घबराकर अन्य स्त्रियों को बुला लायी। देखते ही देखते रत्नावली के घर पर हर जाति के स्त्री-पुरुष जमा हो गए। रत्नावली को लेकर सब अपने-अपने संस्मरण सुनाने लगे। इसी क्रम में तुलसीदास का आगमन होता है। उन्होंने रत्नावली से वादा किया था कि ज़िन्दगी की अंतिम घड़ी में वे उससे मिलने ज़रूर आएँगे। नागर जी ने इन दृश्यों में ऐसी नाटकीयता भर दी है, मानो हम तुलसीदास पर कोई फ़िल्म देख रहे हों।

नागर जी एक पल के लिए भी नहीं भूलते कि वे जो उपन्यास लिख रहे हैं, वह फ़िल्म बनाने की प्रक्रिया का अहम हिस्सा है। उपन्यास की शिल्पगत

विशेषताएँ भी उसे सिनेमा के बिलकुल करीब ले जाती हैं। तुलसीदास अपने जीवन की कहानी अपने मित्रों और शिष्यों को सुनाते हैं। इसी क्रम में उपन्यास की कथा आगे बढ़ती जाती है। इस उपन्यास की कथा को आगे बढ़ाने के लिए नागर जी ने 'फ़्लैशबैक' पद्धति का इस्तेमाल किया है।

मानस का हंस के प्रकाशित होते ही विवेकी राय ने *समीक्षा* पत्रिका में इसकी समीक्षा की थी। उन्होंने अपने इस लेख का शीर्षक दिया था—'काम और राम की महान संघर्ष गाथा।' सवाल उठता है कि विवेकी राय ने सिर्फ़ चमत्कृत करने के लिए ऐसा शीर्षक दिया था या *मानस का हंस* सच में काम और राम की महान संघर्ष गाथा है? इस सवाल पर विचार करते हुए *मानस का हंस* के पहले पृष्ठ की कुछ पंक्तियाँ मेरे दिमाग में हलचल मचा रही हैं—'बादल ऐसे गरज रहे हैं मानो सर्वग्रासिनी काम क्षुधा किसी संत के अंतर आलोक को निगलकर रम्भ-भरी डकारें ले रही हो। बौछारें पछतावे के तारों-सी सनसना रही हैं।...बीच-बीच में बिजली भी वैसे ही चमक उठती है जैसे कामी के मन में क्षण-भर के लिए भक्ति चमक उठती है।' अपनी परित्यक्त पत्नी से मिलने जा रहे वृद्ध तुलसीदास की मन:स्थिति का ऐसा वर्णन करके नागर जी ने उन पर बड़ा ही गहरा व्यंग्य किया है।

इस उपन्यास पर विचार करते हुए हमें आरंभ में ही यह समझ लेना चाहिए कि जैसे तुलसी के लिए उनके आराध्य राम थे, वैसे ही नागर जी के लिए उनके आराध्य तुलसी नहीं हैं। उपन्यास के अंत में रत्नावली *रामचरितमानस* के संदर्भ में तुलसीदास से पूछती है कि ''महर्षि (वाल्मीकि) ने उत्तरकांड में धोबी की निंदा सुनकर श्रीराम के द्वारा सीता जी का त्याग कराया है। आपने मानस में वह प्रसंग क्यों नहीं उठाया?'' इसका उत्तर तुलसीदास कुछ इस तरह से देते हैं—''जो अन्याय मैं तुम्हारे प्रति कर सका, वह मेरे रामचंद्र जगदम्बा के प्रति नहीं कर सकते थे।'' तुलसीदास ने रत्नावली के प्रति जो अन्याय किया, उसका गहरा अपराधबोध उनके मन में बना रहता है। इस संदर्भ में नागर जी रत्नावली की ओर से तुलसीदास से न सिर्फ़ जिरह करते हैं बल्कि उपन्यास में अनेक स्थल पर उनका मजाक भी उड़ाते हैं। यह सच है कि लोक और शास्त्र दोनों ने ही रत्नावली के व्यक्तित्व के साथ न्याय नहीं किया है। *मानस का हंस में*

नागर जी ने रत्नावली के संपूर्ण व्यक्तित्व को पाठकों के सामने उद्घाटित करने की कोशिश की है। नागर जी के *मानस का हंस* के केन्द्र में तुलसीदास और रत्नावली दोनों हैं। रत्नावली का जब देहान्त हो गया तो एक स्त्री ने उनके बारे में जो कहा वह देखने-सुनने लायक है—''हम तो कहते हैं कि ऐसी धरमपत्नी सबको मिले। औरों की तो फँसाय देती हैं पर दादी ने तो बाबा की बिगड़ी बनाय दी।'' उनसठ साल बाद तुलसीदास जब अपने गाँव लौटते हैं और अपनी पत्नी को अंतिम साँसें लेते हुए देखते हैं तो अपराधबोध के सागर में डूबने लगते हैं। नागर जी ने इस दृश्य का बड़ा ही जीवंत चित्रण किया है—'केवल चार आँखें एक-दूसरे में टकटकी बाँधे बड़ी सजीव हो उठी हैं। पति की आँखों में अपार शांति और प्रेम तथा पत्नी की आँखों में आनन्द और पूर्ण कामत्व का अपार संतोष भरा है।' तुलसीदास को लगता था कि आनंद और काम की इच्छा उन्हें राम से दूर कर रही है, इसलिए वे लगातार अपने भीतर काम की भावना से लड़ाई लड़ते रहते थे। रत्नावली के सामने कभी भी यह समस्या रही ही नहीं। उपन्यास में जब भी तुलसीदास और रत्नावली साथ-साथ होते हैं, तब तुलसीदास को अपना व्यक्तित्व संकुचित दिखाई पड़ता है। दरअसल तुलसीदास ने रत्नावली के साथ जो अन्याय किया था, उसकी सजा देने का एक भी मौका इस उपन्यास में नागर जी अपने हाथ से जाने नहीं देते। लेकिन ध्यान देने वाली बात यह है कि नागर जी ऐसा करते हुए तुलसीदास के व्यक्तित्व को संपूर्णता प्रदान करने की कोशिश करते हैं, लोक और शास्त्र की प्रचलित धारणाओं को दुरुस्त करने की कोशिश करते हैं। रत्नावली जब तुलसीदास को नारी-निन्दक कहती हैं तो इस आरोप का उत्तर देते हुए तुलसीदास अपना हृदय चीरकर रत्नावली के सामने रख देते हैं—''तुम्हारे विरह और प्रेम के उद्गार इतने शुद्ध थे कि वे राम के उद्गार बनकर जानकी माता के प्रति अर्पित हो गए''—

''देखहु तात वसंत सुहाना,
प्रियाहीन मोहिं भय उपजावा।''

तुलसीदास अपने अपराधबोध से मुक्ति के लिए एक से एक भावुक उद्गार रत्नावली के सामने प्रकट करते हैं—''तुम्हारी वासना से उबरा किंतु तुम्हारे प्रेम में डूब भी गया।'' रत्नावली तुलसीदास की ऐसी भावुक बातों को सुनकर सिर्फ़

हँस भर देती है। रत्नावली की इस हँसी के माध्यम से नागर जी संपूर्ण पुरुष-जाति पर कटाक्ष करते हैं। पुरुषों में यह आम धारणा रही है कि स्त्रियों का जितना चाहो अपमान करो, बस थोड़ी-सी प्रशंसा-मात्र से वे अपना सारा अपमान भूल जाती हैं। लेकिन मध्ययुगीन स्त्री रत्नावली की कटाक्षपूर्ण हँसी के माध्यम से नागर जी ने नारीवाद का नितांत प्रगतिशील पक्ष हमारे सामने रखा है। एक स्त्री को उसके दुधमुँहे बच्चे के साथ अकेला छोड़कर उसका पति कहीं चला जाए, उनसठ वर्ष बाद उसकी खोज-खबर लेने उसके पास आए और प्यार-मोहब्बत की बातें करने लगे तो स्वाभाविक तो यही है कि पत्नी कटाक्षपूर्ण हँसी हँसकर अपने पति की औकात बता दे। रत्नावली तुलसीदास के साथ ऐसा ही करती है। *मानस का हंस* की रत्नावली एक विदुषी महिला हैं। उन्हें विद्वता का संस्कार अपने पिता से मिला है। तुलसीदास से रत्नावली का परिचय कराते हुए रत्नावली के पिताजी कहते है—''है तो मेरी बेटी, पर मैंने उसे बेटे की तरह से ही पढ़ाया-लिखाया है।'' रत्नावली के घर में ग्रंथों का विशाल भंडार देखकर तुलसीदास आश्चर्यचकित रह गए। रत्नावली के पिता ने कहा कि ''रत्ना इन्हें अपने प्राणों से भी ज्यादा सहेज कर रखती है।'' रत्नावली की विद्वता और 'दर्पयुक्त सौंदर्य' के प्रति तुलसीदास आकर्षित हो गए। वे रत्नावली से कहते हैं, ''मेरे जीवन की परिस्थितियों ने मुझे दीनता प्रदान की थी और तुम्हारे भीतर अभिजात्य दर्प था। जानती हो रत्ना, तुम्हारे उस सहज दर्पयुक्त सौंदर्य को अपनाने के लिए ही मैं अपने वैराग्य से विरक्त हुआ था। जो मुझमें नहीं था वह तुममें था।'' लेकिन रत्नावली से विवाह के पश्चात् उसका 'दर्पयुक्त सौंदर्य' ही तुलसीदास के लिए समस्या बन जाता है। लोक और शास्त्र में यह किस्सा मशहूर है कि रत्नावली ने यह कहते हुए कि हड्डी और मांस के बने मेरे शरीर से तुम जितना प्यार करते हो, उतना प्यार राम के प्रति दर्शाते तो तुम्हारा कल्याण हो जाता। अपने पति तुलसीदास को फ़टकार लगायी थी। नागर जी ने इस प्रचलित किंवदंती में बिलकुल नया अर्थ भर दिया है। शायद तुलसीदास के पत्नी-परित्याग के कदम को सही साबित करने के लिए लोक में यह किंवदंती गढ़ी गई होगी। लौकिक व्यक्ति को अलौकिक बनाने के लिए लोक इस तरह के फ़ॉर्मूले का खूब इस्तेमाल करता आया है। नागर जी लौकिक को अलौकिक बना देने के फ़ॉर्मूले का विरोध

करते हैं। इसलिए यह स्वाभाविक ही है कि *मानस का हंस* के तुलसीदास पत्नी-परित्याग के अवसाद से खुद को कभी मुक्त नहीं कर पाते। पत्नी-परित्याग के केंद्र में प्रचलित किस्से का बड़ा ही मार्मिक चित्रण इस उपन्यास में नागर जी ने किया है। तुलसी और रत्नावली का दाम्पत्य जीवन बड़े ही अच्छे ढंग से बीत रहा था। तुलसी और रत्नावली दोनों एक-दूसरे को पाकर खुद को सौभाग्यशाली समझते थे। एक बार एकांत के क्षणों में तुलसी ने रत्ना से कहा कि ''तुम्हारा आकर्षण ही मेरा राम-मार्ग है। तुम्हें और इस आँखों के तारे (बेटा) को श्री सीताराम ने ही अपने प्रति मेरी अनुरक्ति बढ़ाने के लिए कृपा करके मुझे दिया है। तुम दोनों मिलकर ऐसा दर्पण बन जाते हो, जिसमें मुझे रामरूप की प्रतिछवि दिखाई देती है।...तुमसे सच कहता हूँ रत्नू, अब तो बाहर-भीतर कहीं जाता हूँ तो तुम्हारे बिना मेरा मन उचट-उचट जाता है। तुम दोनों को छोड़कर मैं अब जीवित नहीं रह सकता।'' सवाल उठता है कि अपनी पत्नी और बेटे के प्रति इस तरह के विचार और आकर्षण रखने वाला व्यक्ति अचानक से अपनी पत्नी और बच्चे को छोड़कर हमेशा-हमेशा के लिए चला क्यों जाता है। सच तो यह है कि तुलसीदास अपनी पत्नी और बच्चे को अचानक या पत्नी द्वारा फ़टकारे जाने की वजह से नहीं छोड़ते। स्त्रियों के प्रति तुलसीदास के हृदय में बारूद जमा हो रहा था, जिसमें एक रात रत्नावली की बातों ने चिंगारी सुलगा दी। राम-कथा का वाचन करके अपने घर का खर्च चलाने वाले तुलसीदास को अपनी पत्नी और बेटे की याद सताने लगती है। एक सटीक भविष्यवाणी करने के कारण उन्हें ढेर सारे पैसे मिले थे। स्वाभाविक रूप से इस खुशी के मौके को वे अपनी पत्नी और बेटे के साथ बाँटना चाहते थे। जब से तुलसीदास को रत्नावली का साथ मिला तब से वे घर से दूर रहना पसंद नहीं करते थे। लेकिन पापी पेट का सवाल सामने आ जाता था। रत्नावली तुलसीदास को समझाती रहती थी कि घर का खर्च चलाने के लिए आपको बाहर जाना ही होगा। तुलसीदास घरजवाई बनकर रत्ना के पास रहते थे। रत्ना का कोई भाई नहीं था। इसलिए उनके पिता ने अपनी संपत्ति का वारिश रत्ना को ही मान लिया था। लेकिन रत्ना के चचेरे भाई गंगेश्वर की नज़र रत्ना की संपत्ति पर लगी रहती थी और वे उस संपत्ति पर अपना स्वाभाविक अधिकार मानते थे। ज़ाहिर है गंगेश्वर तुलसीदास को पसंद नहीं करते थे। इन

सब की वजह से घर में हमेशा कलह का माहौल बना रहता था। तुलसीदास के स्वाभिमान को कोई ठेस पहुँचाए, तो इसे रत्नावली बर्दाश्त नहीं कर पाती थी। एक दिन रत्नावली ने तुलसी से कहा—''...राम का नाम लेकर और अपना जी कड़ा करके तुम काशी चले जाओ।'' तुलसीदास को असमंजस की स्थिति में देखकर उन्हें समझाते हुए रत्ना ने कहा—''इतनी भक्ति और वैराग्य की बातें करते हो और थोड़े दिनों के लिए मेरे बिना संयम से नहीं रह सकते? तुम्हारे जैसे व्यक्ति को यह शोभा नहीं देता।'' निश्चित रूप से रत्नावली की ऐसी बातें सुनकर तुलसी को झटका लगा। लेकिन शांतचित्त से सोचकर उन्होंने काशी जाने का निर्णय लिया। काशी में रहकर कथावाचक का काम करते हुए तुलसी बीच-बीच में रत्ना के पास जाने का वक्त निकाल लेते थे। ऐसे ही एक बार तुलसी काशी से घर जा रहे थे तो रास्ते में तेज़ वर्षा होने लगी। लेकिन कष्ट सहते हुए भी आधी रात को तुलसी अपने घर पहुँच गए। घर पहुँच कर तुलसी अपनी पत्नी को ढेर सारे पैसे का हिसाब बताने लगे। रत्ना को लगा कि उसके पति ने स्वयं कमाये हुए पैसों को बिना वजह ही इधर-उधर बाँट दिया है। इस बात पर रत्ना तुलसी से नाराज़ हो गई और बोली—''लक्ष्मी कहती है कि जब मैं आऊँ तो पहले मुझे घर से निकालने की उतावली मत करो। हमारे बप्पा कहा करते थे कि दान-पुण्य करना अच्छी बात है पर गृहस्थ को सोच-समझकर ही सब कुछ करना चाहिए।'' इसके बाद पति-पत्नी में थोड़ी सी नोक-झोंक होती है। रत्नावली के प्रति अपने प्यार का इज़हार करने के उत्साह में तुलसी कुछ ऐसा बोल गए, जो उन्हें कदापि नहीं बोलना चाहिए था—''तुम और केवल तुम ही मेरा मायापाश हो। एक जगह मुझे पुत्र से भी इतना अधिक मोह नहीं है। तुम न रहो तो उसे किसी को भी सौंप के मैं विरक्त हो जाऊँगा।'' एक माँ अपने बेटे के प्रति अपने पति की ऐसी उदासीनता भला कैसे बर्दाश्त कर सकती है। रत्ना तुलसी पर बिफ़र पड़ी—''स्त्री और पुरुष में यही तो अंतर होता है। नारी भले ही कामवश माता क्यों न बने किन्तु माता बनकर वह एक जगह निष्काम भी हो जाती है।...सच पूछो तो वह किसी के प्रति अपना दायित्व अनुभव नहीं करता। वह निरे काम का लोभी है, जीव में रमे राम का नहीं।'' ऐसी बातें तुलसी से रत्ना पहले भी करती रही है। लेकिन इस बार रत्ना की बातों से तुलसी को बहुत बड़ा झटका लगा। तुलसी को आत्मग्लानि

हुई कि अपने बेटे के बारे में ऐसा कैसे बोल गए! नागर जी ने तुलसी के मुख से अपने बेटे की अवहेलना की बात कहलवाकर इस पूरे प्रसंग को एक नया अर्थ दे दिया है। अंततः तुलसी घर-त्याग का निर्णय करके रात्रि में ही चुपके से काशी के लिए प्रस्थान कर गए।

ऊपर मैंने स्त्रियों के प्रति तुलसी के हृदय में बारूद जमा होने की बात कही है। यह बारूद कैसे जमा हो रहा था? इसे समझने की शुरुआत हम उपन्यास में चित्रित मोहिनी-प्रसंग से करते हैं। रत्ना से विवाह के पहले तुलसी काशी में रहकर एक पाठशाला में बच्चों को पढ़ाने का काम करते थे और स्वयं काव्य-कला की बारीकियाँ सीख रहे थे। इसी क्रम में मोहिनी नामक वेश्या से तुलसी को प्यार हो गया। दरअसल तुलसी मोहिनी की गायन-शैली पर फ़िदा हो गए थे और मोहिनी तुलसी की गायन-शैली पर। अब तुलसी मोहिनी के दर्शन-मात्र के लिए बेचैन रहने लगे। लेकिन एक तरफ़ गरीब ब्राह्मण तुलसी और दूसरी तरफ़ एक बड़े सेठ की रखैल मोहिनी, महलों में रहने वाली मोहिनी। तुलसी लाख प्रयास करके भी मोहिनी तक पहुँच नहीं पा रहे थे। प्यार में असफल तुलसी के हृदय में अपराधबोध की भावना पनपने लगी, आत्मग्लानि उपजने लगी—‘‘...राम के आगे मोहिनी? परब्रह्म मर्यादा पुरुषोत्तम के आगे वेश्या?’’ लेकिन मोहिनी ने अचानक से तुलसी के सामने यह प्रस्ताव रख दिया—‘‘मैं शीघ्र-से-शीघ्र आपको लेकर यहाँ से निकल जाना चाहती हूँ।’’ तुलसी मोहिनी के इस प्रस्ताव से डर गए और साथ भागने की हिम्मत न जुटा सके। इस पर मोहिनी ने उनका मज़ाक उड़ाते हुए कहा, ‘‘मैं यह भूल ही गई थी कि पंडित लोग बड़े ही कायर होते हैं।’’ मोहिनी इतने पर ही नहीं रुकी, उसने तुलसी को प्रेम का पाठ भी पढ़ा दिया—‘‘प्रेम विचार-विचरण मात्र से नहीं होता ब्रह्मचारी जी, वह मनुष्य को कर्म-संलग्न करना जानता है।’’ लेकिन तुलसी तो उस समय भी काम और राम के द्वंद्व से गुज़र रहे थे—‘‘प्रेम मैं राम से करता हूँ। तुम्हें पाकर कदाचित शीघ्र ही मेरे मन में यह असंतोष भड़केगा कि नारी तृष्णा के कारण मैंने राम को खो दिया।’’ इस तरह मोहिनी के वासनायुक्त प्रणय-निवेदन को तुलसी ने ठुकरा दिया। लेकिन अपने हृदय से तुलसी अपने पहले प्यार मोहिनी को कभी भी निकाल नहीं पाए। मोहिनी तुलसी के हृदय में

अपराधबोध और आत्मग्लानि रूपी बारूद बनकर निवास करने लगी।

काशी में रहते हुए तुलसी एक कथावाचक के रूप में काफ़ी लोकप्रिय हो गए थे। काशी की कई स्त्रियाँ तुलसीदास पर मोहित रहती थीं। उनमें से कुछ स्त्रियाँ तुलसी से अपना प्रणय-निवेदन करके उन्हें धर्म-संकट में भी डालती रहती थीं। तुलसी अपनी काम-भावना से संघर्ष करने को तैयार थे, लेकिन विवाह करने के नाम पर भड़क जाते थे। कोई यदि उन्हें विवाह करने की सलाह देता तो उससे कहते—''नदी-नालों में डूब न जाऊँ इसलिए राम जी ने दया करके मुझे बहुत पहले ही समुद्र में डुबाकर फिर उबार लिया था।'' तुलसी के दोस्त उन्हें यह कहकर डराते भी रहते थे कि ''तुम्हारे आस-पास अब ऐसी भगतिनें मँडराने लगी हैं जो साधु-संन्यासियों का ही शिकार खेलती हैं।'' *मानस का हंस* में नागर जी ने तत्कालीन स्त्रियों की भौतिकता का बड़ा ही साहसी चित्रण किया है। स्त्रियाँ भी अपनी शारीरिक-संतुष्टि के लिए उचित पुरुष की खोज में रहती थीं। तुलसी ने खीझ कर अपने दोस्त राजा से कहा, ''विलासिनी स्त्रियाँ मुझे तंग करती हैं।'' *मानस का हंस* के स्त्री-पात्र पुरुषों के हाथ की कठपुतली नहीं है। उनका अपना स्वतंत्र व्यक्तित्व है। चाहे मोहिनी, रत्नावली, राजकुँवरी और चम्पा हों या तुलसी को बचपन में पाल-पोस कर बड़ा करने वाली पार्वती हो—सभी स्त्रियाँ अपना स्वतंत्र व्यक्तित्व रखती हैं। निश्चित रूप से अर्द्धनारीश्वर उपन्यासकार नागर जी की यह बहुत बड़ी विशेषता है। *मानस का हंस* के दो स्त्री-पात्र रत्नावली और राजकुँवरी विधवा हैं। उपन्यास में इन दोनों पात्रों का विधवा होना आकस्मिक और अकारण नहीं है। कहने की आवश्यकता नहीं होनी चाहिए कि तत्कालीन समय और समाज में विधवाओं की क्या स्थिति रही होगी! राजकुँवरी तुलसीदास से प्रभावित होकर रोज़ दोपहर में उनकी कुटी पर आने लगी—'राजकुँवारी के सुंदर-सलोने-श्याम-मुख की छवि उनकी (तुलसीदास की) आँखों में बार-बार आने लगी। आँखों में राजकुँवरी और कानों में राम-राम की गूँज उनके मन में परस्पर-विरोधी तरंगें उठाने लगी।' काम और राम के द्वंद्व में राजकुँवरी रूपी बारूद भी तुलसी ने अपने हृदय में जमा कर लिया। चम्पो सहुआइन नामक विधवा का जैसा चित्रण नागर जी ने अपने इस तुलसी युग पर केंद्रित उपन्यास में किया है,

वह हिन्दी उपन्यास में एक नई चीज़ है। चम्पो का परिचय देते हुए नागर जी लिखते हैं—'हाजीपुर की चम्पो सहुआइन तुलसीदास शास्त्री पर बेपनाह रीझ उठी थी।...भरी जवानी में चार वर्ष पहले विधवा हो गई पर उछलते अरमानों और पैसे की गर्मी ने उसे कभी वैधव्य अनुभव न करने दिया। अपनी तेलघानी चलाती, खेतों में काम कराती और लोक-व्यवहार के सारे काम मर्दों की तरह बेझिझक होकर स्वयं ही कर लेती थी। जब से तुलसी पण्डित की तेजवान सूरत और गोरी-चिट्टी कसरती देह पर उसकी डेढ़ आँख गड़ी है तब से सहुआइन को हाजीपुर में रहना तक अखरता है।...कभी-कभी मौका पाकर चरण छूने के बहाने उसके हाथ बहककर घुटनों के ऊपर जाँघ तक पहुँच जाते।' एक स्त्री के बारे में इस तरह की बातें पढ़कर स्त्री-विमर्श का ढोल पीटने वालों के भी होश फ़ाख़्ता हो जाएँगे। हमें यह समझना चाहिए कि राजकुँवरी और चम्पो जैसे चरित्र गढ़ने का साहस नागर जी में लोक से ही आया है। कहना न होगा कि *मानस का हंस* के नगीना हैं ऐसे स्त्री-पात्र।

अब हम इस सवाल पर विचार करेंगे कि *मानस का हंस* के तुलसीदास में काम और राम का जो द्वंद्व है, उसे इस उपन्यास का पाठक कैसे ग्रहण करे? इस बात को समझने के लिए हमें तुलसीदास की शिक्षा-दीक्षा का मूल्यांकन करना चाहिए। हम जानते हैं कि तुलसीदास का बचपन दारुण गरीबी के बीच भिक्षा माँगकर पेट पालते हुए गुज़रा। बालक तुलसीदास की देखभाल करने वाली बूढ़ी अम्मा पार्वती का जब देहांत हो गया तो बालक तुलसी एकदम से अकेले हो गए। वे हनुमान की मूर्ति वाले चबूतरे को साफ़ करके हनुमान जी से प्रार्थना करते हैं—''...अब तो तुम रामजी के दरबार में हमारी अरदास पहुँचा दो। हम भी और दूसरे लड़कों की तरह अ-आ-इ-ई पढ़ें और हमको दुइ रोटी का सहारा होई जाय।'' इसी चबूतरे पर बालक तुलसी को नरहरिदास जैसा गुरु मिला। यह तुलसी के जीवन की सबसे बड़ी और निर्णायक घटना साबित हुई। कथावाचन की कला तुलसी ने अपने गुरु नरहरिदास से ही सीखी। नरहरिदास ने तुलसी को अयोध्या के एक आश्रम में पढ़ाई-लिखाई की व्यवस्था करा दी। उसी आश्रम में बालक रामबोला का नामकरण तुलसी किया गया। अयोध्या के इस आश्रम में और फिर काशी में रहते हुए तुलसी ने साहित्य और काव्यशास्त्र

का गंभीर अध्ययन किया। काशी के एक आश्रम में तुलसी अध्यापन का कार्य भी करने लगे। तुलसी कालिदास की कविताएँ अपने विद्यार्थियों को मनोयोग से पढ़ाया करते। अध्यापन के अतिरिक्त तुलसी काशी के मोहल्लों में कथावाचन का कार्य भी किया करते।

जब हम यह कहते हैं कि तुलसी में काम और राम का द्वंद्व चलता रहता था, तो इस संदर्भ में हमें काम और राम के वास्तविक अर्थ को भी समझना होगा। तुलसी जब यह कहते हैं कि मैं राम का चाकर हूँ तो इसका क्या अर्थ है ? राम का चाकर होने का सीधा सा अर्थ है कि हम कोई भी गलत काम नहीं करेंगे। अयोध्या और काशी के आश्रमों का चक्कर लगाते हुए तुलसी यह देख रहे थे कि इन आश्रमों और मठों के लोग भी गलत कामों में लगे रहते हैं। तुलसी के समाज में भी व्यभिचार, छुआछूत, जाति-भेद और ईर्ष्या-द्वेष का बोलबाला था। इस तरह की कुरीतियों से तुलसी लगातार संघर्ष करते रहते थे। तुलसी के 'राम राज्य' की कल्पना अकारण और आकस्मिक नहीं है।

तुलसी के हृदय में अनवरत चल रहे काम और राम का द्वंद्व उनके व्यक्तित्व का कमज़ोर नहीं, बल्कि मज़बूत पक्ष है। नागर जी ने इस उपन्यास में तुलसी के मनोविज्ञान को जिस सूक्ष्मता के साथ पकड़ने और व्याख्यायित करने की कोशिश की है, वह गहरे अर्थों में मनोविश्लेषणात्मक अध्ययन की माँग करता है। इस धरती पर कौन ऐसा व्यक्ति होगा जो काम और राम के द्वंद्व से न गुज़रा हो !

मानस का हंस के तुलसीदास मूलतः भक्त तुलसीदास न होकर साहित्यकार, रचनाकार और समाजसुधारक तुलसीदास हैं। नागर जी ने ठीक ही *मानस का हंस* के तुलसीदास को यथार्थवादी तुलसीदास कहा है। रचनाकार तुलसीदास हमेशा अपनी रचनाओं के बारे में सोचते रहते थे। तुलसीदास जब *रामचरितमानस* लिख रहे थे तो वहाँ के पंडों-पुरोहितों ने उन्हें बहुत तंग किया था। लेकिन तुलसीदास ने हार नहीं मानी। एक सच्चे साहित्यकार की तरह वे अपनी रचनाओं पर पाठकों और श्रोताओं का बेसब्री से इन्तज़ार करते थे। कथावाचक के रूप में उनकी लोकप्रियता साहित्यकार के रूप में उनकी लोकप्रियता का ही प्रमाण है। तुलसीदास जिस समय लिख रहे थे, उस समय

प्रेस की सुविधा तो उपलब्ध थी नहीं। इसलिए वे अपनी रचनाएँ ज़्यादा-से-ज़्यादा श्रोताओं को सुनाने में लगे रहते थे। तुलसीदास के इस प्रयास से उनकी रचनाएँ लोक में वाचिक-परंपरा का हिस्सा बन गईं। आज भी भारत के गाँवों में हज़ारों-लाखों ऐसे निरक्षर लोग हैं, जिन्हें तुलसी की रचनाएँ कंठाग्र हैं। आज के साहित्यकारों को अपनी रचनाएँ पाठकों-श्रोताओं तक पहुँचाने का तरीका कबीर, सूर और तुलसी जैसे साहित्यकारों से सीखना चाहिए।

हिन्दी आलोचना में सगुण-निर्गुण विवाद, रामाश्रयी-कृष्णाश्रयी विवाद को बहुत ज़्यादा महत्त्व दिया जाता है। *मानस का हंस* में नागर जी ऐसे विवादों को निराधार साबित कर देते हैं। एक सच्चे रचनाकार की तरह तुलसीदास अपने पूर्ववर्ती और समकालीन रचनाकारों का बहुत सम्मान करते हैं। रामविलास शर्मा का मानना है कि तुलसीदास ने कालिदास को खूब घोंटा होगा। *मानस का हंस* के तुलसीदास को लोक-भाषा में *रामचरितमानस* लिखने की प्रेरणा आदिकवि वाल्मीकि से मिली थी। स्वप्न में वाल्मीकि ने तुलसीदास से कहा—‘‘इस कलिकाल के निराशा अंधकार में मेरा काम क्या तू कर सकेगा, तुलसी ?... भाषा में *रामायण* की रचना कर! इससे तेरा और लोक का कल्याण होगा।’’ इस उपन्यास में नागर जी ने रामाश्रयी शाखा के कवि तुलसीदास और कृष्णाश्रयी शाखा के कवि नंददास की दोस्ती का जैसा चित्रण किया है, वह अद्भुत है। *मानस का हंस* के तुलसीदास बड़े ही सम्मान के साथ कबीरदास, सूरदास और मीरा जैसे रचनाकारों को याद करते हैं। सूरदास को याद करते हुए तुलसीदास कहते हैं—‘‘मुझे सूरदास जी के श्रीमुख से उनका एक पद सुनने का सौभाग्य मिला था। वाह, कैसा रसमय स्वर था उनका।’’

‘‘अब मैं नाच्यो बहुत गोपाल

काम-क्रोध को पहिर चोलना कंठविषय की पाल’’

मानस का हंस तुलसी के जीवन, उनके समय और साहित्य को समझने के लिए एक महत्त्वपूर्ण उपन्यास तो है ही, ज़रूरी आलोचना-पुस्तक भी है।

तुलसी के जीवन के अन्तःसाक्ष्य

मलय पानेरी[*]

मानस का हंस उपन्यास भक्तिकाल के प्रमुख कवि तुलसीदास के जीवन-वृत पर आधारित है। जैसा कि अक्सर यह कहा जाता रहा है कि तुलसीदास के जीवन पर प्रामाणिक विवरण का अभाव ही इस रचना की मूल प्रेरणा रही है—वहीं यह भी माना जाता रहा है कि तुलसी-जीवन की अधूरी जानकारियाँ उनके पूरे चरित्र का उद्घाटन नहीं कर सकती हैं। अमृतलाल नागर ने इस कृति की भूमिका में यह लिखा भी है कि—''यह सच है कि गोसाई जी की जीवन-कथा नहीं मिलती। यों कहने को तो रघुवरदास, वेणी माधवदास, कृष्णदत्त मिश्रा, अविनाश राय के लिखे गोसाईं जी के कुछ जीवन-चरित हैं, किंतु विद्वानों के अनुसार वे प्रामाणिक नहीं माने जा सकते।'' यह प्रामाणिकता, प्राप्त ऐतिहासिक तथ्यों पर आधारित होती है। इस रचना के बारे में यह माना गया कि इसका आधार रचनाकार ने अन्तःसाक्ष्य को माना है। इस हेतु नागर जी ने *कवितावली* और *विनयपत्रिका* को विशेष रूप से पढ़ा। रामचरितमानस की पृष्ठभूमि में तुलसी ही अधिक सहायक लगे। *मानस का हंस* उपन्यास में तुलसी की जीवनगाथा पूर्वदीप्ति पद्धति (फ्लैश बैक) द्वारा कहलाई गई है।

अमृतलाल नागर के दो उपन्यासों *शतरंज के मोहरे* और *बूँद और समुद्र* पर विश्वंभरनाथ उपाध्याय का एक लेख *आलोचना* पत्रिका (अंक जनवरी, 1966) में छपा था। यद्यपि यह लेख उन दो उपन्यासों पर केन्द्रित था, किंतु उसमें नागर जी के उपन्यासों की सामान्य बातें भी बताई गई थीं। उदाहरणार्थ—''नागर जी हिन्दी के एक प्रमुख उपन्यासकार हैं, उनका अपना एक विशिष्ट स्थान है, वह हिन्दी की प्रेमचंदीय परंपरा को अग्रसर करके उसे बहुआयामी

---

[*]राजस्थान विद्यापीठ, उदयपुर के हिन्दी विभाग में आचार्य एवं अध्यक्ष।

और समृद्ध करने वाले कलाकार हैं। साधारण जनता के विभिन्न वर्गों से प्रतिनिधि चरित्र चुनकर उनकी चेष्टाओं, हावभावों, बोलचाल, मानसिक संघर्षों, उल्लासों और विशिष्टताओं को यथावत् प्रस्तुत करने में वे अद्वितीय कलाकार हैं। यह उपलब्धि ही वस्तुत: उन्हें दूसरे कलाकारों से अलग करती है, यही तत्त्व भेदक-तत्त्व है, जिससे पाठक अन्य रचनाकारों में उन्हें सरलता से पहचान लेता है।'' विश्वंभरनाथ उपाध्याय के उक्त विचारों को ध्यान में रखते हुए *मानस का हंस* कृति पर मुझे अपने विचार प्रकट करना अधिक समीचीन प्रतीत हो रहा है।

अमृतलाल नागर प्रेमचंद परंपरा के एक समर्थ रचनाकार हैं। उन्होंने अपने उपन्यासों में साहित्य और जीवन संबंधी प्रेमचंद के दृष्टिकोण को न केवल अपनाया वरन् बदलते समय के साथ नये संदर्भों में प्रस्तुत कर उसे नयी समृद्धि भी प्रदान की। अमृतलाल नागर के चरित्र-प्रधान उपन्यासों अथवा घटना प्रधान कथानकों वाली रचनाओं को देखने से यह स्पष्ट हो जाता है कि वे साहित्य के माध्यम से मानव जीवन एवं मानव-चरित्र को ही अधिक अभिव्यक्त करना चाहते हैं। इससे यह भी साफ हो जाता है कि साहित्य को लेकर उनका रुझान कलावादी नहीं रहा है। शायद इसीलिए उनकी औपन्यासिक कृतियों में मानव जीवन के विविध रंग हैं और साथ ही उनका बहुपक्षीय चिंतन भी उनमें मौजूद है। उनके उपन्यासों में मुख्य रूप से वस्तुगत और विचारगत भूमिका ही उभरती है। उसी क्रम में वस्तु और विचार के साथ चरित्र अपना विस्तार पाता है तथा उस विस्तार में उपन्यासकार का चिंतन साथ-साथ विकसनशील होता है। नागर जी के उपन्यासों के विचार पक्ष को वस्तु तत्त्व की व्यापकता और समस्या-प्रधानता में ही जाना जा सकता है। ऐसा इसलिए कि घटनाओं और परिस्थितियों के विकास क्रम में ही रचनाकार के विचारों एवं जीवन-दृष्टि की व्यंजना स्पष्ट होती है। नागर जी के अनेक उपन्यासों की यही भूमि रही है, चाहे वह कृति घटनात्मक हो अथवा चरित्रात्मक। चरित्रात्मक कृति की यह सीमा भी कही जाएगी कि उसमें आये सभी पात्र उपन्यासकार के विचारों के प्रवाहक नहीं होते हैं, किन्तु वे उनके विचारों का उपस्थापन तो करते ही हैं।

मानस का हंस अमृतलाल नागर की एक चरित्र प्रधान औपन्यासिक रचना हैं, जिसमें उन्होंने तुलसीदास का जीवन-चरित पाठकों के सामने रखा है। इस

कृति का आशय मात्र यही है कि तुलसीदास की प्रामाणिक जीवनी अनुपलब्ध होने से जो आधी-अधूरी जानकारियाँ सामने आती हैं, वे उनका सही एवं तथ्यपरक मूल्यांकन नहीं करती हैं। इसी कारण तुलसीदास के जीवन-चरित्र के साथ अनेक ऐसी चामत्कारिक घटनाएँ जनश्रुतियों के माध्यम से आ गईं, जिनका तुलसीदास से प्रत्यक्ष संबंध नहीं रहा है। इस उपन्यास को नागर जी ने मानस चतुःशती वर्ष में रचने का संकल्प लिया था और इसका रचनात्मक उद्देश्य यही था कि पाठक जनश्रुतियों पर आधारित तुलसीदास को ही नहीं वरन उनके वास्तविक चरित्र को जानें और पहचानें। इस उपन्यास में उन्होंने महाकवि तुलसीदास की जीवनी को एक यथार्थ एवं तथ्यपरक ज़मीन प्रदान की है। *मानस का हंस* उपन्यास का यही सृजनात्मक ध्येय रहा है। इस कृति में उन्होंने तुलसीदास की जीवनी को इतने यथार्थ रूप में प्रस्तुत किया कि वह एक ऐतिहासिक उपन्यास के बहुत समीप प्रतीत होती है। इतिहास-संबद्ध रचनाओं की विश्वसनीयता तथ्यों और निहित सत्यों पर आधारित होती है। किसी तथ्य का सत्य पा जाना और उस सत्य का ही तथ्य बनना—इतिहास की प्रामाणिकता सिद्ध करता है। इसी दृष्टि को केन्द्र में रखकर नागर जी ने तुलसीदास जी का एक ग्राह्य मूल्यांकन यहाँ प्रस्तुत किया है।

अमृतलाल नागर ने इस उपन्यास में हिन्दी के भक्ति साहित्य के गौरवग्रंथ *रामचरितमानस* के प्रणेता तुलसीदास जी के जीवन और चरित्र को दृष्टिगत रखते हुए क्रांतिकारी विचारों से पाठकों को अवगत कराया है। तुलसीदास ने सामाजिक असुरक्षा के समय में जीवनयापन किया। उस समय सामान्य जन-जीवन मुगलों, पठानों तथा अन्य छोटे-छोटे राजाओं की सेना से आतंकित रहता था। इस कृति के माध्यम से नागर जी ने तुलसीदास और उनकी पत्नी रत्नावली के आपसी संबंधों को एक नये परिप्रेक्ष्य में प्रस्तुत कर तुलसी के जीवन-चरित को मान्य प्रामाणिक स्वरूप प्रदान किया है। वे बहुत साधारण शैली में इस ओर संकेत करते हैं कि यह कृति विधा-धर्म में उपन्यास अवश्य है किंतु इसमें महाकवि तुलसीदास का व्यक्तित्त्व, स्वभाव, रुचि-अरुचि, रत्नावली के साथ व्यवहार आदि का यथार्थ एवं प्रामाणिक विवेचन भी है। यथार्थ और प्रामाणिकता पर वे विशेष रूप से केन्द्रित होते हैं, क्योंकि यहाँ उनका उद्देश्य

तत्कालीन समाज-व्यवस्था के परिप्रेक्ष्य में उस चरित का वास्तविक मूल्यांकन करना है, जिसे अब तक अधूरी जानकारियों ने वास्तविकता से दूर कर रखा था। इस कृति में ध्यान देने योग्य यह भी है कि यहाँ रचनाकार ने तत्कालीन समाज-व्यवस्था से लड़ते हुए तुलसीदास का ही चित्रण नहीं किया है, बल्कि तुलसीदास का चरित्र उकेरने में वे उस व्यवस्था में समाज की विद्रूपताओं को भी उजागर करते चलते हैं।

यदि हम उनके अन्य उपन्यासों को भी देखें तो यह स्पष्ट हो जाता है कि उन्होंने प्राय: सभी वर्गों के पात्रों का चित्रण किया है, किन्तु उनकी संवेदनाएँ सदैव समाज के दलित और पीड़ित वर्गों के साथ रही हैं। वे अपने पात्रों को इस तरह गति प्रदान करते हैं कि उनमें कहीं भी कृत्रिमता या बनावटीपन नज़र नहीं आता है, वरन् वे उस काल की व्यवस्था के साथ घुलेमिले नज़र आते हैं। नागर जी के अन्य उपन्यासों की तरह ही *मानस का हंस* में भी व्यक्ति और समाज एवं उनकी समस्याएँ चित्रित हुई हैं। इस उपन्यास में एक सजग सामाजिक चेतना के साथ-साथ अपने विस्तृत अनुभवों का परिचय भी उन्होंने दिया है। उन्होंने समाज और युग-जीवन का यथार्थ चित्र यहाँ प्रस्तुत करते हुए साथ ही साथ तुलसी का चरित्र विकसित किया है। सामाजिक जीवन की असंगतियों और ध्वस्त होती एक अप्रिय व्यवस्था को नागर जी ने यहाँ अभिव्यक्ति दी है। इस मिटती व्यवस्था से वे एक नयी उभरती चेतना को भी सामने लाते हैं।

उपन्यासकार नागर जी ने यहाँ यह भी बताने का यत्न किया है कि तुलसी ने किस प्रकार से अपने युग की मृतप्राय संस्कृति में नये प्राण फूँके एवं सामाजिक विषमताओं से टूटे हुए हिन्दू-समाज को नयी दृष्टि और दिशा दी। इसी तरह उन्होंने तुलसी के युग के सामाजिक, राजनीतिक और धार्मिक, सांस्कृतिक वातावरण को पुन: जीवित कर दिया है। धर्म और सामाजिक मान्यताओं की स्थापना एवं पुनस्थापना में वे संकीर्णता से बहुत दूर हैं, लेकिन इससे उनके भावात्मक और वैचारिक विकास का पता अवश्य चलता है। इस उपन्यास की कथा का मूलार्थ यही है कि तुलसीदास के जीवन की घटनाओं और परिस्थितियों के साथ युगीन परिवेश और तद्गत परिस्थिति के यथार्थ चित्रण के साथ कथा-मौलिकता को बनाये रखना।

इस उपन्यास की मूलकथा के साथ ही रत्नावली, टोडर, राजाभगत तथा पार्वती के प्रसंग भी विद्यमान हैं। इस कृति के अन्य कथा-भाग भी मूलकथा से संबद्ध हैं—ये कथाएँ मूलकथा की सहायिका के रूप में मौजूद हैं, उसका कारण यह है कि यहाँ नागर जी का मंतव्य उस समय की सारी विपरीत परिस्थितियों में तुलसीदास के चरित्र का उभारने का रहा है। इसीलिए वे उपन्यास की कथा में इन प्रसंगों को इस प्रकार जोड़े रखते हैं कि उससे कथा का मूलांश भी सुरक्षित रहे और उसकी आनुपातिक स्थिति में उसकी श्रेष्ठता भी बनी रहे।

उपन्यास की कथा का आरंभ अवध प्रान्त में मुगलों और पठानों के रक्तरंजित संघर्ष से होता है। संघर्ष की इन्हीं स्थितियों में ग्राम विक्रमपुर में पंडित आत्माराम के घर तुलसीदास का जन्म होता है। अभुक्त मूल नक्षत्र में जन्में इस बालक को माँ-बाप के लिए काल-समान माना और दुर्भाग्य से उसी समय उनकी माता हुलसीदेवी का निधन हो गया। यहीं से तुलसीदास के जीवन की संघर्ष यात्रा शुरू हुई जो आगे चलकर निरंतर बढ़ती रही। संघर्ष की संभावनाएँ जैसे तुलसी के जीवन का अनिवार्य सच बन गई थीं। नागर जी ने यहाँ इसे अच्छी तरह से संकेतित भी किया है कि जीवन के कटुतम अनुभवों को भोगने के बाद भी तुलसीदास का विश्वास जीवन के उज्ज्वल पक्षों से उठा नहीं, वे अंत तक आस्थावान बने रहे। इस कृति के संदर्भ में हम नि:संकोच यह कह सकते हैं कि उपन्यास के वस्तु पक्ष की एक प्रधान प्रवृत्ति न केवल यथार्थ के जीवित संदर्भों के बावजूद उसकी आदर्शोन्मुखता है, बल्कि विचारजन्य आदर्शवादिता भी है, जो इस रचना में प्रत्यक्ष या परोक्ष रूप से व्यंजित है।

इस उपन्यास में नागर जी ने मुख्य रूप से यह सिद्ध करना चाहा है कि अपने समय की तमाम विसंगतियों के बावजूद तुलसीदास मनुष्य और मनुष्य के मंगलमय भविष्य की कामना अंत तक करते रहे। हालाँकि रचनाकार ने यह भी स्पष्ट किया है कि उनकी कल्पना के समाज की रचना उनके जीवन में भले ही संभव नहीं हो पाई हो, किंतु उसकी एक रूपरेखा उनके मन में अवश्य थी, जिसे वे समाज में स्थापित देखना चाहते थे। हमें यहाँ इस दृष्टि को भी समझना चाहिए कि अमृतलाल नागर अपने उपन्यासों में इन्हीं भूमियों पर अपना वैचारिक सामंजस्य सूचित करते हैं। इसी क्रम में वे अपने आदर्शों के प्रतिनिधि अनेक

पात्रों को अपनी कृतियों में जो समस्याओं के काल्पनिक समाधान कहीं नहीं हैं, ऐसा बनाया है कि उनमें आदर्शोन्मुख दृष्टिकोण की स्थिति देखी जा सकती है। *मानस का हंस* का तुलसीदास भी इसी रूप में विकसित हुआ चरित्र है।

मानस का हंस उपन्यास अपने मूल कथानक के साथ जटिल और विस्तृत है। मुख्य कथा तुलसीदास-रत्नावली की ही है परन्तु इसमें अन्य अनेक कथाओं की भरमार है, साथ ही और भी प्रासंगिक कथांश भी पर्याप्त हैं। इस विराट कलेवर की रचना में यह प्रश्न उठना स्वाभाविक हो जाता है कि इन कथांशों को नागर जी ने आपस में संबद्ध कैसे किया? जब हम इन छोटी-छोटी घटना-कथाओं को पढ़ते हुए आगे बढ़ते हैं तब मुख्य कथा के साथ सहायक कथाओं और अन्य अन्तर्कथाओं की संबद्धता इसलिए समझ में आ जाती है कि उन सबका प्रत्यक्ष संबंध तुलसीदास से है। इस उपन्यास की मूल कथा को कुछ सूत्रों से समझा जा सकता है—यथा—रत्नावली तुलसीदास की पत्नी है और उसी के व्यंग्य-वचनों से तुलसीदास पूर्णत: विरक्त हो सके थे। इसी कारण वे राम में एकात्म भाव से रम सके। टोडर, राजा भगत, कवि कैलास, गंगाराम तुलसीदास के अनन्य मित्र हैं और उन्हीं के सद्भाव एवं सहयोग से तुलसी की काव्य-प्रतिभा तथा भक्ति को निखरने का पर्याप्त अवसर मिला। मेघा भगत की कथा से भी तुलसी प्रेरणा लेते रहे और रामार्पित होने में अग्रसर होते रहे। ये ऐसे प्रसंग इस उपन्यास में नागर जी ने लिये हैं जो सीधे तुलसीदास से संदर्भित हैं। रचना के सारे कथा-सूत्र इसी तरह से आपस में गुँथे हुए हैं। ये कथांश तो प्रत्यक्ष रूप से चरित्र-संबद्ध हैं परन्तु यह भी सच है कि जब कोई रचना पौराणिक आख्यान और पात्र से संबंध रखती है तो उसके अन्य प्रासंगिक पहलू भी अनिवार्य रूप से मौजूद होते हैं। इसी संदर्भ में पार्वती का प्रसंग आता है, गंगेश्वर का प्रसंग आता है, रहीम का प्रसंग आता है, साथ ही बटेश्वर मिश्र का प्रसंग आता है। इसका अर्थ यही हुआ कि रचनाकार इतिहास-चरित्र को उसकी संपूर्णता देना चाहता है जिससे कथा-सूत्रों की प्रासंगिकता सामने आए और रचना को सामाजिक धरातल भी मिले, जो रचना का मुख्य उद्देश्य भी है। इस दृष्टि से नागर जी ने अपनी इस कृति में चरित्र-मूल्यांकन को उसकी परिवेशगत समग्रता से संयुक्त किया है।

इस कृति के कथा-सूत्र एवं कथा-प्रसंगों में एकसूत्रता दिखाई देती है।

उपन्यास कला की दृष्टि से देखें तो यह सामने आता है कि नागर जी ने यथा संभव प्रत्येक कथा-प्रसंग को समानान्तर विस्तार देकर समूची कृति के साथ न्याय किया है। कोई भी ऐसा प्रसंग यहाँ दृष्टि में नहीं आता है, जिसे किसी भी तरह से अनावश्यक विस्तार दिया हो। प्रसंगों के स्थान और अवसर तय सीमा को कहीं लाँघते नहीं हैं। जिस प्रसंग और कथा की पूर्ति किसी घटना-विशेष के संदर्भ में यदि सम्पन्न हो गई है तो उसे वहाँ से समाप्त कर उपन्यास को कला की सीमा में भी रखा है। साहित्य के अन्तर्गत कला और शिल्प दोनों की महत्त्वपूर्ण भूमिका होती है और एक ईमानदार रचनाकार अपनी रचना में दोनों के प्रति सजग रहता है। नागर जी अपनी कृतियों को अनुभूत यथार्थ एवं विचारों को सहेजते हुए कलात्मक बनाये रखते हैं। एक बात की ओर यहाँ ध्यान देना उचित होगा कि ऐतिहासिक उपन्यासों में विशेष सजगता इसलिए ज़रूरी होती है कि वहाँ तथ्यों की प्रामाणिकता के अनुसार घटना-संयोजन करना होता है तथा रचना का शिल्प-सौष्ठव भी बनाये रखना होता है। वैसे भी ऐतिहासिक उपन्यासों के बारे में यह माना जाता है कि इनमें कथा और इतिहास के पुराने संबंधों की ही नयी समन्वयात्मक परिणति है। इसमें यह भी स्वीकार किया गया है कि जो अतीत है उस तक मानव अपना विस्तार करना चाहता है, इसीलिए उसकी चेतना अतीत और वर्तमान के बीच एक सेतु बन जाती है। इस संदर्भ में यह भी उल्लेखनीय है कि ऐसी कृतियाँ जो ऐतिहासिक पृष्ठभूमि की होकर भी किसी चरित्र विशेष को उभारने के लिए रची गई हों—वे जीवन के कुछ स्थायी मूल्यों और काल दोनों से ही निरपेक्ष होती हैं। *मानस का हंस* उपन्यास इस भाव पर एकदम खरा उतरता है। उसमें नागर जी ने कवि तुलसीदास की अप्रामाणिक एवं विवादग्रस्त जीवनी को अपनी जीवन्त शिल्प-चेतना से प्रामाणिकता और विश्वसनीयता के समीप ला दिया है। बल्कि यहाँ तक भी माना गया कि नागर जी ने तुलसीदास के जीवन-चरित को मार्मिक और स्फूर्तिमान रूप में प्रस्तुत किया कि उसके काल्पनिक होने में कहीं संदेह हो ही नहीं सकता। कथा-विकास की स्थितियों का विश्लेषण हम आरंभ, उत्कर्ष और अंत के रूप में करते रहे हैं। किंतु *मानस का हंस* उपन्यास को इस प्रकार से विभाजित तो नहीं किया, फिर भी अध्ययन की सुविधा की दृष्टि से उसमें वर्णित घटनाओं को संयोजित अवश्य किया गया है।

इस कृति में उपन्यासकार अमृतलाल नागर ने शिल्प में विविधता, सुन्दरता एवं कलात्मकता लाने के लिए ही विभिन्न कथात्मक पद्धतियों का प्रयोग किया है। ये कथात्मक-पद्धतियाँ ही वर्णन-वैचित्र्य का निर्माण करती हैं। कहीं वे सपाट और सीधे तौर पर वर्णात्मक रूप से कथा कह जाते हैं तो कहीं वे पात्रों की मानसिक स्थिति का विश्लेषण कर कृति-कथा को आगे बढ़ाते हैं। पात्रों के माध्यम से गति पाती कथा विधा को कलात्मक बनाये रखती है। इन्हीं कथात्मक पद्धतियों के क्रम में वे कहीं कथा का विकास स्मृति-अवलंब से भी करते हैं तो कहीं नाटकीयता का सहारा भी लेते हैं। इसी बीच पात्रों के आपसी संवाद ही मनोविश्लेषण का काम भी करते हैं। मनोविश्लेषण का अच्छा द्रष्टांत कृति नायक तुलसीदास द्वारा 'रामायण-रचना' के समय देखा जा सकता है—जहाँ वे अन्यमनस्क भी हैं और मनोविश्लेषक भी हैं। जैसे—''रामायण रचते-रचते तुलसीदास ने एकाएक अपनी कलम रख दी और गहरी चिंता की मुद्रा में सूनी उदास दृष्टि से अपनी कोठरी के बाहर चमकते प्रकाश को देखने लगे। मन करता है, रे तुलसी प्रतिष्ठा का दशानन तेरी भक्ति को हर ले गया है। तू काव्य में जिस असीम भक्ति की बातें कर रहा है, वह क्या सचमुच तेरे पास हैं?'' अक्सर हम देखते हैं कि कोई भी पात्र आत्मविश्लेषण की स्थिति में चिंताग्रस्त होता है और तब ही वह स्वगत के माध्यम से आत्मालाप भी करता है। आत्मालाप की इस स्थिति में रचनारत तुलसीदास स्वयं का ही विश्लेषण करता है। मनोविश्लेषण की ऐसी स्थितियाँ इस कृति में अनेक स्थानों पर मिलती हैं। इसे हम उपन्यास के कथांशों की शैली के रूप में पाते हैं। नागर जी की रचनाओं में यह विशिष्ट प्रवृत्ति पाई ही जाती है कि वे किसी भी प्रविधि से पात्र के आन्तरिक जीवन में उतर कर उसकी चेतनधारा के सभी चढ़ाव-उतारों का अंकन करते हैं।

इस कृति का नायक तुलसीदास रचनाकार की इसी विशिष्ट शैली में पल्लवित-पोषित पात्र है। जब तुलसीदास विभिन्न प्रकार की सामाजिक विसंगतियों से ग्रस्त होकर भी अपने काम से भटकता नहीं दिखाई देता है, उसके पीछे रचनाकार की दृष्टि ही है। नागर जी पात्रों की संकटकालीन स्थितियों के कुशल चित्रकार हैं। ऐसी स्थितियों में एक स्थिति वह भी होती है, जब पात्र अपनी और समय की उलझनों से ऐसा घिर जाता है कि उससे बाहर निकलने

का कोई उपाय ही नहीं सूझता। तुलसीदास भी इन्हीं प्रकार की परिस्थितियों से ग्रस्त होता है लेकिन ऐसे में भी रचनाकार ने उसे पराजित मन नहीं बनाया है वरन् प्रतिकूलताओं में भी अनुकूलता ढूँढ़ने वाले पात्र के रूप में प्रतिष्ठित किया है।...और किसी भी चरित-कथा की यह अनिवार्यता भी है। रचनाकार अपने नायक पात्र को उदात्त रूप में दिखाना भी चाहेगा।

मानस का हंस जीवन-चरितात्मक होते हुए भी इसीलिए एक युग के यथार्थ को अपने में समेटे हुए है। इस कृति की कथा आरंभ से अंत तक विविधता के साथ रोचक और जिज्ञासा-वृद्धि की है। जैसा कि ऊपर बताया जा चुका है कि इसमें अनेक अन्तर्कथाएँ मौजूद हैं। किन्तु उसका दूसरा पक्ष यह भी है कि कथा और घटना-विविधता के बावजूद इसमें मौलिकता का ह्रास नहीं है। इसमें नागर जी ने जीवन की गहन तथा गूढ़तम मूलभूत अनुभूतियों की नियोजना की है। इस मौलिकता में कहीं भी कल्पना-संयोजन नहीं है। उसका कारण साफ़ है कि जीवन-चरितात्मक होने के कारण इस कृति की मूलकथा तो लोक-विश्रुत है किंतु उसे औपन्यासिक धरातल प्रदान करने के लिए कहीं-कहीं कुछ कल्पना का अबाधक अवलंब अवश्य लेना पड़ा है। इस कृति में जिस तरह से घटनाओं को संयोजित किया गया, उससे उसकी मौलिकता स्पष्ट है। तुलसीदास के जीवन की घटनाओं और परिस्थितियों के साथ ही युगीन परिवेश और तद्गत परिस्थिति का सरल व स्वाभाविक चित्रण कर रचनाकार ने अपने वर्णन-कौशल का परिचय दिया है। इस मौलिकता को हम मोहिनी-तुलसी प्रणय-प्रसंग में देख सकते हैं, जिसके संदर्भ में रचनाकार ने स्वयं उसकी भूमिका में इस तरह उल्लेख किया है—

''उपन्यास में एक जगह मैंने नवयुवक तुलसी और काशी की एक वेश्या का असफल प्रेम चित्रित किया है। यह प्रसंग शायद किसी तुलसी-भक्त को चिढ़ा सकता है लेकिन ऐसा करना मेरा उद्देश्य नहीं है। 'तन तरफत तुव मिलन बिन' आदि दो दोहे पढ़े, जिनके बारे में यह लिखा था कि यह दोहे तुलसीदास जी ने अपनी पत्नी के लिए लिखे थे। जनश्रुतियों के अनुसार गोसाई बाबा अपनी पत्नी को पीहर तक नहीं जाने देते थे, फिर बाबा उन्हें यह दोहे वाली चिट्ठी क्यों भेजने लगे ?'' यहाँ उसी मौलिकता के संदर्भ में हम देख सकते हैं कि जनश्रुत

बातों को यदि घटना के तौर पर भी सही मान लिया जाए तो यह स्वाभाविक सा प्रश्न पाठक के मन में अवश्य पैदा होगा, जैसे रचनाकार नागर जी उठा रहे हैं। यह रचनाकार का कौशल ही है कि वे कृति के मूल मंतव्य के प्रति सचेष्ट रहते हुए उस समय एवं समाज की व्याख्या भी करते चलते हैं। कभी-कभी रचना में समाहित उपकथाएँ इसी आशय की होती हैं, जिसे रचनाकार कृति की मूलकथा और पात्रों से संबद्ध रखता हुआ अपने उद्देश्य तक पहुँचता है। *मानस का हंस* रचना में नागर जी ने पंडित आत्माराम और हुलसी के प्रसंग से लेकर गंगेश्वर के प्रसंग तक रचना-कथा को सुसंबद्ध रखा है। यह रचनाकार की विलक्षणता ही है कि वह मूल कथा के साथ अन्य कथा को, चाहे वह ख्यात हो या काल्पनिक इस ढंग से उसे प्रस्तुति देते हैं कि उसमें समाहित सभी प्रसंग परस्परता में जुड़े रहते हैं। वे उनमें इस प्रकार से एकान्विति स्थापित करते हैं कि प्रसंगानुरूप उनका विकास और विस्तार होता है।

मानस का हंस उपन्यास में चरित्र और घटना-संदर्भ में सामंजस्य के लिए नागर जी ने प्रसंगों के अनुकूल कहानी को मान्य और ग्राह्य रूप दिया है। इतना ही नहीं यथार्थ स्थितियों के संदर्भ में तुलसीदास के व्यक्तित्त्व को भली-भाँति परीक्षित किया है और अनेक स्थलों पर आदर्श और यथार्थ की टकराहट के फलस्वरूप होने वाले परिवर्तनों पर भी अपने विचार व्यक्त किये हैं। उद्देश्य की पूर्णता लक्ष्य होने के कारण नागर जी ने कथांशों को आवश्यक विस्तार दिया है। इस विस्तार का उद्देश्य मूलकथा को गति प्रदान करने के साथ ही तुलसीदास के चरित्र को प्रामाणिक तथ्यों के आलोक में प्रकाशित करने का रहा है। इस उपन्यास में अन्तर्कथाओं के माध्यम से विशिष्ट व्यक्तियों के चरित्र को पूर्णता और भव्यता तथा वास्तविकता प्रदान की गई है। वास्तव में देखा जाए तो यहाँ इस कृति में हम एक और सत्य से भी परिचित होते हैं कि यह उपन्यास अपने मूल कलेवर में इतना वृहद् है कि केवल तुलसीदास के चरित्र को नितान्त अकेले पूर्णाकार देना कला-संगत नहीं जान पड़ रहा था, शायद इसीलिए अधिक पात्रों को स्थान देकर तुलसी-चरित्र को कथा-प्रसंगों के अनुकूल बनाया गया। जब तक पात्रों का तुलनात्मक स्वरूप चित्रित न हो तब तक मुख्य पात्र का चरित्र उद्देश्य के अनुरूप उभर नहीं पाता है। उदाहरण के लिए हम पं. बटेश्वर मिश्र

के प्रसंग को समझ सकते हैं—यह प्रसंग मुख्य कथा को प्रत्यक्ष प्रभावित करता है। ईर्ष्यालु बटेश्वर के कारण तुलसीदास को अनेक खतरे उठाने पड़ते हैं और उनमें वे सफल भी होते हैं। इसी तरह से रत्नावली के चचेरे भाई गंगेश्वर का संबंध भी मुख्य कथा से इसलिए है कि वह रत्नावली और तुलसीदास दोनों से अमैत्री भाव रखता है। अत: इस प्रकार की घटनाओं से तुलसीदास वैराग्य का मानस बनाने लगते हैं। इसमें गंगेश्वर की मुख्य भूमिका से इंकार नहीं किया जा सकता है। अन्य अनेक ऐसे प्रसंगों की अधिकता की वजह केवल यही है कि कैसे तुलसी-चरित को शिखर प्रदान किया जाए। इस कृति का यह अन्यतम गुण स्वीकार योग्य है कि सभी मुख्य कथा सूत्र, मुख्य कथा से प्रत्यक्ष संबंध रखते हैं। साथ ही इसमें रचनाकार का यह कौशल भी नज़र आता है कि यहाँ कथाओं और घटनाओं के संयुक्तीकरण में कहीं भी शैथिल्य नहीं आ पाया है। इसी क्रम में वस्तु-विन्यास में अन्तर्कथाओं की आवश्यकता और स्थान भी विचार-योग्य हैं। जहाँ अन्तर्कथाएँ पात्रों के विगत इतिहास को प्रस्तुत करने में साह्य सिद्ध होती हैं वहीं विशेष चरित्रों को समझ में आने लायक स्वाभाविक विस्तार भी मिल जाता है। लेकिन यहाँ उपन्यासकार नागर जी ने तुलसी चरित को सही रूप में व्याख्यायित करने के लिए इस कृति की भूमिका में लिखा भी है—''इसी प्रकार गोस्वामी जी के अन्य जीवन-चरित भी सच से अधिक झूठ से जुड़े हुए हैं। परन्तु यह मानते हुए भी *'कवितावली', 'हनुमान बाहुक'* और *'विनय पत्रिका'* आदि रचनाओं में तुलसी के संघर्षों भरे जीवन की ऐसी झलक मिलती है कि जिसे नजरअन्दाज नहीं किया जा सकता। किंवदंतियों में जहाँ अंधश्रद्धा भरा झूठ मिलता है, वहाँ ही हकीकतें भी नज़र आती हैं, जिनसे गोसाईंजी की आत्मपरक कविताओं का तालमेल बैठ जाता है। इसके अलावा मेरे मन में तुलसीदास जी का 'ड्रामा प्रोड्यूसर' और कथावाचक का रूप भी था, लेकिन चमत्कारी तुलसी से अधिक यथार्थवादी तुलसी की मैं वकालत करने लगा।'' यहाँ रचनाकार उस तथ्य को पाठक से साझा कर रहे हैं जिससे इस कृति की रचना-भूमिका बनी। साथ ही वे यह भी बताते हैं कि तुलसी के अन्त:संघर्ष ने ही उन्हें तुलसी के मनोव्यक्तित्त्व का ढाँचा खड़ा करने की प्रेरणा दी। इस चरित्रांकन में लेखक ने तुलसी के उन विचारों को भी समाहित किया है, जो हमारे समाज में धर्म की

आड़ में हमेशा पाखण्डों से प्रश्रय पाते रहे हैं। तुलसी-युग भी इससे बचा हुआ न था—इसीलिए रचनाकार ने उपन्यास में इसका पर्दाफाश किया है। यहाँ कथा का क्षेत्र चूँकि राम-क्षेत्र अयोध्या है इसलिए रचनाकार ने यहाँ के पोंगा-पंथी ब्राह्मणों के धार्मिक पाखण्ड और कर्मकाण्ड को विशेष रूप से चित्रित किया है, ताकि इसके उन्मूलन में भारतीय जनता में चेतना-प्रसार किया जा सके। इसी प्रकार इस कृति में अमृतलाल नागर हिन्दू-मुस्लिम संदर्भ में भी इस ढोंग को प्रस्तुत करते हैं।

मानस का हंस उपन्यास में नागर जी ने समाज में व्याप्त अनाचार और अनैतिकता को विशेष रूप से अभिव्यक्ति दी है; उसका कारण भी स्पष्ट ही है कि तत्कालीन समाज में फैले हुए धार्मिक और सांस्कृतिक मठों में व्याप्त पापाचार और अन्य अमानवीय कार्यों से तुलसी को किस प्रकार लगातार सामना करना पड़ रहा था। इस सामाजिक व्यभिचार से लड़ते तुलसी ही उस समय के समाज-उन्नायक हो सकते थे। इसीलिए अमृतलाल नागर के उपन्यास *मानस का हंस* में तुलसीदास का यही चरित्र नायक के रूप में अधिक स्वीकार हुआ।

कवि की अन्तस्संघर्ष कथा

शिव शरण कौशिक[*]

महाकवि गोस्वामी तुलसीदास पर अब तक हुए अनुसंधानों की एक सुदीर्घ परम्परा रही है, उन पर अनेक ग्रंथ भी लिखे गये हैं; संभवतया एक ऐसे कवि-भक्त जिन पर संसार में सर्वाधिक अनुसंधान हुए हैं। उनमें से अधिकांश ग्रंथों में तुलसी के साथ बहुत से चमत्कार तथा अलौकिक घटनाएँ जोड़ दी गईं जिससे उनके मानवीय स्वरूप तथा जीवन की सामान्य मानवीयता के पक्ष कुछ कमज़ोर रहे। साथ ही उन्हें चमत्कारी संत के रूप में दिखाया जाता रहा। लेकिन हिन्दी साहित्य के दो महान उपन्यासकारों ने तुलसीदास के जीवनवृत्त को केन्द्र में रखकर जिन उपन्यासों की रचना की है, उनमें रांगेय राघव रचित *रत्ना की बात* तथा अमृतलाल नागर का *मानस का हंस* महत्त्वपूर्ण रचनाएँ हैं।

अमृतलाल नागर रचित *मानस का हंस* में तुलसी अलौकिकता व चमत्कारपूर्णता से एकदम परे पूर्णतया मानवीय हैं। रचना को पढ़ते समय निरन्तर ऐसा लगता है, जैसे एक साधारण, अभावग्रस्त, प्रतिभावान बालक रामबोला लगातार पीड़ाएँ झेलते हुए भी अपनी अभावग्रस्तता, संकटग्रस्तता और प्रतिभा के बल पर किये गये संघर्ष से एक विराट जीवन की जिजीविषा पाता है और बार-बार अपने जीवन की हार को संघर्ष के बल पर विजय में परिवर्तित कर देता है। उनका यह सामान्य मानवीय संघर्ष ही उन्हें संघर्ष का महानायक बना देता है। गोस्वामी तुलसीदास का व्यक्तिगत संघर्ष समूची मानवता का संघर्ष बन जाता है। वे जहाँ-जहाँ रहते हैं और जहाँ-जहाँ जाते हैं, वहीं पर सामाजिक चेतना की अलख जगाते हैं। वे एक ऐसे कर्मयोगी बन जाते हैं जिसमें रामभक्ति

---

[*] सुपरिचित समीक्षक शिव शरण कौशिक साहित्य की प्रामाणिक व्याख्या के लिए जाने जाते हैं।

उनके आत्मसंघर्ष की सबसे बड़ी ताकत बन जाती है। 'तुलसी की दृढ़ता और भक्ति साधना एक प्रकार की कर्म साधना ही है।'

तुलसी जिन-जिन स्थानों पर जाकर रामभक्ति या रामचरित काव्य लेखन की ओर प्रयास करते हैं तब पग-पग पर आने वाले व्यवधानों तथा अत्याचारी ब्राह्मण प्रतिद्वन्द्वियों द्वारा उपस्थित किये जाने वाले संकटों तथा आक्रमणों से जूझने और उन पर नियंत्रण पाने के लिए वे एक कुशल प्रबंधक की भाँति किशोरों, युवाओं को संगठित करते हैं, उनके पहलवानी के अखाड़े चला कर किशोर-युवाओं को शारीरिक रूप से बलिष्ठ बनाना चाहते हैं, शिक्षा से अज्ञानता को दूर करने का प्रयास करते हैं। उपन्यास में नागर जी ने तुलसी के माध्यम से एक ऐसा ऐतिहासिक पात्र निर्मित किया है जो न केवल एक कुशल प्रबंधक है बल्कि समानान्तर रूप से वह जनता की सार्वजनिक समस्याओं के निराकरण के लिए सामूहिक प्रयासों के साथ जागरूकता का अभियान चलाता है, जो तुलसी के यथार्थवादी मानवीय रूप की उद्भावना करता है। अमृतलाल नागर का इस उपन्यास लेखन के पीछे मुख्य ध्येय भी सम्भवतया तुलसी के संघर्षशील मानवीय व्यक्तित्व का पुनर्सृजन करना है। जैसे तुलसी ने 'राम-चरित' लिखा है तो नागर जी ने 'तुलसी-चरित' लिखा है। उपन्यास से आद्योपान्त सामान्य पाठक का संस्कार रूप में एक आत्मीय संबंध बना रहता है और 'सामाजिक' तुलसी के संघर्ष में अपने संघर्ष को देखने लगता है। यह इस रचना की सफलता भी है और सार्थकता भी।

तुलसीदास एक जागरूक समाजद्रष्टा और समाज की विद्रूपताओं को यथार्थवादी दृष्टिकोण से अनुभव कर उनके प्रति 'स्नेहमयी वाणी' से उद्बोधन का अमर मंत्र देने वाला ऐसा युग निर्माता है जो भारतीय समाज की समकालीनता की ठीक से पहचान करता है। एक तरफ़ उनके *रामचरितमानस* ने मध्य युग के मुलसमान शासकों और धर्मांध आततायियों से त्रस्त प्रजा को रामभक्ति की पुनीत काव्य-सरिता के द्वारा संतृप्त किया तो साथ ही दूसरी ओर तत्कालीन भारतीय समाज में व्याप्त धार्मिक-पाखण्ड और पापाचार से मुक्ति का एक सुदीर्घ अभियान चलाया, जिसमें उन्हें पग-पग पर आने वाली बाधाओं से संघर्ष करना पड़ा। "तुलसी सचमुच महान और युग-प्रवर्तक पुरुष थे। सदियों के

बाद उनके रूप में भारत को एक ऐसा भाग्य विधाता मिला था जिसने रूढ़ि-रोग ग्रस्त पतनशील समाज का सही मार्गदर्शन कर उसे हताशा और परमुखोपेक्षिता के भयंकर अंधकार से बाहर निकाला था और उसे वह संजीवनी शक्ति प्रदान की थी जो उसकी प्राण-शिराओं में आज तक प्रवाहित हो रही है।''

मानस का हंस स्वातंत्र्योत्तर काल में लिखा गया एक महत्त्वपूर्ण ऐतिहासिक उपन्यास है जिसमें अमृतलाल नागर ने इतिहास की सामग्री को चिरन्तन मानवीय समस्याओं या समकालीन चेतना के संदर्भ में पुनर्निर्मित किया है। *मानस का हंस* का तुलसीदास 'काम' और 'राम' के संघर्ष से 'रामत्व' की ओर उन्मुख होता है। रामत्व की आधारशिला पर इतिहास और कल्पना के समन्वय के कारण ही रचना का सामाजिक प्रभाव तथा तुलसी का मानवतावादी दृष्टिकोण परिलक्षित हुआ है।

उपन्यास को सोद्देश्य होना चाहिए, उपन्यास केवल मनोरंजन के लिए न होकर मनुष्य-जीवन को अपरिमित शक्ति और सुन्दरता देने वाला होना चाहिए। इतिहास और यथार्थ भी ऐसे ही मौलिक तत्व होते हैं जो आदर्श की अपेक्षा मनुष्य समाज की अगणित बुनियादी समस्याओं पर अपना दृष्टिकोण रखते हैं। निश्चय ही अमृतलाल नागर भी भारतीय आदर्शों तथा विचारों के पोषक रहे हैं। वे ऐतिहासिक मूल्यांकन के आधार पर गोस्वामी तुलसीदास की जीवनी को केन्द्र में रखकर समाज में व्याप्त पुराने-नये मूल्यों के अन्तस्संघर्ष के साथ मनुष्य की उन मूल भावनाओं को उद्घाटित करते रहे जिनसे मनुष्य समाज के कल्याण का मार्ग प्रशस्त होता है। नागर जी भी प्रेमचन्द के समान ही हिन्दी उपन्यासों में चिरन्तन कही जाने वाली मानव-भावना के विकास के साथ ऐतिहासिक यथार्थवादी दृष्टिकोण के समर्थक रहे हैं। ये दोनों ही रचनाकार करुणा, सेवा, त्याग और प्रेम जैसे भारतीय-सांस्कृतिक उदात्त मूल्यों के उपासक रहे हैं। यह यथार्थवादी दृष्टिकोण ऐतिहासिक तथा जीवनीपरक उपन्यासों के पात्रों के सामाजिक गुण-दोषों से पूर्ण होने के साथ ही अपनी व्यक्ति-चेतना से संचालित हैं, इच्छाशक्ति से परिपूर्ण हैं। *मानस का हंस* के तुलसीदास की व्यक्ति-चेतना भी निरन्तर अन्तस्संघर्ष की चेतना है, कदाचित वे निश्चित वृत्ति वाले हैं तथा सामाजिक सद् और असद् से निर्मित हैं। परिस्थितियों से संघात करना इनका

मूल स्वभाव बन जाता है। तुलसीदास अपनी दमित इच्छाओं और आकांक्षाओं के मध्य आरम्भिक जीवन से ही जूझते रहे हैं। नागर जी ने तुलसी के इसी अंतस्संघर्ष को अपने उपन्यास का विषय बनाया है। यहाँ यह कहना महत्त्वपूर्ण होगा कि व्यक्ति मन के यथार्थ का चित्रण करने का अर्थ है—उसके व्यक्तित्व की सारी अन्तर्विरोधी प्रवृत्तियों, जटिल संवेदनाओं, विषम मन:स्थितियों का विविधतापूर्ण चित्रण करना। इसीलिए जीवनी प्रधान उपन्यास में एक व्यक्ति के जीवन की घटनाएँ, संघर्ष और अनेक विषमताएँ एक साथ अभिव्यक्ति पाती हैं।

इतिहास की पृष्ठभूमि में भारतीय मध्यकालीन समाज की अनेक समस्याएँ रही हैं, तुलसी उनके प्रति बचपन से ही सजग हैं। मुगलों के आतंक से त्रस्त तत्कालीन संत समाज रामभक्ति को उस समय का कर्तव्यबोध मानता था। इस भावना का प्रकटीकरण उपन्यास के एक प्रकरण में हुआ है जिसमें बाबा नरहरिदास रामबोला को अयोध्या लाकर महंत जी से दीक्षा दिलाते हैं। तब भगवान को साष्टांग करते रामबोला के मस्तक पर तुलसी की एक पत्ती वृक्ष से झर कर गिरी, उसे देखकर महंत जी प्रसन्न मुद्रा में बोले—''उठ, उठ बच्चा, तेरा कल्याण हो गया। रामजी ने तेरे मस्तक पर 'भक्ति-भार' डाल दिया।'' यहाँ उपन्यासकार स्पष्टता के साथ भक्ति को केवल भावनात्मक श्रद्धा से निकालकर सामाजिक दायित्व में रूपान्तरित करते नज़र आते हैं, यहीं से नरहरिदास ने रामबोला को तुलसीदास बना दिया।

तुलसीदास को उपन्यास में रामराज्य की चिंता है। नरहरिदास से हुए संवाद में तुलसी नरहरिदास से पूछते हैं, ''रामराज्य कैसा होता है बाबा?'' बालक तुलसी ने प्रश्न किया।

''बाघ और बकरी एक ही घाट पर पानी पीते हैं। राह में सोना उछालते चलो तो भी कोई तुमसे छीनेगा नहीं। जैसा न्याय रामजी करते हैं वैसा कोई नहीं कर सकता है बेटा। रामराज्य में कोई दीन-दुर्बलों को सता नहीं सकता। कोई भूखा नहीं रहता, कहीं भी चोरी-चकारी और अन्य अपराध जनित कार्य नहीं होते।'' तुलसीदास ब्राह्मण कुल में उत्पन्न हुए थे और उनके जन्म पर माता-पिता को हर्ष के स्थान पर परिताप हुआ था। तुलसी के पिता पण्डित आत्माराम ने तुलसी के जन्म के समय ''जलघड़ी का बारीकी से परीक्षण करके पंचाग

पर नज़र डाली और उदास स्वर में कहा—''हमारा बेटा बुरी साइत में आया।''

''हैं, महाराज ?''

''अभुक्तमूल नक्षत्र! महतारी-बाप के लिए तो काल बनि कै आवा है, काल!'' यह प्रसंग माता-पिता द्वारा तुलसी के जन्म के कारण किसी अनिष्ट की आशंका से तुलसी का परित्याग कर देते हैं जिससे बालक तुलसी का जीवन अत्यन्त कष्टमय हो जाता है। अनेक अपमान सहते हुए भिक्षावृत्ति से वह जीवन निर्वाह करता है। उपन्यास में तुलसी की पालनहारी माँ पार्वती के संरक्षण में भी वह भयानक गरीबी का जीवन जीता है। माँ पार्वती की दर्दनाक मृत्यु और उसके झोंपड़े में लगी आग से अत्यधिक आहत हुआ रामबोला 'इधर-उधर भटकते, भीख माँगते बिलबिलाते-बिलखाते हुए वह सूकरखेत जा पहुँचा। घाघरा और सरयू के पावन स्थल पर महाबीर जी का एक मंदिर, वह वहीं का बंदर बन गया। भक्त लोग बंदरों के आगे चने और गुड़धानी फेंका करते थे। जाति-कुजाति-सुजाति के घरों से माँगे हुए टुकड़े खाते और अपमान सहते रामबोला उस जीवन से इतना चिढ़ उठा था कि अंत में किसी से भी भिक्षा न माँगने का निश्चय किया।' इस तरह तुलसी के बचपन का अन्तस्संघर्ष जीवन के अस्तित्व का संघर्ष बन जाता है।

जीवन के अगले पड़ाव में तुलसी 'राम' और 'रमणी' के बीच भँवर में फँसे स्वयं से जूझते हैं। मोहिनी तथा रत्नावली का प्रसंग और राम की साधना दोनों के बीच तथा कुछ अन्य स्त्रियों के प्रसंग में भी तुलसी विजयी होते हैं और उस संघर्ष पर विजय पाते हैं। उपन्यास में एक स्थान पर रत्नावली से विवाह के प्रस्ताव पर उनकी मन:स्थिति के अन्तर्द्वन्द्व से जूझते हैं। 'स्त्री की भूख एक रहस्य बनकर उन्हें लुभा अवश्य रही थी किन्तु राम-भक्त कहलाना और मेघा भगत के समान जन-समाज में श्रद्धा का पात्र बनना ही उन्हें अभिष्ट था। वे अपनी भक्ति के उत्साह और काम की भूख के परस्पर विरोधी वातचक्रों में नाच रहे थे और अपने सहज धरातल से उखड़े हुए थे। परिणामत: लगातार स्वयं से जूझते हुए रत्नावली से विवाह भी करते हैं।'

यहाँ यह भी बताना उल्लेखनीय है कि तुलसी ने अपने गाँव विक्रमपुर के पुनर्निर्माण की योजना बनाकर राजा भगत और अन्य मित्रों के सहयोग

से उसे पूरा करने में लग गये। नई बस्ती बसाना, अपने उजड़े हुए गाँव को पुनर्वासित करना एक नई सभ्यता का निर्माण है, जन्मभूमि का पुनर्निर्माण तो स्वाभाविक रूप से मौलिक तथा नवीन कल्पना है साथ ही यह तुलसी की अद्भुत अन्त:शक्ति का परिचायक है। काशी जाकर विद्याध्ययन में पारंगत होने तथा पण्डित समाज में काफ़ी प्रतिष्ठा पाने के बाद भी उनका संघर्ष कम नहीं होता। यह एक लंबा क्रम है जिसमें अब वे जीवन के मार्ग में विजय के प्रवाह को पकड़ने लगे और अपनी विद्वता और पण्डिताई के बल पर राम-बोध के साथ तुलसी-बोध के भी व्याख्याता बन गये।'

रत्नावली के प्रबोधन से तुलसी के मन में वैराग्य उत्पन्न होने का वर्णन उपन्यासकार ने किया है। यह भी सच है कि वैराग्य से पूर्व वे अपनी पत्नी पर अत्यधिक आसक्त थे। रामभक्ति की ओर उनको अग्रसर करने की उत्तरदायिनी उनकी पत्नी रत्नावली को ही माना है और इस प्रसंग को उपन्यासकार ने बड़े ही रोचक ढंग से चित्रित किया है। इसी प्रसंग में जब वे अपने ससुराल रत्नावली और अपने बच्चे को देखने निकले तब जिस तरह की स्थितियाँ बनीं उनका चित्रण करते हुए उपन्यासकार लिखते हैं, 'नाव नदी में आधी दूर ही पहुँची होगी कि बिजली कहीं कड़कड़ाकर गिरी और हवा-पानी का तूफ़ान आ गया। तेज़ हवा से लहराती, ऊँची-ऊँची लहरों के थपेड़े खाती हुई उनकी नाव कभी-कभी तो अब उलटी तब उलटी वाली स्थिति में आ जाती थी। जब केवट थकने लगा तो तुलसीदास ने पतवारें सँभाल लीं। जीवन की चाह में वे मृत्यु को जीतने लगे।' लेकिन यहीं पत्नी से गृहस्थ जीवन संबंधी उपदेश व पुरुष स्वभाव का विश्लेषण सुनकर उनका स्वाभिमान आहत हुआ। आहत मन ने स्वाभिमान को इतना प्रबल कर दिया कि वे गृहस्थी त्यागकर रामभक्ति का मार्ग अपना वैरागी बन गये।

गृहत्याग के बाद तुलसी काफ़ी समय तक इधर-उधर भटकते रहे। *मानस का हंस* उपन्यास में तुलसीदास की विभिन्न तीर्थयात्राओं की घटनाएँ उन्हीं के रचे पदों के आधार पर निर्मित की गई हैं। तुलसीदास ने अपने जीवन में चित्रकूट, काशी, अयोध्या, जौनपुर, मथुरा, सीतामढ़ी, प्रयाग, मानसरोवर, बदरिकाश्रम आदि प्रमुख तीर्थस्थलों की यात्राएँ की। चित्रकूट में ही उन्होंने

'जानकी मंगल' का प्रणयन किया। पुत्रवियोग से दुखी होकर पति के दर्शन करने तथा सान्त्वना पाने के लिए रत्नावली राजाभगत के साथ यहाँ पहुँची, किन्तु तुलसी इस घटना से चित्रकूट से पलायन कर गये। फिर मिथिला तथा सीतामढ़ी में कुछ दिन बिताकर घूमते हुए अयोध्या पहुँच गये। तुलसी का एक संघर्ष *'रामचरितामनस'* की रचना के दौरान भाषा का भी रहा। उपन्यास के अनुसार ''हनुमानजी और महर्षि वाल्मीकि उनके स्वप्न में आकर जनभाषा में रामकथा लिखने की प्रेरणा देते हैं।'' वाल्मीकि कहते हैं—''इस कलिकाल के निराशा भरे अंधकार में मेरा काम क्या तू कर सकेगा, तुलसी ?''

''आज्ञा करें आदिकवि।''

''भाषा में *रामायण* की रचना कर! इससे तेरा और लोक का कल्याण होगा।'' कवीश्वर फिर कपीश्वर के रूप में दिखलाई देते हैं। गगन स्वर गूँजता है—''अयोध्या जा, *रामायण* की रचना कर!''

तत्कालीन संस्कृतवादी कट्टर ब्राह्मण अपना अस्तित्व खतरे में पड़ता देख उसका मिथ्या प्रचार करते हैं। तुलसीदास ने अपने जीवन का अधिक समय काशी में ही व्यतीत किया था। उस समय काशी में शैव धर्म का बोलबाला था इसलिए वैष्णव तुलसीदास के विरोधियों में सम्प्रदायवादी शैवों की संख्या ही अधिक थी। '*मानस का हंस* में प्रकाण्ड तांत्रिक पण्डित रविदत्त और बटेश्वर मिश्र अपनी तंत्र विद्या के जादू से तुलसी को समाप्त करना चाहते हैं। उपन्यास के नौवें खण्ड में पण्डित रविदत्त तुलसीदास पर मारण प्रयोग भी करते हैं। जब इस सबका तुलसी की विद्वत्ता व लोकप्रियता पर कोई विपरीत असर नहीं पड़ा तो शैवों ने तुलसीदास की जाति पर प्रहार किया। लेकिन तुलसीदास पंडित वर्ग के इन आक्षेपों का मुँहतोड़ जवाब इस पद में देते हैं—

"धूत कहो अवधूत कहो रजपूत कहो जोलहा कहो कौऊ।
काहू की बेटी सों बेटा न ब्याहब काहू की जाति बिगार न सोऊ।
तुलसी सरनाम गुलाम है राम को जाको रुचै सो कहे कछु ओऊ।
माँगि के खैबो मसीत को सोइबो लेबे को एक न देबै को दोऊ।"

उपन्यास में इस पद का उपयोग जिस प्रसंग में किया है वह महन्त जी के एक छबीली नाम की स्त्री के माध्यम से तुलसीदास को नीचा दिखाने के

परिणामस्वरूप उत्पन्न क्रोध के रूप में प्रकट हुआ। 'पुण्यात्मा का स्वाभिमान पापियों के दम्भ के आगे झुक न पाया, वह तेज़ी से द्वार के बाहर निकल गये, फिर पलटकर कहा—''ताली, कूँची सँभाल ले मैं अब यहाँ एक क्षण भी नहीं ठहरूँगा।'' *मानस का हंस* में उपन्यासकार ने यह भी स्पष्ट किया है कि व्यभिचारिणी स्त्रियों के लिए उनके मन में प्रबल घृणा समा गई। कभी-कभी तो ऐसा लगता था कि वे प्रतिक्रियावश स्त्री जाति से ही घृणा करने लगे हैं। पर वस्तुतः ऐसा नहीं था। रत्नावली अब भी उनके मन पर सुन्दर संस्कारों का प्रतिबिम्ब बनकर छाई हुई थी। उसके गुणों के प्रति अनुराग रखकर भी वे मन से अलिप्त रहें इसलिए जगत्जननी का ध्यान करते थे। तुलसी अब मुक्त थे। निरन्तर राम नाम जपना, माँग कर खाना और रात में राम जन्मभूमि पर बनी नई मस्जिद के द्वारे फ़कीरों के बीच पड़े रहना—यही अब उनका जीवन क्रम बन कर रह गया।

उपन्यास में एक महत्त्वपूर्ण प्रसंग आता है जिसमें अकबर ने बाबरी मस्जिद के भीतरी चबूतरे पर रामनवमी को राम जी की पूजा करने की छूट दी थी। किन्तु इस घटना से तुलसी के हृदय में समन्वय का आवेगपूर्ण सोता ऐसे ही नहीं फूटा, बल्कि बाबरी मस्जिद के पास ही एक टीले से प्रतिदिन रामजी के जन्म स्थान को निहारने से मना करने तथा एक मुगल सिपाही द्वारा हटाये जाने पर भावुक तुलसीदास का यह कथन अत्यन्त महत्त्वपूर्ण है, वे कहते हैं— ''रामभद्र, आप साक्षी हैं, मैंने इस मस्जिद से अपने मन में कभी कोई दुर्भाव नहीं रखा। पूज्यभूमि इस रूप में भी पूज्य है। अब भी वहाँ निर्गुण निराकार परब्रह्म के प्रति ही माथा झुकाया जाता है। रामानुजीय मठ से हटने पर मैं यहीं सोने आता था। यहाँ के लोगों से घुल-मिलकर रहता था, तब मैं फ़कीर था, अब हिन्दू हो गया! हे राम जी, इस अन्याय को मिटाने के लिए एक बार आप फिर अवतार लीजिए।'' प्रार्थना करते-करते ही लोभ लगा, ''मेरे जीवनकाल में ही पधारिये नाथ! एक बार मैं अपनी आँखों से आपको देख लूँ। आपके द्वारा छोड़े गए ताज़े पदचिन्हों से अपने मस्तक का स्पर्श करने का अवसर पा जाऊँ...''

उपन्यास में अमृतलाल नागर ने तुलसी के रामकाव्य के माध्यम से व्यक्ति के भीतर की सगुण-निर्गुण खण्डित आस्था को दशरथ-नंदन राम की भक्ति से

जोड़कर प्रस्तुत करते हुए समकालीन समाज की खंडित मानसिकता को पूर्णता प्रदान करने का प्रयास किया है। कथनी और करनी के अंतर को पाटना तुलसी का आजीवन लक्ष्य रहा है। वे आलोचक को भी रचनात्मक होना आवश्यक मानते हैं। पूरी रचना के केन्द्र में मनुष्यता ही तुलसी का लक्ष्य है। वे कहते हैं—

''आलोचक को संवेदनशील होना चाहिए, समाज की बुराइयों पर तीखा प्रहार करते समय भी समाज के प्रति मनुष्यता और करुणा के भाव के बिना आलोचना पेड़ से गिरे दम तोड़ते हुए प्राणी को क्रूर दो लातें मारने के समान है।'' उपन्यास के अंत में तुलसी वात रोग से पीड़ित हो जाते हैं और गंभीर रोग से पीड़ित होने के बावजूद भी राम के प्रति आस्था उन्हें सबल बनाये रहती है। तुलसी का यह विश्वास कि 'आज के हारे थके, हर तरह से टूटे-बुझे हुए जनजीवन को इस आस्था से भर देना चाहता हूँ कि न्याय, धर्म, त्याग और शील आज भी इस जग में विद्यमान हैं। कोई चिंगारी को छोटा न समझे, वह किसी भी समय अनुकूल परिस्थितियाँ पाकर निश्चय ही महाज्वाला बन जाएगी। राम थे, राम हैं, राम सदा रहेंगे—और इस पृथ्वी पर एक दिन रामराज्य आकर रहेगा।' यह कथन तुलसी की रचनात्मकता को आशावादी संभावनाओं में प्रकट करता है, वे इतने विकट और लम्बे संघर्ष के बाद भी मनुष्यता और मनुष्य जीवन की सार्थकता की प्रत्याशा को कभी गौण नहीं मानते।

निष्कर्षत: यह कहा जा सकता है कि महाकवि तुलसीदास के अन्तस्संघर्ष की जीवन गाथा के रूप में *मानस का हंस* एक सार्थक और सफल रचना है जिसमें तुलसी के अन्तर्मन का द्वन्द्व तो प्रकट हुआ ही है साथ ही तत्कालीन समाज, राजनीति, धर्म, अर्थ और संस्कृति के विविध चित्रों की विषद् झाँकी भी इस उपन्यास में देखने को मिलती है। अमृतलाल नागर ने पात्रों के संवाद जनभाषा (अवधी) में लिखकर इसे तुलसी द्वारा रचित समस्त रामकाव्य के और निकट ला दिया है।

मानस का हंस का रचना सार

मानस का हंस की कथा हिन्दी के प्रसिद्ध मध्यकालीन भक्त कवि तुलसीदास के जीवन और उनके समय पर आधारित है। प्राचीन और मध्यकालीन संत-भक्तों के संबंध में खास बात यह है कि वे अपने वैयक्तिक जीवन के संबंध में मौन हैं। उन्होंने अपने संबंध में लिखने से परहेज़ किया है, इसलिए उनके जीवन की रूपरेखा बनाना बहुत मुश्किल काम है। अमृतलाल नागर ने तुलसीदास के संबंध में प्रचलित जनश्रुतियों और उनके साहित्य के अंत:साक्ष्यों को उनके जीवन की पुनर्रचना का आधार बनाया है। उन्होंने उनके समय के इतिहास की भी इसमें मदद ली है। उपलब्ध सामग्री को उन्होंने अपनी कल्पना से विस्तृत और समृद्ध भी किया है।

उपन्यास की शुरुआत तुलसी के जीवन के अंतिम समय से होती है और फिर अतीत और वर्तमान की जुगलबंदी के साथ कथा आगे बढ़ती है। तुलसी का जन्म विक्रमपुर गाँव में अभुक्तमूल नक्षत्र में हुआ था। पिता ज्योतिषी थे। बालक के जन्मोपरांत ही माता का निधन हो गया, जिससे अनिष्टकारी मानकर पिता ने बालक को अपनी दासी के साथ दूर भिजवा दिया। वह दासी बालक को अपनी सास पार्वती नामक एक वृद्ध महिला को सौंप आई। पार्वती ने बालक तुलसी का लालन-पालन किया।

वृद्ध पार्वती के साथ बालक तुलसी भी जीवन-निर्वाह हेतु भिक्षाटन करने लगा। राम-नाम लेकर भीख माँगने वाले इस बालक को लोग 'रामबोला' के नाम से जानने लगे। भीख माँगने पर बालक को अक्सर डाँट पड़ती। उसे बड़ा बुरा लगता और क्रोध भी आता। वह आगे से भीख न माँगने का संकल्प लेता, लेकिन मजबूरी में उसे यह करना पड़ता। बालक तुलसी जब पाँच-छह वर्ष का हो गया, तो उसकी आश्रयदाता वृद्ध पार्वती भी चल बसी और बालक तुलसी अकेला हो गया।

समवयस्क एक ब्राह्मण बालक के साथ खेलते हुए बालक तुलसी का झगड़ा हो गया। ब्राह्मण बालक के पिता ने बालक तुलसी की टूटी शरणस्थली झोंपड़ी को

तहस-नहस कर दिया। उन्होंने रामबोला को अनाथ, भिखारी तथा नीच कुलोत्पन्न बताकर मारपीट भी की। झोंपड़ी के गिरने से उसके छप्पर ने चूल्हे से आग पकड़ ली और वह जलकर राख हो गया। इस तरह बालक तुलसी आश्रयहीन हो गया।

निराश्रय बालक ने अपमानित महसूस किया, किंतु बदला लेने में स्वयं को अक्षम जानकर अपने हनुमानजी को स्मरण करता हुआ वह वहाँ से दूर चला गया। यहाँ-वहाँ भटकता हुआ बालक रामबोला एक दिन सूकरखेत पहुँच गया। अब उसने भिक्षा नहीं माँगने का संकल्प ले लिया। यहाँ हनुमानजी के एक मंदिर में खोंची पर निर्वाह करते हुए बालक की वहाँ रहनेवाले बंदरों से दोस्ती हो गई। यहीं उसकी भेंट नरहरि बाबा से हुई, जो उसके गुरु तथा अभिभावक बने। सर्वसुंदर राम के दर्शनों के लिए व्याकुल बालक तुलसी राजाजी की फुलवारी में ढेर सारे फूलों को एकत्र करता हुआ मालियों से पिटा।

नरहरि बाबा बालक तुलसी को लेकर अयोध्या गए। यहाँ उन्होंने उसको पंच-संस्कार कराए और अक्षरारंभ संस्कार कराकर बटुक बना दिया। संस्कार के दौरान ही मस्तक पर तुलसी दल आ गिरने से उसका नामकरण तुलसीदास हो गया। कुछ समय बाद नरहरि बाबा उसे काशी की विख्यात शेष सनातन की पाठशाला में शिक्षार्जन के लिए छोड़ आए।

तुलसी विद्वान् आचार्य शेष सनातन के घर भृत्य कार्य करते हुए अध्ययन करने लगे। अध्ययन के साथ-साथ विद्वानों के संपर्क-संसर्ग और घटनाओं की प्रतिक्रिया से तुलसी की कवि प्रतिभा सक्रिय हुई। अपने सहपाठियों के साथ अमावस्या की एक रात्रि में शमशान जाने की बदाबदी में अपना भय भगाने के लिए तुलसी ने बारह-तेरह वर्ष की वय में ही 'हनुमान चालीसा' की रचना की। विद्या अध्ययन समाप्त होने पर तुलसी उसी पाठशाला में अध्यापन कार्य करने लगे। अब वे युवावस्था में थे और युवकोचित भावनाएँ उनमें ज़ोर पकड़ रही थीं।

काशी में ही उनका परिचय राम के अनन्य भक्त मेघा भगत से हुआ। वे मेघा भगत के यहाँ आने-जाने वाले एक वृद्ध कोतवाल की सुंदर रखैल मोहिनी की ओर आकृष्ट हुए। मोहिनी का आकर्षण दुर्निवार था। दोपहर, साँझ और रात तुलसी जिधर देखते उधर ही उन्हें मोहिनी दिखाई पड़ती। तुलसी काम और राम के द्वंद्व में फँस गए। अंतत: जीत राम की हुई। 'मन ने अपने कठिन मोहजाल को भेद कर सत्य को स्वीकारा और फिर कुछ पल पश्चाताप में गूँगा हो गया।''

कई दिनों तुलसी पश्चाताप करते रहे और फिर अपने कवि मित्र कैलाश और मेघा भगत के साथ तीर्थाटन पर निकल गए।

तीर्थाटन करते हुए उनका मन शांत हुआ। तीर्थाटन में कई विघ्न-बाधाओं को पार करते हुए अपने जन्म स्थान को देखने के मोह में तुलसी विक्रमपुर आए। यहाँ कथावाचक और ज्योतिषी के रूप में उनकी ख्याति बढ़ने लगी। यहीं उनकी मित्रता राजा भगत से हुई। उसी के नाम पर उन्होंने उजड़े हुए विक्रमपुर को फिर बसाया और उसका नया नाम राजापुर रखा। यहाँ उन्होंने संकटमोचन हनुमान की प्रतिमा भी स्थापित की। यहीं विवाह की इच्छा न होने पर भी कथा में आने वाली झूठी भक्तिनों से बचने के लिए यमुना पार के गाँव के एक विद्वान् ज्योतिषी पंडित दीनबंधु पाठक की पुत्री रत्नावली के साथ उनका विवाह हुआ। रत्नावली सुंदर, सुशील और संस्कारवान थी। उसे ज्योतिष का भी पर्याप्त ज्ञान था। उनका वैवाहिक जीवन आनंद से व्यतीत होने लगा। एक पुत्र हुआ, जिसका नाम तारापति रखा गया। तुलसी कथा वाचन तथा ज्योतिष से जीविकोपार्जन करते रहे। उनकी ख्याति से अन्य ज्योतिषियों की और खासतौर पर उनके साले गंगेश्वर की आजीविका संकट में आ गई। उनके प्रति ईर्ष्या और द्वेष बढ़ गया। आजीविका के निमित्त तुलसी कुछ समय के लिए राजापुर छोड़कर बनारस आ गए।

बनारस में ख्याति के साथ ही तुलसीदास ने अपनी ज्योतिष विद्या के बल पर धनार्जन भी किया। '*रामाज्ञाप्रश्न*' की रचना कर उन्होंने अपने सहपाठी और गुरु भाई गंगाराम की एक समस्या का समाधान किया, जिससे उन्हें पर्याप्त धन मिला। उनके कुछ दिन बनारस में बड़े सुख से बीते, फिर घर की याद सताने लगी। गंगाराम ने उनकी यात्रा की व्यवस्था की और वे राजापुर लौट आए।

राजापुर लौटकर उन्हें राजा भगत से पता लगा कि उनकी पत्नी अपने पिता के घर गई हुई है। पत्नी और बेटे से मिलने की व्यग्रता में तुलसी आँधी-वर्षा और तूफ़ान की परवाह न करते हुए आधी रात को ही पत्नी के पास जा पहुँचे। तुलसी को असमय आया देख उनके साले गंगेश्वर और उसकी पत्नी ने व्यंग्य किया। पत्नी भी उनकी इस व्यग्रता और अतिमोह से प्रसन्न नहीं हुई। तुलसी ने शयन के समय रत्नावली से कहा कि ''तुम ही मेरी मायापाश हो। एक जगह मुझे पुत्र से भी इतना मोह नहीं है। तुम न रहो तो उसे किसी को सौंप कर मोहमाया से विरक्त हो जाऊँगा।'' उत्तर में रत्नावली ने तीखे स्वर में कहा कि ''स्त्री और

पुरुष में यही तो अंतर होता है। नारी भले ही कामवश माता क्यों न बने, किंतु माता बनकर वह एक जगह निष्काम भी हो जाती है। और पुरुष पिता बनकर भी दायित्वबोध भली प्रकार से अनुभव नहीं करता। सच पूछो तो वह किसी के प्रति अपना दायित्व अनुभव नहीं करता। वह निरे चाम का लोभी है, जीव में रमे राम का नहीं।'' रत्नावली का यह कथन मर्मभेदी सिद्ध हुआ। तुलसीदास की आँखें खुल गईं। 'अब लौं नसानी, अब न नसैहौं' यह सोचते हुए उन्होंने घर छोड़ दिया।

घर छोड़ने के बाद वे इधर-उधर भटकते रहे। अस्वस्थ हुए लेकिन रामकली की निष्काम सेवा-सुश्रुषा से आठ दिन में चंगे हो गए। एक दिन प्रणाम करके उससे विदा ली और चित्रकूट पहुँच गए। यहाँ उन्होंने अपने पूर्व परिचित ब्रह्मदत्त घटवाले के यहाँ आश्रय लिया। वे यहाँ नियमपूर्वक जप साधना करने लगे। यहीं पुत्र तारापति के निधन से आहत रत्नावली पति के दर्शन करने तथा सांत्वना पाने की इच्छा से राजा भगत के साथ पहुँची। रत्नावली ने उनसे साथ रहने का आग्रह किया। उसे समझाने में असमर्थ तुलसी वहाँ से पलायन कर गए। तारापति की मृत्यु और दु:खिनी रत्नावली से भेंट, परिश्रम से संतुलित किए हुए तुलसी के मन में फिर से भयंकर हलचल उपस्थित कर गए। अपने मोह से त्राण पाने के लिए वे भागे तो अवश्य पर उन्हें चैन नहीं मिला। घूमते-भटकते वे जनकपुरी जा पहुँचे। यहाँ उन्हें स्वप्न में भाषा में *रामायण* की रचना का वाल्मीकि का आदेश मिला। यहाँ से वे अयोध्या आ गए और पापी पेट के सहारे के लिए एक रामानुजी संप्रदाय के मठ में कोठारी बन गए। तुलसी के चरित्र और भक्ति से ईर्ष्या करने वाले मंदिर के महंत से तुलसी की नहीं बनी और उन्होंने उसके अनुचित आदेशों का पालन करने से मना कर दिया और कोठारी का पद भी छोड़ दिया। इस घटना से व्यभिचारिणी स्त्रियों के लिए उनके मन में प्रबल घृणा समा गई, लेकिन रत्नावली अनेक सुन्दर संस्कारों का प्रतिबिम्ब बनकर उनके मन में अब भी छाई हुई थी।

तुलसीदास ने अयोध्या में जनसाधारण की दुर्दशा देखी। उन्होंने देखा कि फटेहाल, काल की कठोर मार से सैकड़ों करुण आँखें हर गली-कूचे, हर द्वार पर एक बुझी-सी चमक लिए मौजूद हैं। यहाँ उन्होंने एक वृद्ध ब्राह्मण की सहायतार्थ रामकथा का वाचन प्रारंभ किया, जिससे जनसाधारण में उनका सम्मान और मान्यता बढ़ी। यहीं उन्होंने लोगों के आग्रह पर अवधी में *रामचरितमानस* की रचना का संकल्प लिया। उन्होंने कुछ भाग रचकर जब जनसाधारण में उसका

वाचन-गायन किया तो इसकी सर्वत्र सराहना हुई। कुछ दोहे-चौपाई तो लोगों को कंठस्थ भी हो गए। इससे अयोध्या के पंडितों में तुलसी के प्रति ईर्ष्या भाव बढ़ गया। एक पंडित बैदेहीबल्लभ महाराज ने तुलसी की पोथी को चुराने का षड्यंत्र किया। ईर्ष्याद्वेष से तुलसी का मन विचलित हो गया। शांति से ग्रंथ की रचना का विचार लेकर तुलसी अयोध्या छोड़कर काशी आ गए।

काशी में तुलसी ने आरंभ में अपने मित्र गंगाराम के यहाँ आश्रय लिया। यहीं उनकी मैत्री टोडर से हुई जो बाद में रामकथा की रचना में प्रमुख सहायक सिद्ध हुए। तुलसी यहाँ *रामचरितमानस* की रचना में तल्लीन हो गए। उसके रचित अंशों का सार्वजनिक पाठ भी होने लगा। जैसे-जैसे तुलसी की ख्याति बढ़ती गई, उनके प्रति ईर्ष्याद्वेष भी बढ़ता गया। उन्होंने एक ब्रह्महत्या के अपराधी को भोजन करवाया और वे अवधी भाषा में रामचरित लिख रहे थे, यह बात काशी के पंडितों को नागवार गुज़री। कुछ शैव-वैष्णव मतावलम्बी तथा रविदत्त, बटेश्वर मिश्र जैसे ईर्ष्यालु लोग उनके विरुद्ध एकत्र हो गए। तुलसी ने अनेक विघ्न-बाधाओं को पार कर अंतत: *रामचरितमानस* पूरा किया। अपने मित्र टोडर और जयराम साहु के आग्रह पर उन्होंने लोलार्क कुंड पर स्थित एक वैष्णव मठ का गोस्वामी पद स्वीकर कर लिया।

गोस्वामी पद के दायित्व वहन के दौरान ही रत्नावली राजा भगत के साथ काशी आई। उसने काशी में रहने की इच्छा प्रकट की। तुलसी ने लोक-लाज के भय से इस प्रस्ताव को अस्वीकार कर दिया। रत्नावली ने आग्रह किया कि ''मेरी मृत्यु से पहले मुझे अपना श्रीमुख दिखलाने की कृपा करें।'' तुलसी ने यह आग्रह स्वीकार करते हुए कहा कि ''वचन देता हूँ, आऊँगा।'' रत्नावली रोती हुई लौट गई।

मंदिर का गोस्वामी पद तुलसी को रास नहीं आया। उन्होंने अपने मित्रों को बुलाकर गोस्वामी पद छोड़ने का निर्णय सुना दिया। अपने स्थान पर उन्होंने एक युवा साधु हरेकृष्णदास को नामित कर दिया। गोस्वामी पद छोड़कर वे अस्सी घाट पर आ गए। अब वे स्वतंत्रतापूर्वक नगर में अपने मित्र-परिचितों से मिलने लगे। उन्होंने काशी में स्थान-स्थान पर रामलीला के प्रदर्शन का आयोजन किया। उन्होंने काशी में कई स्थानों पर अखाड़े खुलवाए, जिससे जनता शारीरिक दृष्टि से मज़बूत बने। उन्होंने प्लेग की महामारी फैलने पर इन

अखाड़ों के ब्रह्मचारियों तथा युवक मंडलों को संगठित कर लोक सेवा के लिए प्रेरित किया। उन्होंने एक ब्रह्महत्यारे किन्तु भूखे व्यक्ति के अपने हाथ से पाँव धोए तथा उसे भोजन कराया। बटेश्वर मिश्र के षड्यंत्र से कोतवाल ने तांत्रिकों को पकड़ने के चक्कर में साधु-फ़कीरों के साथ तुलसी को भी बंदी बना लिया। इस घटना की प्रतिक्रिया में अहीर-केवटों के एक समूह ने रात्रि के समय कोतवाली पर आक्रमण कर उसको तहस-नहस कर दिया। यह घटना तुलसी के चमत्कार की तरह प्रचारित हुई। तुलसी के साथ-साथ अन्य संत-महात्मा भी कैद से आज़ाद कर दिए गए। इस सबसे तुलसी का यश और महिमा बढ़ी। इसी समय तुलसी की भेंट अब्दुर्रहीम खानखाना से हुई। खानखाना ने उन्हें जागीर देने का प्रस्ताव रखा, जिसे उन्होंने अस्वीकार कर दिया।

जीवन के अंतिम चरण में अपने दो शिष्यों, रामू तथा संत बेनी माधवदास के साथ तुलसी यात्रा पर निकले। यात्रा के दौरान ही वे जब राजापुर पहुँचे तब रत्नावली मरणासन्न थी। अंतिम समय में पति का दर्शन कर रत्नावली को अपार शांति मिली। तुलसी का वचन भी पूरा हुआ। राजापुर तथा आस-पास के गाँवों के लोगों को जब तुलसी के आगमन की सूचना मिली तो दर्शनार्थियों का ताँता लग गया। वृद्धावस्था तक पहुँचते-पहुँचते तुलसी की महात्मा के रूप में प्रतिष्ठा तथा महिमा का विस्तार हो चुका था। कुछ दिन राजापुर में रहने के बाद तुलसी चित्रकूट चले गए।

तुलसी के शिष्य बेनी माधवदास अपने गुरु के जीवन की घटनाओं को जानने को बहुत उत्सुक थे। तुलसी ने उनकी जिज्ञासाओं का समाधान किया। बुढ़ापे में तुलसी के शरीर में स्थान-स्थान पर मदन बाय के कारण गिल्टियाँ निकल आईं। इससे उन्हें बहुत कष्ट हुआ। अंतिम समय काशी में ही बिताने की इच्छा से तुलसी चित्रकूट से काशी आ गए। इस बीच कुछ तुलसी विरोधी लोगों ने टोडर की हत्या कर दी थी। टोडर और उसके परिवार के लिए तुलसी के मन में गहरा लगाव था। टोडरविहीन काशी उनको श्मशानवत् लगी।

अब तुलसी का सारा समय जप-ध्यान में ही बीतने लगा। एक दिन तुलसी ने सपने में देखा कि भगवान राम ने उनकी *विनय पत्रिका* को स्वीकार कर प्रसन्नता व्यक्त की है। श्रावण कृष्णा तीज को इस सपने में ही तुलसी ब्रह्मवेला में इस संसार को छोड़ गए।

रचना एवं रचनाकार का परिचय

मूर्धन्य लेखक अमृतलाल नागर द्वारा लिखित उपन्यास *मानस का हंस* हिन्दी के महान उपन्यासों में अग्रगण्य है। 1973 में प्रकाशित इस उपन्यास में *रामचरितमानस* के रचयिता गोस्वामी तुलसीदास के जीवन का मार्मिक चित्र आया है, जो विलक्षण रूप से प्रेरक, ज्ञानवर्द्धक और पठनीय है। नागर जी तुलसीदास को सश्रद्धा चित्रित करते हैं लेकिन मानस के राम की तरह नागर जी के तुलसी भी मानवीय धरातल पर आकर पाठकों के हृदय में स्थायी निवास बनाते हैं।

अमृतलाल नागर की प्रमुख प्रकाशित पुस्तकें निम्न हैं—

उपन्यास : महाकाल, बूँद और समुद्र, शतरंज के मोहरे, सुहाग के नूपुर, अमृत और विष, सात घूँघट वाला मुखड़ा, एकदा नैमिषारण्ये, मानस का हंस, नाच्यौ बहुत गोपाल, खंजन नयन, बिखरे तिनके, अग्निगर्भा, करवट, पीढ़ियाँ

कहानी संग्रह : एक दिल हज़ार अफ़साने (सम्पूर्ण कहानियों का संकलन)

व्यंग्य : नवाबी मसनद, सेठ बाँकेमल, कृपया दाएँ चलिए, हम फिदाये लखनऊ, चकल्लस

नाटक : युगावतार, बात की बात, चंदन वन, चक्करदार सीढ़ियाँ और अँधेरा, चढ़त न दूजो रंग

अन्य कृतियाँ : गदर के फूल (1857 की इतिहास-प्रसिद्ध क्रांति के संबंध में महत्त्वपूर्ण सर्वेक्षण), ये कोठेवालियाँ (वेश्याओं की समस्या पर एक मौलिक एवं अनूठा सामाजिक सर्वेक्षण), जिनके साथ जिया (साहित्यकारों के संस्मरण), टुकड़े-टुकड़े दास्तान (आत्मपरक लेखों का संकलन), अमृतलाल नागर रचनावली (संपादक : डॉ. शरद नागर, 12 खंडों में, 1992)

बाल साहित्य : नटखट चाची, निंदिया आ जा, बजरंगी नौरंगी, बजरंगी

पहलवान, बाल महाभारत, इतिहास झरोखे, बजरंग स्मगलरों के फंदे में, हमारे युग निर्माता

अनुवाद : बिसाती (मोपासाँ की कहानियाँ), आँखों देखा गदर (विष्णु भट्ट गोडसे की मराठी पुस्तक 'माझा प्रवास' का अनुवाद), दो फक्कड़ (कन्हैयालाल माणिकलाल मुन्शी के तीन गुजराती नाटक)

संपादन : सुनीति (1934), सिनेमा समाचार (1935-36), अल्लाह दे (20 दिसंबर, 1937 से 3 जनवरी 1938, साप्ताहिक), चकल्लस (फरवरी, 1938 से 3 अक्टूबर, 1938, साप्ताहिक), नया साहित्य (1945), सनीचर (1949), प्रसाद (1953-54)

सम्मान

- उत्तर-प्रदेश का प्रेमचंद पुरस्कार—1962-63
- साहित्य अकादेमी पुरस्कार—1967
- सोवियत लैंड पुरस्कार—1970
- मध्यप्रदेश शासन साहित्य परिषद का अखिल भारतीय वीरसिंह देव पुरस्कार—1972
- उत्तर-प्रदेश शासन का राज्य साहित्यिक पुरस्कार—1973-74
- हिन्दी रंगमंच की विशिष्ट सेवा हेतु उत्तर-प्रदेश संगीत नाटक अकादेमी पुरस्कार—1970-71
- भारतीय भाषा कलकत्ता का नथमल भुवालका पुरस्कार—1984
- उत्तर-प्रदेश हिन्दी संस्थान का सर्वोच्च 'भारत भारती सम्मान'—1985

17 अगस्त, 1916 को जन्मे नागर जी का 23 फरवरी 1990 को आकस्मिक निधन हुआ।

मानस का हंस के पहले संस्करण का आमुख

गत वर्ष अपने चिरंजीवी भतीजों (स्व. रतन के पुत्रों) के यज्ञोपवीत संस्कार के अवसर पर बम्बई गया था। वहीं एक दिन अपने परम मित्र फ़िल्म निर्माता-निर्देशक स्व. महेश कौल के साथ बातें करते हुए सहसा इस उपन्यास को लिखने का संकल्प मेरे मन में जागा। महेश जी बड़े मानस-प्रेमी और तुलसी-भक्त थे। बरसों पहले एक बार उन्होंने उत्कृष्ट फ़िल्म सिनेरियो के रूप में रामचरितमानस का बखान करके मुझे चमत्कृत कर दिया था, इसीलिए मैंने उनसे मानस-चतुश्शती के अवसर पर तुलसीदास जी के जीवनवृत्त पर आधारित फ़िल्म बनाने का आग्रह किया। महेश जी चौंककर मुझे देखने लगे, कहा—''पंडिज्जी, क्या तुम चाहते हो कि मैं भी चमत्कारबाज़ी की चूहादौड़ में शामिल हो जाऊँ ? गोसाईं जी की प्रामाणिक जीवन-कथा कहाँ है ?''

यह सच है कि गोसाईं जी की सही जीवन-कथा नहीं मिलती। यों कहने को तो रघुबरदास, वेणीमाधवदास, कृष्णदत्त मिश्र, अविनाशराय और संत तुलसी साहब के लिखे गोसाईं जी के पाँच जीवनचरित हैं। किन्तु विद्वानों के मतानुसार वे प्रामाणिक नहीं माने जा सकते। रघुबरदास अपने-आपको गोस्वामी जी का शिष्य बतलाते हैं लेकिन उनके द्वारा प्रणीत 'तुलसीचरित' की बातें स्वयं गोस्वामी जी की आत्मकथा-परक कविताओं से मेल नहीं खातीं। संत वेणीमाधवदास लिखित *मूल गोसाईं चरित* में गोसाईं जी के जन्म, यज्ञोपवीत, विवाह, मानस-समाप्ति आदि से सम्बन्धित जो तिथि, वार और संवत् दिए गए हैं वे भी डॉ. माताप्रसाद गुप्त और डॉ. रामदत्त भारद्वाज की जाँच-कसौटी पर खरे नहीं उतरते। इसी प्रकार गोस्वामी जी के अन्य जीवनचरित भी सच से अधिक झूठ से जड़े हुए हैं। परन्तु यह मानते हुए भी *कवितावली, हनुमान बाहुक* और *विनयपत्रिका* आदि रचनाओं में तुलसी के संघर्ष-भरे जीवन की ऐसी झलक मिलती है कि जिसे नज़रअंदाज़ नहीं किया जा सकता। किंवदंतियों

में जहाँ अंधश्रद्धा-भरा झूठ मिलता है वहाँ ही ऐसी हकीकतें भी नज़र आती हैं, जिनसे गोसाईं जी की आत्मपरक कविताओं का ताल-मेल बैठ जाता है। इसके अलावा मेरे मन में तुलसीदास जी का 'ड्रामा प्रोड्यूसर' और कथावाचक वाला रूप भी था, जिसके कारण मैं मित्रवर महेश जी की बात के विरोध में चमत्कारी तुलसी से अधिक यथार्थवादी तुलसी की वकालत करने लगा।

लगभग पाँच-छ: वर्ष पहले एक दिन बनारस में मित्रमण्डली में गोसाईं जी द्वारा आरम्भ की गई रामलीला से सम्बन्धित बातें सुनते-सुनते एकाएक मेरे मन में यह प्रश्न उठा कि तुलसी बाबा ने किसी एक स्थान को अपनी रामलीला के लिए न चुनकर पूरे नगर में उसका जाल क्यों फैलाया—कहीं लंका, कहीं राजगद्दी, कहीं नककटैया—अलग-अलग मुहल्लों में अलग-अलग लीलाएँ कराने के पीछे उनका खास उद्देश्य क्या रहा होगा? शौकिया तौर से रंगमंच के प्रति कभी मुझे भी सक्रिय लगाव रहा है। एक पूरे शहर को रंगमंच बना देने का ख़याल अपने-आप में ही बड़ा शानदार लगा, लेकिन मेरा मन यह मानने को तनिक भी तैयार नहीं होता था कि तुलसीदास जी ने 'प्रयोग के लिए प्रयोग' वाले सिद्धांत के अनुसार ऐसा किया होगा। खैर, तभी यह भी जाना कि रामलीला कराने से पहले गोसाईं जी ने बनारस में नागनथैयालीला, प्रह्लादलीला और ध्रुवलीलाएँ भी कराई थीं। इनमें ध्रुवलीला को छोड़कर बाकी लीलाएँ आज तक बराबर होती हैं। ये तीनों लीलाएँ किशोरों और नवयुवकों से सम्बन्धित हैं। यह बात भी उसी समय ध्यान में आई थी। अपने प्रियबंधु अशोक जी, जो इन दिनों लखनऊ से प्रकाशित होने वाले दैनिक समाचार पत्र *स्वतंत्र भारत* के संपादक हैं, से एक बार प्रसंगवश यह जानकारी मिली कि बनारस की रामलीला में केवट, अहिर, ठठेरे, ब्राह्मण, क्षत्रिय आदि सभी जातियों के लोग अभिनय करते हैं। काशी में अनेक हनुमान मन्दिरों के अलावा जनश्रुतियों के अनुसार कसरत-कुश्ती के अखाड़ों में भी बाबा की प्रेरणा से ही हनुमान जी की मूर्तियाँ प्रतिष्ठापित करने का चलन चला। मुझे लगा कि तुलसी और तुलसी के राम आचार्य रामचन्द्र शुक्ल के सुझाए शब्द के अनुसार निश्चय ही 'लोकधर्मी' थे। 'सियाराम मय जग' की सेवा करने के लिए गोस्वामी तुलसीदास संगठनकर्ता भी हो सकते थे। रूढ़िपंथियों से तीव्र विरोध पाकर यदि ईसा आर्त जनसमुदाय को संगठित करके अपने हक की आवाज़ बुलन्द कर सकते थे तो तुलसी भी कर सकता था। समाज संगठनकर्ता की हैसियत से सभी को कुछ-न-कुछ

व्यावहारिक समझौते भी करने पड़ते हैं। तुलसी और हमारे समय में गाँधी जी ने भी वर्णाश्रमियों से कुछ समझौते किए पर उनके बावजूद इनका जनवादी दृष्टिकोण स्पष्ट है। तुलसी ने वर्णाश्रम धर्म का पोषण भले किया हो पर संस्कारहीन, कुकर्मी ब्राह्मण, क्षत्रिय आदि को लताड़ने में वे किसी से पीछे नहीं रहे। तुलसी का जीवन संघर्ष, विद्रोह और समर्पण-भरा है। इस दृष्टि से वह अब भी प्रेरणादायक है।

महेश जी की बात के उत्तर में यह तमाम बातें उस समय कुछ यों सँवर के उतरीं कि खुद मेरा मन भी उपन्यास लिखने के लिए प्रेरित हो उठा। महेश जी भी ऐसे जोश में आ गए कि अपनी लाटसाहबी अदा में मुझे दो महीनों में फ़िल्म-स्क्रिप्ट लिख डालने का हुक्म फरमा दिया। मैंने कहा, ''पहले उपन्यास लिखूँगा। तब तक तुम अपनी हाथ लगी पिक्चर 'अग्निरेखा' पूरी करो।'' किन्तु नियति ने महेश जी को 'अग्निरेखा' लाँघने न दी। गत 2 जुलाई को उनका देहावसान हो गया। किताब के प्रकाशन के अवसर पर महेश कौल का न रहना कितना खल रहा है, यह शब्दों में व्यक्त नहीं कर पाता।

इस उपन्यास को लिखने से पहले मैंने *कवितावली* और *विनयपत्रिका* को खास तौर से पढ़ा। *विनयपत्रिका* में तुलसी के अंतर्संघर्ष के ऐसे अनमोल क्षण संजोए हुए हैं कि उनके अनुसार ही तुलसी के मनोव्यक्तित्व का ढाँचा खड़ा करना मुझे श्रेयस्कर लगा। *रामचरितमानस* की पृष्ठभूमि में मानसकार की मनोछवि निहारने में भी मुझे *पत्रिका* के तुलसी ही से सहायता मिली। *कवितावली* और *हनुमानबाहुक* में खासतौर से और *दोहावली* तथा *गीतावली* में कहीं-कहीं तुलसी की जीवन-झाँकी मिलती है। मैंने गोसाईं जी से सम्बन्धित अगणित किंवदंतियों में से केवल उन्हीं को अपने उपन्यास के लिए स्वीकारा जो कि इस मानसिक ढाँचे पर चढ़ सकती थीं।

तुलसी के जन्म-स्थान तथा सूकरखेत बनाम सोरों विवाद में दखलंदाज़ी करने की जुरअत करने की नीयत न रखते हुए भी किस्सागो की हैसियत से मुझे इन बातों के सम्बन्ध में अपने मन का ऊँट किसी करवट बैठाना ही था। चूँकि स्व. डॉ. माताप्रसाद गुप्त और डॉ. उदयभानु सिंह के तर्कों से प्रभावित हुआ इसलिए मैंने राजापुर को ही जन्म-स्थान के रूप में चित्रित किया है।

उपन्यास में एक जगह मैंने नवयुवक तुलसी और काशी की एक वेश्या का असफल प्रेम चित्रित किया है। वह प्रसंग शायद किसी तुलसी-भक्त को

चिढ़ा सकता है लेकिन ऐसा करना मेरा उद्देश्य नहीं है। 'तन तरफत तुव मिलन बिन' आदि दो दोहे पढ़े, जिनके बारे में यह लिखा था कि यह दोहे तुलसीदास जी ने अपनी पत्नी के लिए लिखे थे। जनश्रुतियों के अनुसार गोसाईं बाबा अपनी बीवी से ऐसे चिपके हुए थे कि उन्हें मैके तक नहीं जाने देते थे, फिर बाबा उन्हें यह दोहे वाली चिट्ठी भला क्यों भेजने लगे? खैर, यों मान लें कि जवानी की उमंग में तुलसी ने अपने बैठके में यह दोहे रचकर किसी दास या दासी की मार्फत किसी बात पर कई दिनों से रूठी हुई पत्नी को मनाने के लिए खुशामद में लिखकर अन्त:पुर में भिजवाए थे पर एक दोहे में प्रयुक्त 'तरुणी' शब्द मेरी इस कल्पना के भी आड़े आया। पत्नी के लिए लिखते तो शायद 'भामिनी' शब्द प्रयोग करते, 'तरुणी' शब्द थोड़े अपरिचय का बोध कराता है। वैसे भी पंडित तुलसीदास ने, बकौल बंधुवर डॉ. रामविलास शर्मा, कालिदास को खूब घोंटा होगा। वे कभी रसिया भी रहे होंगे। *विनयपत्रिका* में वे अपनी 'मदन बाय' से खूब जूझे हैं। कलियुग के रूप में उन्हें पद और पैसे का लोभ तो सता ही नहीं सकता, सताया होगा कामवृत्ति ने। मुझे लगता है कि तुलसी ने काम ही से जूझ-जूझ कर राम बनाया है। 'मृगनयनी के नयन सर, को अस लागि न जाहि' उक्ति भी गवाही देती है कि नौजवानी में वे किसी के तीरे-नीमकश से बिंधे होंगे। नासमझ जवानी में काशी निवासी विद्यार्थी तुलसी का किसी ऐसे दौर से गुज़रना अनहोनी बात भी नहीं है।

संत बेनीमाधवदास के सम्बन्ध में भी एक सफ़ाई देना आवश्यक है। संत जी *मूल गोसाईं चरित* के लेखक माने जाते हैं। उनकी किताब के बारे में भले ही शक-शुब्हे हों, मुझे तो अपने कथा-सूत्र के लिए तुलसी का एक जीवनी-लेखक एक पात्र के रूप में लेना अभीष्ट था, इसलिए कोई काल्पनिक नाम न रखकर संत जी का नाम रख लिया। तुलसी के माता, पिता, पत्नी, ससुर आदि के प्रचलित नामों का प्रयोग करना ही मुझे अच्छा लगा।

यह उपन्यास 4 जून, सन् 1971 ई. को तुलसी स्मारक भवन, अयोध्या में लिखना आरम्भ करके 23 मार्च '72, रामनवमी के दिन लखनऊ में पूरा किया। चि. भगवंतप्रसाद पाण्डेय ने मेरे लिपिक का काम किया।

इस उपन्यास को लिखते समय मुझे अपने दो परमबंधुओं, रामविलास शर्मा और नरेन्द्र शर्मा के बड़े ही प्रेरणादायक पत्र अक्सर मिलते रहे। उत्तर-प्रदेश राजस्व परिषद् के अध्यक्ष श्रीयुत जनार्दिनदत्त जी शुक्ल ने अयोध्या के

तुलसी स्मारक में मेरे रहने की आरामदेह व्यवस्था कराई। बंधुवर ज्ञानचंद जैन सदा की भाँति इस बार भी पुस्तकालयों से आवश्यक पुस्तकें लाकर मुझे देते रहे। इन बंधुओं के प्रति अपनी हार्दिक कृतज्ञता प्रकट करता हूँ।

डॉ. मोतीचन्द्र लिखित *काशी का इतिहास* तथा राहुल सांकृत्यायन लिखित *अकबर* पुस्तकों ने ऐतिहासिक पृष्ठभूमि संजोने में तथा स्व. डॉ. माताप्रसाद गुप्त की *तुलसीदास* और डॉ. उदयभानु सिंह कृत *तुलसी काव्य मीमांसा* ने कथानक का ढाँचा बनाने में बड़ी सहायता दी। प्रयाग के मित्रों ने 'परिमल' संस्था में इस उपन्यास के कतिपय अंश सुनाने के लिए मुझे साग्रह बुलाया और सुनकर कुछ उपयोगी सुझाव दिए। मैं इन सबके प्रति कृतज्ञ हूँ।

अन्त में मित्रवर स्व. रुद्र काशिकेय का सादर सप्रेम स्मरण करता हूँ। वे बेचारे *रामबोला बोले* अधूरा छोड़कर ही चले गए। रुद्र जी काशी के चलते-फिरते विश्वकोष थे। स्व. डॉ. रांगेय राघव भी *रत्ना की बात* लिखकर तुलसी के प्रति अपनी निष्ठा व्यक्त कर गए हैं। मानस चतुश्शती मनाने का सुझाव सबसे पहले *धर्मयुग* में देने वाले डॉ. शिवप्रसाद सिंह और समारोह के आयोजक, काशी नागरी प्रचारिणी सभा के प्रधान मंत्री श्री सुधाकर पांडेय तथा वे परिचित-अपरिचित लोग, जो गोस्वामी जी के सबल व्यक्तित्व को अन्ध श्रद्धा के दलदल से उबार कर सही और स्वस्थ रीति से जनमानस में प्रतिष्ठित कराने के लिए प्रयत्नशील हैं, चाहे आयु में मुझसे बड़े हों या छोटे, मेरी श्रद्धा के पात्र हैं।

—अमृतलाल नागर

17, कैनिंग लेन
नई दिल्ली। (प्रवास)
29 अगस्त, 1972

□□□